数字图像处理及 MATLAB 实现（第 4 版）
学习与实验指导

黄朝兵　主　编

郭志强　杨　杰　副主编

電子工業出版社

Publishing House of Electronics Industry

北京·BEIJING

内 容 简 介

本书是与电子工业出版社出版的《数字图像处理及 MATLAB 实现》（第 4 版）配套的学习与实验指导。在章节安排上，本书与该教材一致，各章学习内容主要包括知识结构、知识要点、习题解答和实验指导等，实验指导中给出了实验题目、实验内容、实验原理、实验方法及程序、实验结果与分析、思考题等内容。

本书可作为高等院校数字图像处理等相关课程的教学参考书，也可作为自学者学习数字图像处理的辅导材料，还可供数字图像处理和分析领域的科技工作者参考。

未经许可，不得以任何方式复制或抄袭本书之部分或全部内容。
版权所有，侵权必究。

图书在版编目（CIP）数据

数字图像处理及 MATLAB 实现（第 4 版）学习与实验指
导 / 黄朝兵主编. -- 北京 ： 电子工业出版社，2025.
8. -- ISBN 978-7-121-51028-1

Ⅰ．TN911.73

中国国家版本馆 CIP 数据核字第 2025079RY7 号

责任编辑：刘小琳
印　　刷：河北鑫兆源印刷有限公司
装　　订：河北鑫兆源印刷有限公司
出版发行：电子工业出版社
　　　　　北京市海淀区万寿路 173 信箱　邮编　100036
开　　本：787×1 092　1/16　印张：13.5　字数：354.24 千字
版　　次：2025 年 8 月第 1 版
印　　次：2025 年 8 月第 1 次印刷
定　　价：48.00 元

凡所购买电子工业出版社图书有缺损问题，请向购买书店调换。若书店售缺，请与本社发行部联系，联系及邮购电话：(010) 88254888，88258888。

质量投诉请发邮件至 zlts@phei.com.cn，盗版侵权举报请发邮件至 dbqq@phei.com.cn。

本书咨询联系方式：liuxl@phei.com.cn，(010) 88254538。

前 言

近年来，随着计算机相关技术的迅速发展，MATLAB 已成为当前信息科学研究的主要工具之一。

本书为电子工业出版社出版的《数字图像处理及 MATLAB 实现》（第 4 版）教材的配套图书，本书出版的主要目的是方便教师教学，帮助学生学习。全书从基本理论和基本方法出发，深入浅出、理论联系实际，注重学生动手能力的培养。本书对教材的各个章节的知识要点进行了概括，对教材中的习题和思考题给出了参考解答，供学生练习使用。对各章的要点内容给出了实验练习题和对应的 MATLAB 程序，以帮助学生进行图像处理算法的实践锻炼。书中还列出了相关的思考题，引导学生对实验结果做详细分析，以便学生能更深入地理解所学内容。

本书第 5、8、9、10 章由黄朝兵修订，第 4、6、7 章由郭志强修订，第 1、2、3、11 章由杨杰修订（编写），全书由黄朝兵统稿。原书参编者李庆、郑林、王昱和许建霞等对本书的完成做了大量工作，在此一并表示感谢。在编写本书过程中参考了大量的图像处理文献，在此对这些文献的作者表示真诚的感谢。

由于编者水平有限，书中难免存在疏漏之处，恳请读者批评指正。

编 者

2025 年 3 月

目　录

第1章 概　述

　　数字图像处理是指将图像信号转换成数字信号并利用计算机对其进行一系列操作，以得到所期望结果的过程。教材第1章主要介绍了数字图像及数字图像处理的基本概念、数字图像处理系统的构成、数字图像处理的特点、数字图像处理的几种基本处理技术和应用，展望了数字图像处理的发展趋势。

1.1　知　识　结　构

　　教材第1章主要包括数字图像处理及特点、数字图像处理系统、数字图像处理的研究内容、数字图像处理的应用及发展，其知识结构图如图1.1所示。

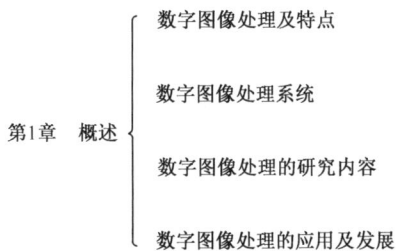

第1章　概述
- 数字图像处理及特点
- 数字图像处理系统
- 数字图像处理的研究内容
- 数字图像处理的应用及发展

图 1.1　概述知识结构图

1.2　知　识　要　点

1. 数字图像处理及特点

　　数字图像处理又称为计算机图像处理，它是指将图像信号转换成数字信号并利用计算机对其进行处理的过程。数字图像处理有以下特点：①稳定性好；②精度高；③通用性强；④灵活性高。

2．数字图像处理系统

一般的图像处理系统都是由图像数字化设备、图像处理计算机和图像输出设备组成的。

图像数字化设备将图像输入的模拟信号（如光、超声波和 X 射线等信息）转换为数字化的电信号以供计算机处理；图像处理计算机以软件方式完成对图像的各种处理；图像输出设备将图像处理的中间结果或最后结果显示或打印出来。

3．数字图像处理的研究内容

（1）图像增强：改善图像视觉质量所采取的一种方法。

（2）图像复原：尽可能恢复图像本来面貌，图像复原是对图像整体而言的，而且在图像复原处理时往往需要研究图像降质的原因。

（3）图像重建：从数据到图像的处理，即输入的是某种数据，经过处理后得到的结果是图像。

（4）图像编码：在保证图像质量的前提下压缩数据，使图像便于存储和传输。

（5）图像识别：将图像经过某些预处理（压缩、增强、复原），再将图像中有用物体的特征进行分割、提取，从而实现对物体的识别。

（6）图像分割：指将图像分割成若干个特定的、具有独特性质的区域，并提取出感兴趣目标的过程。

（7）图像融合：将多源信道采集的关于同一目标的图像数据经过图像处理后，最大限度地提取各信道中的有用信息，最后综合形成高质量图像。

（8）图像描述：对图像各组成部分的性质和彼此关系的描述，图像描述是图像识别和理解的必要前提。

4．数字图像处理的应用及发展

数字图像处理的主要应用领域：①在航天航空领域的应用；②在生物医学领域的应用；③在通信工程领域的应用；④在工业工程领域的应用；⑤在军事和公安领域的应用；⑥在文化艺术领域的应用。

图像处理技术的发展趋势包括以下几个方面。

（1）高精度、高效率：随着硬件的升级和算法的优化，数字图像处理技术将取得更高的精度和效率。

（2）技术融合：数字图像处理技术将与其他技术，如传感技术、云计算技术、物联网技术等融合，以实现更多的应用场景。

（3）智能化：随着人工智能和深度学习的发展，数字图像处理也将实现自动化和智能化处理，如基于深度学习的自动驾驶、人脸识别等。

1.3 习 题 解 答

1.1 简述数字图像处理与模拟图像处理相比有哪些优点。

【答】数字图像处理的精度比模拟图像处理的精度高。对数字图像进行处理时，只需改变计算机程序的参数，处理方法不变就能提高处理精度。而模拟图像处理要想使精度提高一个数量级，则需要对装置进行大幅度改进。数字图像是在计算机内部进行处理的，数据不容易丢失或遭破坏，因此稳定性好。而模拟图像在处理的过程中容易受到外界的干扰，导致图像质量发生退化。由于图像数字化后可以进行同样的处理，所以数字图像处理的灵活性很高，而模拟图像处理就不具备这样的性质。

1.2　数字图像处理系统由哪几部分组成？并说出各部分的作用。

【答】一般图像处理系统都是由图像数字化设备、图像处理计算机和图像输出设备组成的。

图像数字化设备将图像输入的模拟信号（如光、超声波和 X 射线等信息）转换为数字化的电信号以供计算机处理；图像处理计算机是以软件方式完成对图像的各种处理；图像输出设备则将图像处理的中间结果或最后结果显示或打印出来。

1.3　简单说明数字图像处理的主要研究内容有哪些。

【答】数字图像处理的主要研究内容有：图像增强、图像复原、图像重建、图像编码、图像识别、图像分割、图像融合、图像描述等。

其中，图像增强用于改善图像视觉质量；图像复原是指尽可能地恢复图像本来面貌；图像重建是指从数据到图像的处理，即输入的是某种数据，而经过处理后得到的结果是图像；图像编码是指在保证图像质量的前提下压缩数据，使图像便于存储和传输；图像识别是指将图像经过某些预处理（压缩、增强和复原）后，再将图像中有用物体的特征进行分割、特征提取，从而实现对物体的识别；图像分割是指把图像分割成若干个特定的、具有独特性质的区域，并提取出感兴趣目标的过程；图像融合是指把同一目标或场景的多种图像融合为一幅高质量图像；图像描述是指对图像各组成部分的性质和彼此关系的描述，图像描述是图像识别和理解的必要前提。

1.4　一帧视频图像由 216 像素×216 像素组成，其灰度级如果用 8bit 的二进制数表示，那么一帧电视图像的数据量为多少？

【答】一帧视频图像的数据量有 216×216×8=373248 bit。

1.5　数字图像处理主要应用在哪些领域？分别举例说明。

【答】数字图像处理主要应用在宇宙探测、通信领域、遥感方面、生物医学方面、工业生产、军事公安、天气预报、考古及文物保护等方面。例如，月球探索、可视电话、资源勘测、DNA 检测、零件的检测、指纹识别和气象图等。

1.6　试列出你身边的与数字图像处理相关的实例。

【答】略。

1.7　结合自己的观点，谈一下数字图像处理的未来发展动向。

【答】略。

1.4　MATLAB 与数字图像处理

1.4.1　MATLAB 简介

MATLAB 语言是由美国 MathWorks 公司推出的计算机软件，经过多年的逐步发展与不断完善，现已成为国际公认的优秀的科学计算与数学应用软件之一，其内容涉及矩阵代数、微积分、应用数学、有限元法、科学计算、信号与系统、神经网络、小波分析及其应用、数字图像处理、计算机图形学、电子线路、电机学、自动控制与通信技术、物理、力学和机械振动等方面。MATLAB 的特点是语法结构简单，数值计算高效，图形功能完备，特别受到以完成数据处理与图形图像生成为主要目的的技术研发人员的青睐。各国的学生（包括硕士生和博士生）也将 MATLAB 作为必须掌握的基本程序设计语言。

　　MATLAB 中的基本数据结构是由一组有序的实数或复数元素构成的数组，同样地，图像对象的表达采用的是由一组有序的灰度或彩色数据元素构成的实值数组。MATLAB 中通常用二维数组来存储图像，数组的每个元素对应图像的一个像素值。例如，由 200 行和 300 列的不同颜色点组成的一幅图像在 MATLAB 中采用 200×300 的矩阵存储。MATLAB 支持多种类型的图像，而不同类型的图像其存储结构通常是不同的，如 RGB 图像需要一个三维数组，3 个数据维分别对应某像素点的红色、绿色和蓝色强度值。由于对图像采用了通用的数据矩阵的表达方式，MATLAB 中原有的所有基本矩阵操作都可以应用于图像矩阵。

1.4.2　数字图像的表示和类别

　　一幅图像可以被定义为一个二维函数 $f(x,y)$，其中 x 和 y 是空间（平面）坐标，f 在任意坐标(x,y)处的振幅称为图像在该点的亮度。灰度是用来表示黑白图像亮度的一个术语，而彩色图像是由单个二维图像组合形成的。例如，在 RGB 彩色系统中，一幅彩色图像是由三幅独立的分量图像（红、绿、蓝）组成的。因此，许多为黑白图像处理开发的技术适用于彩色图像处理，方法是分别处理三幅独立的分量图像。

　　图像关于 x 和 y 坐标及振幅连续。要将这样的一幅图像转化为数字形式，就要求数字化坐标和振幅。将坐标值数字化称为取样；将振幅数字化称为量化。采样和量化的过程如图 1.2 所示。因此，当 f 的 x、y 分量和振幅都是有限且离散的量时，则称该图像为数字图像。

　　作为 MATLAB 基本数据类的数值数组本身十分适于表达图像，矩阵的元素和图像的像素之间有着十分自然的对应关系。

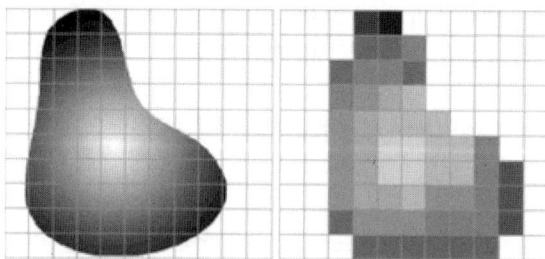

图 1.2　采样和量化的过程

　　根据图像数据矩阵解释方法的不同，数字图像可分为 4 类：亮度图像（Intensity Images）、二值图像（Binary Images）、索引图像（Indexed Images）、RGB 图像（RGB Images）。

1. 亮度图像

　　一幅亮度图像是一个数据矩阵，其归一化的取值表示亮度。若亮度图像的像素都是 uint8

型或 uint16 型，则它们的整数值范围分别是[0,255]和[0,65536]。若图像的像素是 double 型，则像素取值就是浮点数。规定双精度型归一化亮度图像的取值范围是[0,1]。

2．二值图像

一幅二值图像是一个取值只有 0 和 1 的逻辑数组。而一幅取值只包含 0 和 1 的 uint8 型数组，在 MATLAB 中并不认为是二值图像。使用 logical 函数可以把数值数组转化为二值数组或逻辑数组。创建一个逻辑图像，其语法为

B=logical(A)

其中，B 是由 0 和 1 构成的数值数组。

要测试一个数组是否为逻辑数组，可以使用 islogical(C)函数。若 C 是逻辑数组，则该函数返回 1；否则，返回 0。

3．索引图像

索引颜色通常也称为映射颜色，在这种模式下，颜色都是预定义的，并且可供选用的一组颜色也很有限，索引颜色的图像最多只能显示 256 种颜色。

一幅索引颜色图像在图像文件里定义，当打开该文件时，构成该图像具体颜色的索引值就被读入程序里，然后根据索引值找到最终的颜色。

4．RGB 图像

一幅 RGB 图像就是彩色像素的一个 $M×N×3$ 数组，其中每个彩色相似点都是在特定空间位置的彩色图像相对应的红、绿、蓝三个分量。按照惯例，形成一幅 RGB 彩色图像的三个图像常称为红、绿或蓝分量图像。

令 fR、fG 和 fB 分别代表三种 RGB 分量图像。一幅 RGB 图像就利用 cat（级联）操作将这些分量图像组合成彩色图像：

rgb_image=cat(3,fR,fG,fB)

在操作中，图像按顺序放置。

1.4.3　数据类和图像类型间的转化

表 1.1 中列出了 MATLAB 和 IPT 支持的各种数据类。表 1.1 中的前 8 项称为数值数据类，第 9 项称为字符类，第 10 项称为逻辑数据类。

工具箱中提供了执行必要缩放的函数，如表 1.2 所示，以在数据类和图像类型间转化。

表 1.1　MATLAB 和 IPT 支持的各种数据类

序号	名称	描述
1	double	双精度浮点数，范围为$[-10^{308},10^{308}]$
2	uint8	无符号 8bit 整数，范围为[0,255]
3	uint16	无符号 16bit 整数，范围为[0,65536]
4	uint32	无符号 32bit 整数，范围为[0,4294967295]
5	int8	有符号 8bit 整数，范围为[-128,127]

续表

序号	名称	描述
6	int16	有符号 16bit 整数，范围为[-32768,32767]
7	int32	有符号 32bit 整数，范围为[-2147483648,2147483647]
8	single	单精度浮点数，范围为$[10^{-308},10^{308}]$
9	char	字符
10	logical	值为 0 或 1

表 1.2　格式转换函数

序号	名称	输入转化	有效的输入图像数据类
1	im2uint8	uint8	logical，uint8，uint16 和 double
2	im2uint16	uint16	logical，uint8，uint16 和 double
3	mat2gray	double，范围为[0,1]	double
4	im2double	double	logical，uint8，uint16 和 double
5	im2bw	logical	uint8，uint16 和 double

1.4.4　MATLAB 7.0 图像处理工具箱

数字图像研究的领域非常广泛，从学科上可以分为图像数字化、图像变换、图像增强、图像恢复、图像分割、图像分析和理解、图像压缩等。

MATLAB 图像处理工具箱提供了非常丰富的图像处理函数，主要用于完成以下功能。

（1）图像的几何操作。

（2）图像的邻域和图像块操作。

（3）线性滤波和滤波器设计。

（4）图像变换。

（5）图像分析和增强。

（6）二值图像形态学操作。

（7）图像复原。

（8）图像编码。

（9）特定区域操作。

1.4.5　与图像处理相关的 MATLAB 函数的使用

1. 图像文件的读/写

（1）imread 函数用来实现图像文件的读取。

输入以下程序：

```
A=imread('drum.bmp');    %用 imread 函数读入图像
imshow(A);               %用 imshow 函数显示图像
```

得到的结果如图 1.3 所示。

图 1.3　drum.bmp 图像的显示

（2）imwrite 函数用来实现图像文件的写入。

输入以下程序：

```
imwrite(A,'drum.bmp');            %把图像文件写入 MATLAB 的目录下
```

（3）imfinfo 函数用来查询图像文件信息。

输入以下程序：

```
info=imfinfo('drum.bmp');         %用 imfinfo 函数查询图像文件信息
```

得到：

```
info =

            Filename: 'drum.bmp'
         FileModDate: '05-Jan-2010 09:58:24'
            FileSize: 206694
              Format: 'bmp'
       FormatVersion: 'Version 3 (Microsoft Windows 3.x)'
               Width: 273
              Height: 252
            BitDepth: 24
           ColorType: 'truecolor'
     FormatSignature: 'BM'
   NumColormapEntries: 0
            Colormap: []
             RedMask: []
           GreenMask: []
            BlueMask: []
      ImageDataOffset: 54
     BitmapHeaderSize: 40
           NumPlanes: 1
     CompressionType: 'none'
          BitmapSize: 0
       HorzResolution: 3780
       VertResolution: 3780
        NumColorsUsed: 0
   NumImportantColors: 0
```

（4）imshow 函数用来显示图像。介绍 imread 函数时已使用此函数。

（5）colorbar 函数用来将颜色条添加到坐标轴对象中。

输入以下程序：

```
RGB=imread('drum.png');           %图像读入
I=rgb2gray(RGB);                  %把 RGB 图像转换成灰度图像
h=[1 2 1;0 0 0;-1 -2 -1];
I2=filter2(h,I);
imshow(I2,[]),colorbar('vert')    %将颜色条添加到坐标轴对象中
```

得到的结果如图 1.4 所示。

（6）warp 函数将图像作为纹理进行映射，使图像显示在一个特定的三维空间中。
输入以下程序：

```
A=imread('drum.bmp');
I=rgb2gray(A);
[x,y,z]=sphere;
warp(x,y,z,I);              %用 warp 函数将图像作为纹理进行映射
```

得到的结果如图 1.5 所示。

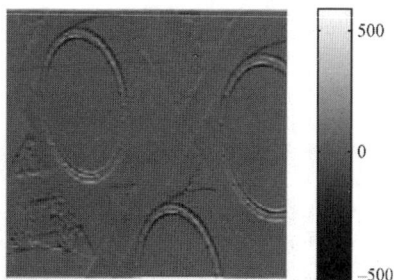

图 1.4　由 RGB 图像转换成的灰度图像

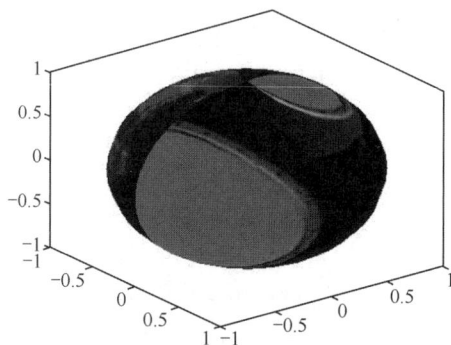

图 1.5　映射图

（7）subimage 函数实现在一个图形窗口中显示多幅图像。
输入以下程序：

```
RGB=imread('drum.bmp');
I=rgb2gray(RGB);
subplot(1,2,1),subimage(RGB)  %subimage 函数实现在一个图形窗口中显示多幅图像
subplot(1,2,2),subimage(I)
```

得到的结果如图 1.6 所示。

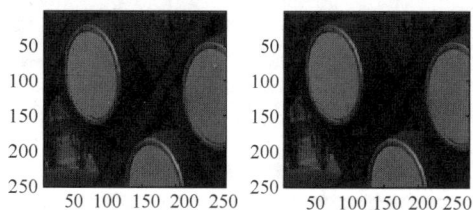

图 1.6　在一个窗口中显示多幅图像

2．图像处理的基本操作

1）图像代数运算

（1）imadd 函数实现两幅图像的相加或者给一幅图像加上一个常数。
给图像每个像素都增加亮度的程序如下：

```
I=imread('drum.bmp');
J=imadd(I,100); %给图像增加亮度
```

```
subplot(1,2,1),imshow(I)
subplot(1,2,2),imshow(J)
```
得到的结果如图 1.7 所示。

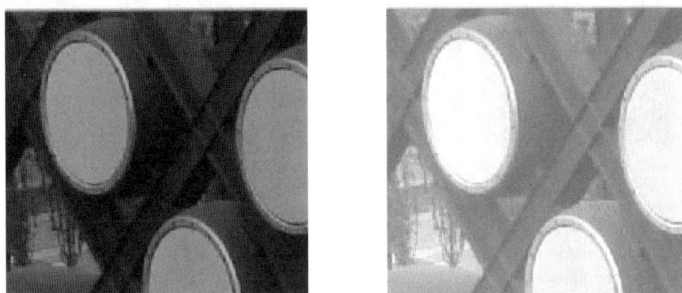

（a）原始图像　　　　　　　　（b）增加亮度的图像

图 1.7　增加图像的亮度

（2）imsubtract 函数实现将一幅图像从另一幅图像中减去，或者从一幅图像中减去一个常数。

实现从一幅图像中减去一个常数，输入以下程序：

```
I=imread('drum.bmp');
J=imsubtract(I,100);        %给图像减少亮度
subplot(1,2,1),imshow(I)
subplot(1,2,2),imshow(J)
```
得到的结果如图 1.8 所示。

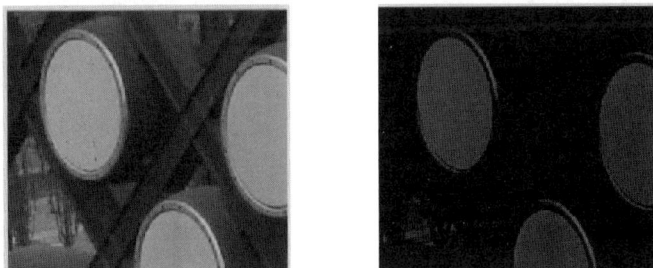

（a）原始图像　　　　　　　　（b）减少亮度的图像

图 1.8　减少图像的亮度

（3）immultiply 实现两幅图像的相乘或者一幅图像的亮度缩放。
输入以下程序：

```
I=imread('drum.bmp');
J=immultiply(I,0.5);        %对图像进行亮度缩放
subplot(1,2,1),imshow(I)
subplot(1,2,2),imshow(J)
```
得到的结果如图 1.9 所示。

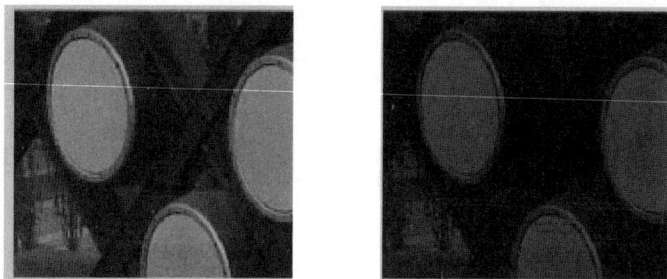

（a）原始图像　　　　　　　　　　（b）亮度缩放的图像

图 1.9　亮度缩放图像（变暗）

（4）imdivide 函数实现两幅图像的除法或者一幅图像的亮度缩放。

输入以下程序：

```
I=imread('drum.bmp');
J=imdivide(I,0.5);                   %图像的亮度缩放
subplot(1,2,1),imshow(I)
subplot(1,2,2),imshow(J)
```

得到的结果如图 1.10 所示。

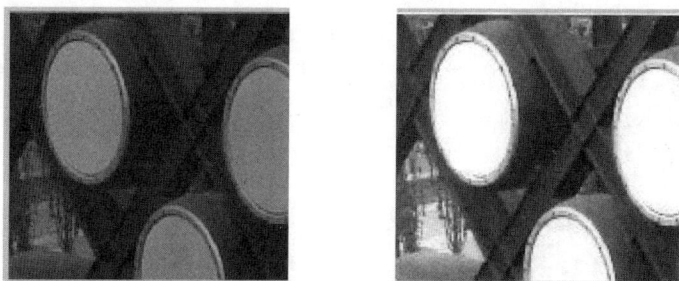

（a）原始图像　　　　　　　　　　（b）亮度缩放的图像

图 1.10　亮度缩放图像（变亮）

2）图像的空间域操作

（1）imresize 函数实现图像的缩放。

输入以下程序：

```
J=imread('drum.bmp');
X1=imresize(J,2);                    %对图像进行缩放
figure,imshow(J)
```

得到的结果如图 1.11 所示。

（2）imrotate 函数实现图像的旋转。

输入以下程序：

```
I=imread('drum.bmp');
J=imrotate(I,45,'bilinear');         %对图像进行旋转
subplot(1,2,1),imshow(I);
subplot(1,2,2),imshow(J);
```

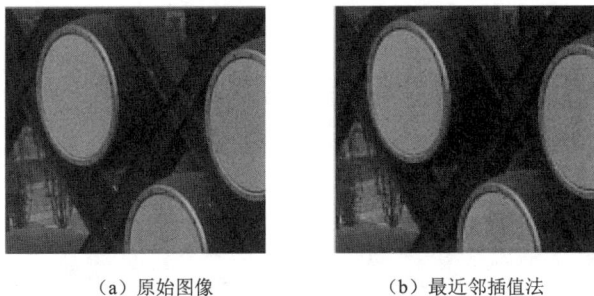

（a）原始图像　　　　　　　　（b）最近邻插值法

图 1.11 插值法变换图像（变小）

得到的结果如图 1.12 所示。

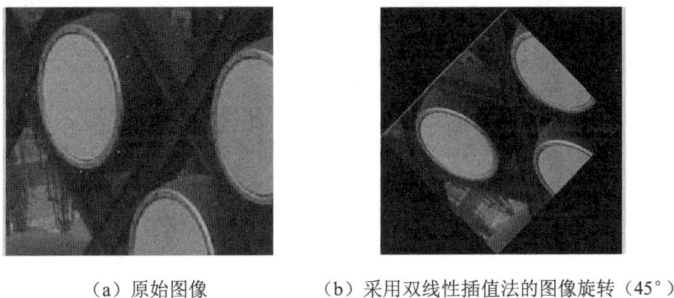

（a）原始图像　　　　（b）采用双线性插值法的图像旋转（45°）

图 1.12 插值法变换图像（旋转）

（3）imcrop 函数实现图像的剪切。

输入以下程序：

```
I=imread('drum.bmp');
I2=imcrop(I,[75 68 130 112]);          %对图像进行剪切
subplot(1,2,1),imshow(I);
subplot(1,2,2),imshow(I2);
```

得到的结果如图 1.13 所示。

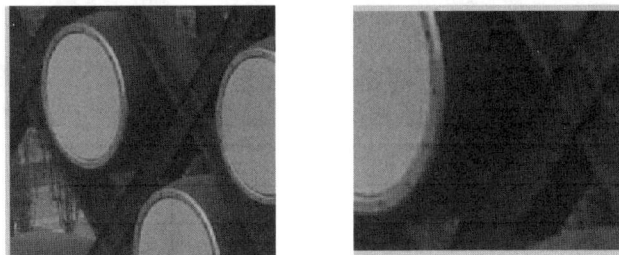

（a）原始图像　　　　　　　　（b）剪切得到的图像

图 1.13 剪切变换图像

3）特定区域处理

（1）roipoly 函数用于选择图像中的多边形区域。

输入以下程序：

```
I=imread('drum.bmp');
c=[200 250 278 248 199 172];
```

```
r=[21 21 75 121 121 75];
BW=roipoly(I,c,r);              %roipoly 函数选择图像中的多边形区域
subplot(1,2,1),imshow(I);
subplot(1,2,2),imshow(BW);
```

得到的结果如图 1.14 所示。

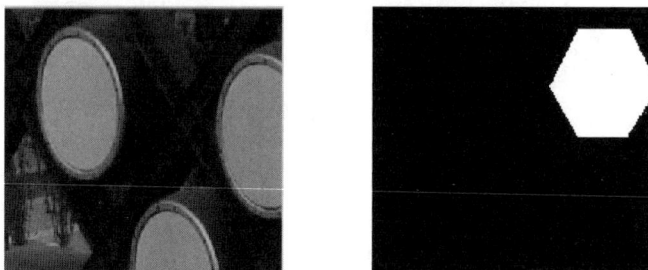

（a）原始图像 　　　　　　　（b）图像中的多边形区域

图 1.14　选择图像中的多边形区域

（2）roicolor 函数是对 RGB 图像和灰度图像实现按灰度或亮度值选择区域进行处理。
输入以下程序：

```
a=imread('drum.bmp');
I=rgb2gray(a);
BW=roicolor(I,128,225);         %按灰度值选择的区域
subplot(1,2,1),imshow(I);
subplot(1,2,2),imshow(BW)
```

得到的结果如图 1.15 所示。

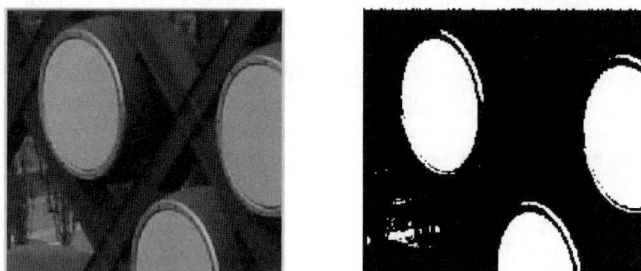

（a）原始图像 　　　　　　　（b）按灰度值选择的区域

图 1.15　按灰度值选择区域做二值化处理

（3）ploy2mask 函数转化指定的多边形区域为二值掩模。
输入以下程序：

```
x=[63 186 54 190 63];
y=[60 60 209 204 60];
bw=poly2mask(x,y,256,256);      %转化指定的多边形区域为二值掩模
imshow(bw)
hold on
plot(x,y,'b','LineWidth',2)
```

```
hold off
```
得到的结果如图 1.16 所示。

（4）roifilt2 函数实现区域滤波。

输入以下程序：

```
a=imread('drum.bmp');
I=rgb2gray(a);
c=[200 250 278 248 199 172];
r=[21 21 75 121 121 75];
BW=roipoly(I,c,r);              %roipoly 函数选择图像中的多边形区域
h=fspecial('unsharp');
J=roifilt2(h,I,BW);            %区域滤波
subplot(1,2,1),imshow(I)
subplot(1,2,2),imshow(J)
```

得到的结果如图 1.17 所示。

（a）原始图像　　　　　　　（b）roifilt2 滤波后结果

图 1.16　指定区域的二值掩模　　　　图 1.17　区域滤波

（5）roifill 函数实现对特定区域进行填充。

输入以下程序：

```
a=imread('drum.bmp');
I=rgb2gray(a);
c=[200 250 278 248 199 172];
r=[21 21 75 121 121 75];
J=roifill(I,c,r);              %对特定区域进行填充
subplot(1,2,1),imshow(I)
subplot(1,2,2),imshow(J)
```

得到的结果如图 1.18 所示。

（a）原始图像　　　　　（b）roifill 对特定区域进行填充

图 1.18　区域填充处理

4）图像变换

（1）fft2 函数和 ifft2 函数分别是计算二维快速傅里叶变换和反变换的函数。

输入以下程序：

```
f=zeros(100,100);
f(20:70,40:60)=1;
imshow(f);
F=fft2(f);                %计算二维快速傅里叶变换
F2=log(abs(F));           %对幅值取对数
imshow(F2),colorbar
```

得到的结果如图 1.19 所示。

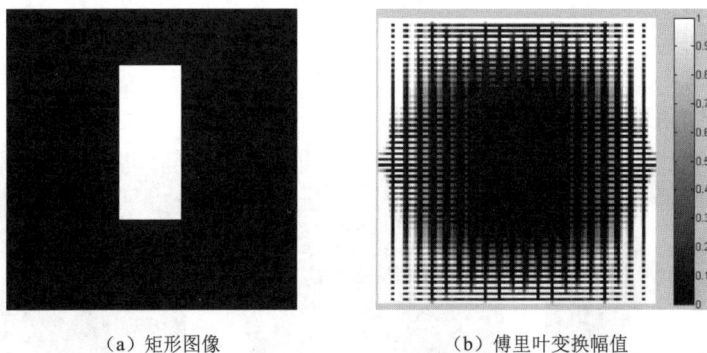

（a）矩形图像　　　　　　　　　（b）傅里叶变换幅值

图 1.19　图像的傅里叶变换幅值谱

（2）fftshift 函数实现了补零操作和改变图像显示象限。

输入以下程序：

```
f=zeros(100,100);
f(20:70,40:60)=1;
imshow(f);
F=fft2(f,256,256);
F2=fftshift(F);           %实现补零操作
imshow(log(abs(F2)));
```

得到的结果如图 1.20 所示。

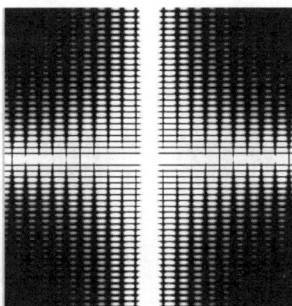

图 1.20　傅里叶变换移位后的结果（零频率分量在中心）

（3）dct2 函数用于实现较大输入矩阵的离散余弦变换。与之对应，idct2 函数实现图像的二维逆离散余弦变换。

输入以下程序：

```
RGB=imread('drum.bmp');
I=rgb2gray(RGB);
J=dct2(I);          %对 I 进行离散余弦变换
imshow(log(abs(J))),colorbar
J(abs(J)<10)=0;
K=idct2(J);         %图像的二维逆离散余弦变换
figure,imshow(I);
figure,imshow(K,[0,255])
```

得到的结果如图 1.21 所示。

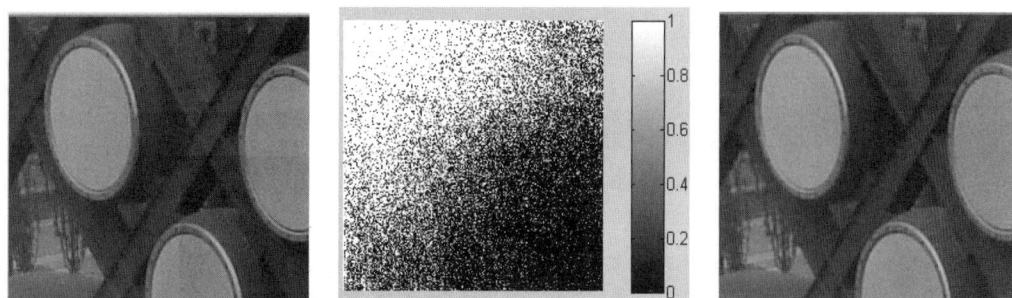

（a）原始图像   （b）执行离散余弦变换的结果   （c）压缩后的重构图像

图 1.21 dct2 函数对图像做压缩处理

（4）dctmtx 函数用于实现较小输入矩阵的离散余弦变换。

输入以下程序：

```
RGB=imread('drum.bmp');
I=rgb2gray(RGB);
I=im2double(I);
T=dctmtx(8);                %离散余弦变换
B=blkproc(I,[8,8],'P1*x*P2',T,T');
mask=[1 1 1 1 0 0 0 0
      1 1 1 0 0 0 0 0
      1 1 0 0 0 0 0 0
      1 0 0 0 0 0 0 0
      0 0 0 0 0 0 0 0
      0 0 0 0 0 0 0 0
      0 0 0 0 0 0 0 0
      0 0 0 0 0 0 0 0];
B2=blkproc(B,[8,8],'P1.*x',mask);
I2=blkproc(B2,[8,8],'P1*x*P2',T',T);
imshow(I),figure,imshow(I2);
```

得到的结果如图 1.22 所示。

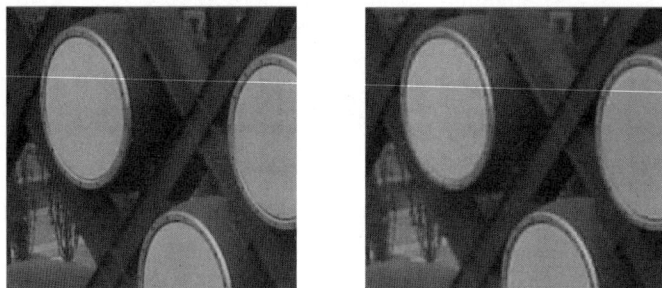

（a）原始图像　　　　　　　　（b）压缩后的重构图像

图 1.22　分块压缩图像

（5）edge 函数用于提取图像的边缘。

输入以下程序：

```
RGB=imread('drum.bmp');
I=rgb2gray(RGB);
BW=edge(I);            %提取图像的边缘
imshow(I),figure,imshow(BW);
```

得到的结果如图 1.23 所示。

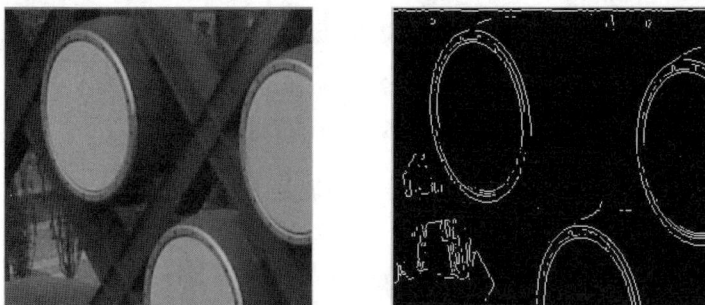

（a）原始图像　　　　　　　　（b）边缘图像

图 1.23　提取图像的边缘

（6）radon 函数用来计算指定方向上图像矩阵的投影。

输入以下程序：

```
RGB=imread('drum.bmp');
I=rgb2gray(RGB);
BW=edge(I);
theta=0:179;
[R,xp]=radon(BW,theta);          %图像矩阵的投影
figure,imagesc(theta,xp,R);colormap(hot);
xlabel('\theta(degrees)');       %对 x 轴加标题
ylabel('x\prime');               %对 y 轴加标题
title('R_{\theta}(x\prime)');    %对图像加标题
colorbar
```

得到的结果如图 1.24 所示。

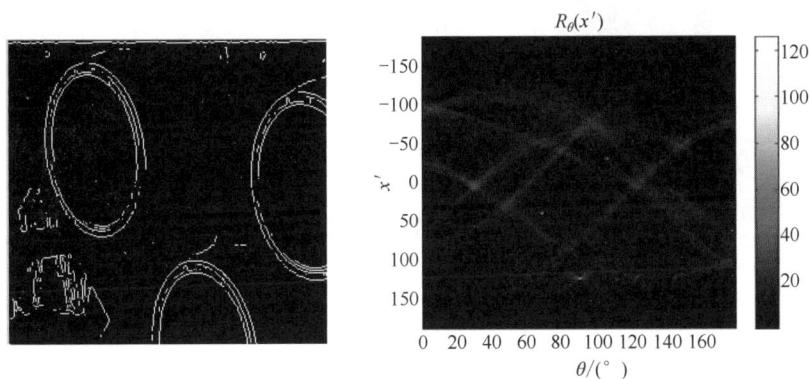

（a）边缘图像　　　　　　　　　　（b）边缘图像的 radon 变换

图 1.24　radon 变换

5）图像增强、分割和编码

（1）imhist 函数产生图像的直方图。

```
A=imread('drum.bmp');        %读入图像
B=rgb2gray(A);               %把 RGB 图像转化成灰度图像
imshow(B);                   %显示灰度图像
imhist(B);                   %显示灰度图像的直方图
```

得到的结果如图 1.25 所示。

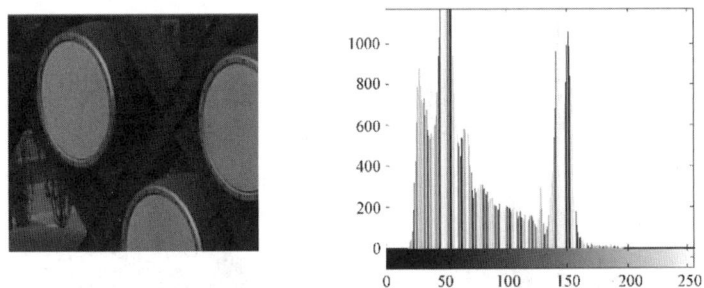

（a）原始图像　　　　　　　　　　（b）灰度图像的直方图

图 1.25　图像的直方图显示

（2）histeq 函数用于对图像的直方图进行均衡化。

接上面的程序，输入以下程序：

```
C=histeq(B);                 %对图像 B 进行均衡化
imshow(C);                   %显示图像
imhist(C);                   %得到均衡化后的灰度直方图
```

得到的结果如图 1.26 所示。

（a）原始灰度图像

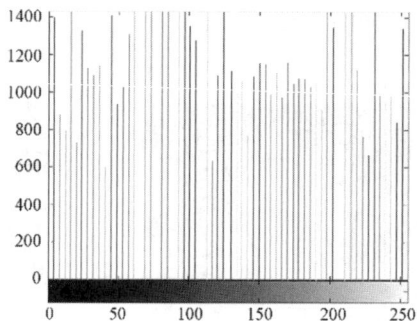

（b）均衡化后的灰度直方图

图 1.26　直方图均衡化处理

（3）filter2 函数实现均值滤波。

输入以下程序：

```
a=imread('noise.drum.jpg');
I=rgb2gray(a);
imshow(I);
K1=filter2(fspecial('average',3),I)/255;    %3×3 的均值滤波
K2=filter2(fspecial('average',5),I)/255;    %5×5 的均值滤波
K3=filter2(fspecial('average',7),I)/255;    %7×7 的均值滤波
figure,imshow(K1);
figure,imshow(K2);
figure,imshow(K3);
```

得到的结果如图 1.27 所示。

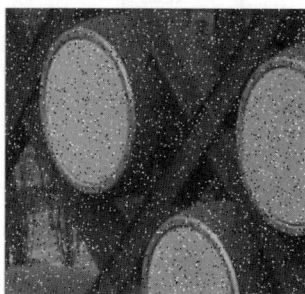

（a）原始图像

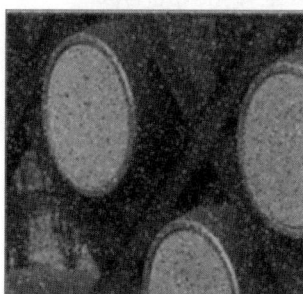

（b）3×3 的均值滤波

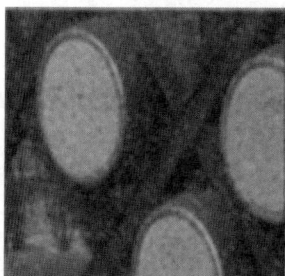

（c）5×5 的均值滤波

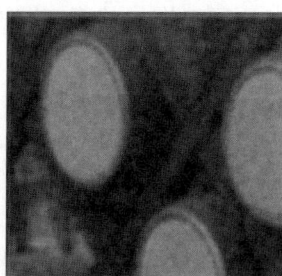

（d）7×7 的均值滤波

图 1.27　均值滤波

（4）wiener2 函数实现 Wiener（维纳）滤波。

输入以下程序：

```
a=imread('noise.drum.jpg');
I=rgb2gray(a);
imshow(I);
K1=wiener2(I,[3,3]);          %3×3 Wiener 滤波
K2=wiener2(I,[5,5]);          %5×5 Wiener 滤波
K3=wiener2(I,[7,7]);          %7×7 Wiener 滤波
figure,imshow(K1);
figure,imshow(K2);
figure,imshow(K3);
```

得到的结果如图 1.28 所示。

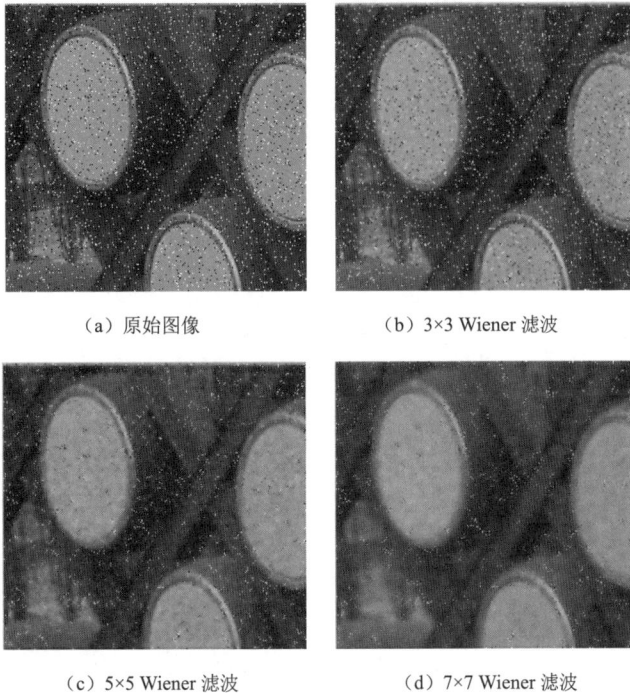

（a）原始图像   （b）3×3 Wiener 滤波

（c）5×5 Wiener 滤波   （d）7×7 Wiener 滤波

图 1.28　Wiener 滤波

（5）medfilt2 函数实现中值滤波。

输入以下程序：

```
a=imread('noise.drum.jpg');
I=rgb2gray(a);
imshow(I);
K1=medfilt2(I,[3,3]);          %3×3 中值滤波
K2=medfilt2(I,[5,5]);          %5×5 中值滤波
K3=medfilt2(I,[7,7]);          %7×7 中值滤波
figure,imshow(K1);
```

```
figure,imshow(K2);
figure,imshow(K3);
```

得到的结果如图 1.29 所示。

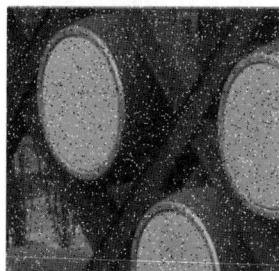

（a）原始图像

（b）3×3 中值滤波

（c）5×5 中值滤波

（d）7×7 中值滤波

图 1.29　中值滤波

6）图像模糊及复原

（1）deconvwnr 函数：使用维纳滤波器。

输入以下程序：

```
%读入图像
I=imread('drum.bmp');
imshow(I);
%对图像进行模糊处理
LEN=31;
THETA=11;
PSF1=fspecial('motion',LEN,THETA);                    %运动模糊
PSF2=fspecial('gaussian',10,5);                       %高斯噪声模糊
Blurred1=imfilter(I,PSF1,'circular','conv');          %得到运动模糊图像
Blurred2=imfilter(I,PSF2,'conv');                     %得到高斯噪声模糊图像
subplot(1,2,1);imshow(Blurred1);title('Blurred1--"motion"');
subplot(1,2,2);imshow(Blurred2);title('Blurred2--"gaussian"');
%对模糊图像加噪声
V=0.002;
BlurredNoisy1=imnoise(Blurred1,'gaussian',0,V);       %加高斯噪声
BlurredNoisy2=imnoise(Blurred2,'gaussian',0,V);       %加高斯噪声
figure;
```

```
subplot(1,2,1);imshow(BlurredNoisy1);title('BlurredNoisy1');
subplot(1,2,2);imshow(BlurredNoisy2);title('BlurredNoisy2');
%进行维纳滤波
wnr1=deconvwnr(Blurred1,PSF1);                              %维纳滤波
wnr2=deconvwnr(Blurred2,PSF2);                              %维纳滤波
figure;
subplot(1,2,1);imshow(wnr1);title('Restored1,True PSF');
subplot(1,2,2);imshow(wnr2);title('Restored2,True PSF');
```

得到的结果如图 1.30 所示。

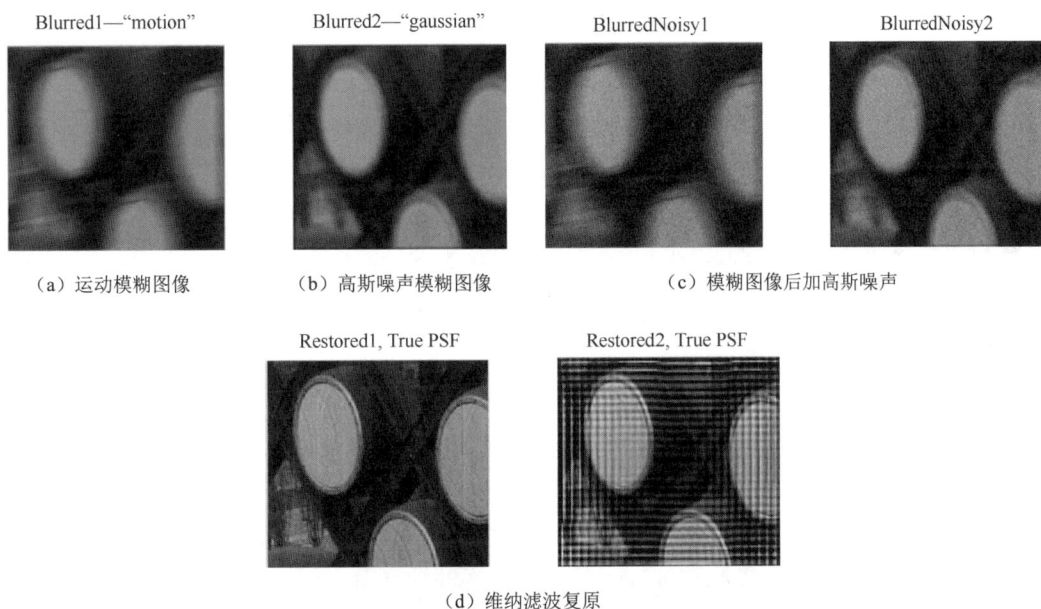

Blurred1—"motion"　　　Blurred2—"gaussian"　　　BlurredNoisy1　　　BlurredNoisy2

（a）运动模糊图像　　　（b）高斯噪声模糊图像　　　（c）模糊图像后加高斯噪声

Restored1, True PSF　　　Restored2, True PSF

（d）维纳滤波复原

图 1.30　图像模糊及复原

（2）deconvreg 函数：使用约束最小二乘滤波器。

接以上维纳滤波中的变量定义，输入以下程序：

```
NP=V*prod(size(I));
reg1=deconvreg(BlurredNoisy1,PSF1,NP); %约束最小二乘滤波
reg2=deconvreg(BlurredNoisy2,PSF2,NP); %约束最小二乘滤波
figure;
subplot(1,2,1);imshow(reg1);
title('Restored1 with NP');
subplot(1,2,2);imshow(reg2);
title('Restored2 with NP');
```

得到的结果如图 1.31 所示。

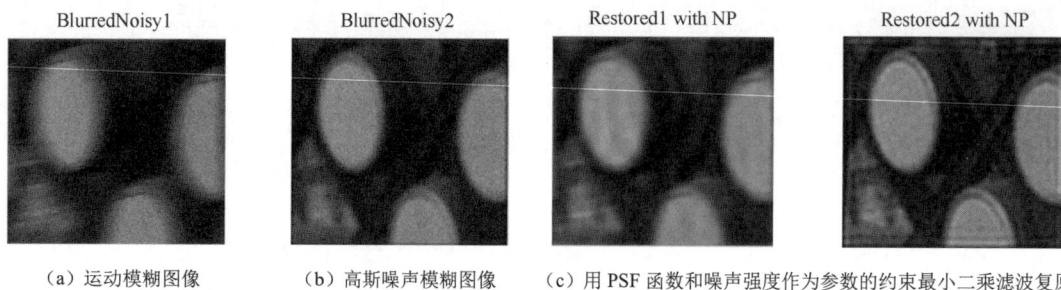

（a）运动模糊图像　　　　（b）高斯噪声模糊图像　　　（c）用 PSF 函数和噪声强度作为参数的约束最小二乘滤波复原

图 1.31　约束最小二乘滤波复原

（3）deconvlucy 函数：使用 Lucy-Richardson 滤波器。

接以上维纳滤波中的变量定义，输入以下程序：

```
luc1=deconvlucy(BlurredNoisy1,PSF1,5);        %使用 Lucy-Richardson 滤波
luc2=deconvlucy(BlurredNoisy1,PSF1,15);       %使用 Lucy-Richardson 滤波
figure;
subplot(1,2,1);imshow(luc1);
title('Restored Image,NUMIT=5');
subplot(1,2,2);imshow(luc2);
title('Restored Image,NUMIT=15');
```

得到的结果如图 1.32 所示。

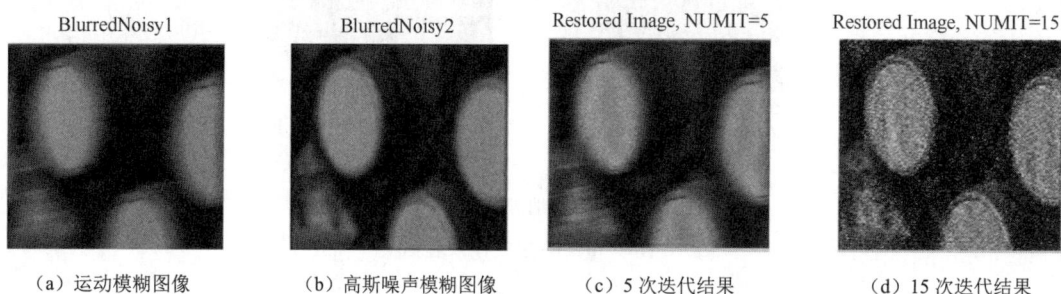

（a）运动模糊图像　　　　（b）高斯噪声模糊图像　　　（c）5 次迭代结果　　　　（d）15 次迭代结果

图 1.32　使用 Lucy-Richardson 滤波器滤波的复原结果

（4）deconvblind 函数：使用盲卷积算法。

输入以下程序：

```
a=imread('drum.bmp');
I=rgb2gray(a);
figure;imshow(I);
title('Original Image');
PSF=fspecial('motion',13,45);                 %运动模糊
figure;imshow(PSF);
Blurred=imfilter(I,PSF,'circ','conv');        %得到运动模糊图像
figure;imshow(Blurred);title('Blurred Image');
INITPSF=ones(size(PSF));
[J,P]=deconvblind(Blurred,INITPSF,30);        %使用盲卷积
```

```
figure;imshow(J);
figure;imshow(P,[],'notruesize');
```

得到的结果如图 1.33 所示。

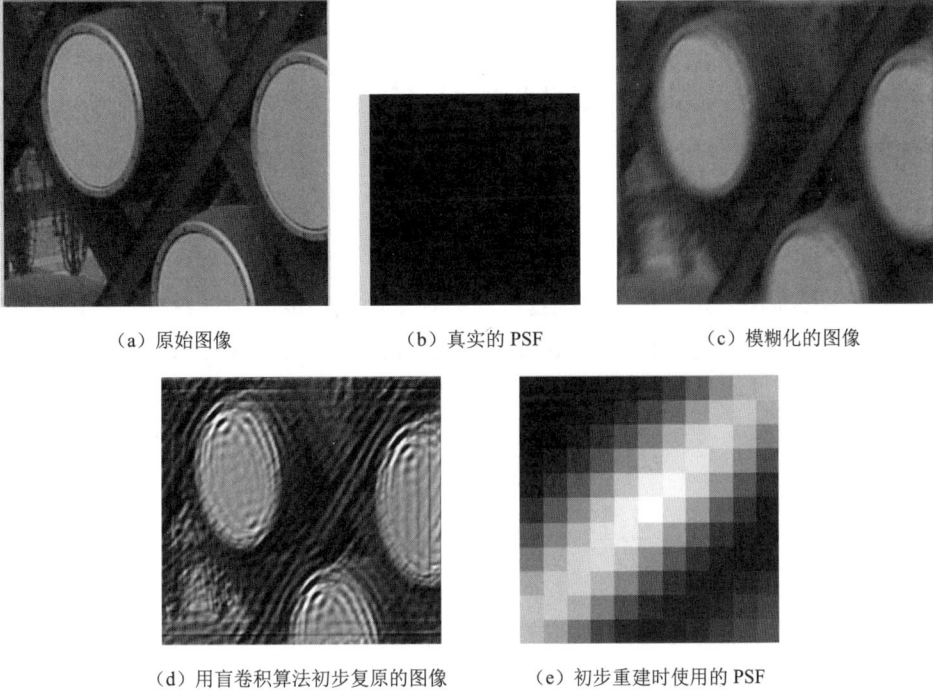

（a）原始图像　　　　　　　（b）真实的 PSF　　　　　　　（c）模糊化的图像

（d）用盲卷积算法初步复原的图像　　　　（e）初步重建时使用的 PSF

图 1.33　盲卷积算法所得图像

第2章 数字图像处理基础

　　人的视觉系统是由眼球、神经系统及大脑的视觉中枢构成的。该系统能够将外界的视觉信号在人眼中显现出来。本章介绍了人类的视觉感知系统中有关视觉系统的基本构造、亮度适应和鉴别及数字图像的基础知识，主要包括图像的获取、数字化方法及几种常用的图像类型。

2.1　知　识　结　构

　　数字图像基础知识主要包括图像的数字化及表达、图像获取、像素间的基本关系和图像分类等，数字图像处理基础知识结构图如图 2.1 所示。

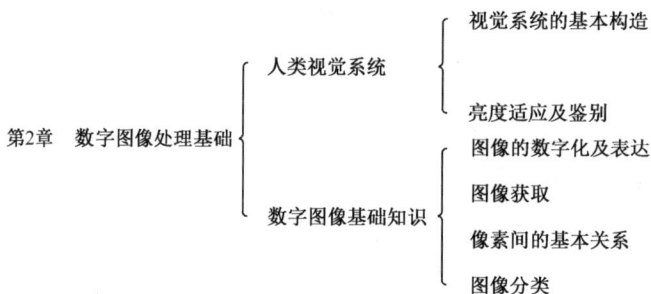

图 2.1　数字图像处理基础知识结构图

2.2　知　识　要　点

1. 人类视觉系统

　　人眼中的光接收器主要是视觉细胞，包括视锥细胞和视杆细胞。视锥细胞具有辨别光波波长的能力，对颜色十分敏感，有时称为昼视觉。视杆细胞比视锥细胞的灵敏度高，在较暗的光线下就能起作用。但是，视杆细胞没有辨别颜色的能力，有时又称夜视觉。

　　视觉是人类的重要功能之一。视觉过程是一个非常复杂的过程。概括地讲，视觉过程有

3 个步骤：光学过程、化学过程和神经处理过程。

人的视觉过程如图 2.2 所示，人的视觉过程为：当人眼接收光刺激时，首先由视网膜接收，再通过视网膜神经进行处理。随后图像信号通过视觉通道反映到大脑皮层，大脑皮层做出相应的处理，如存储参考图像、信息处理、特征提取、决策和描述，最终做出响应。

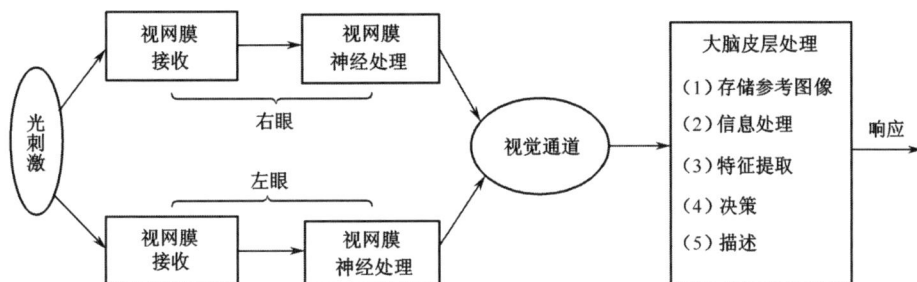

图 2.2　人的视觉过程

2．图像获取

图像获取主要包括扫描、采样和量化。其关键技术有：采样——成像技术，量化——模数转换技术。将空间上连续的图像变换成离散点的操作称为采样，采样间隔和采样孔径的大小确定了图像分辨率。

图像分辨率：每英寸图像含有的点数或像素数（dpi）。分辨率越高，图像细节越清晰，但文件尺寸也会越大，处理时间越长，对设备的要求越高。

常用设备的分辨率采用如下方式定义。

（1）打印机分辨率是指打印图像时每英寸的点数（dpi）。激光打印机的分辨率可达 600～1200 dpi，可为专业排版输出。

（2）屏幕分辨率是指每单位长度显示的像素数或点数（dpi）。屏幕分辨率取决于显示器的大小和像素设置，屏幕分辨率由计算机的显卡决定，标准 VGA 显卡的分辨率是 640 像素×480 像素。

（3）扫描仪分辨率是指扫描图像时每英寸的样点数（dpi）。一般扫描仪提供的方式是水平分辨率比垂直分辨率高。台式扫描仪的分辨率可以分为光学分辨率和输出分辨率，光学分辨率可达 800～1200 dpi，输出分辨率是通过软件强化及内插补点之后产生的分辨率，为光学分辨率的 3～4 倍。

3．像素间的基本关系

图像像素间的关系主要讨论邻域、连通及距离等概念。

其中邻域的概念是设 p 为位于坐标 (x, y) 处的一个像素，则 p 的 4 个水平和垂直相邻像素的坐标为

$$(x+1, y), (x-1, y), (x, y+1), (x, y-1)$$

上述像素组成 p 的 4 邻域，用 $N_4(p)$ 表示。每个像素与 (x, y) 相距一个单位。

像素 p 的 4 个对角相邻像素的坐标为

$$(x+1, y+1), (x+1, y-1), (x-1, y+1), (x-1, y-1)$$

该像素集用 $N_D(p)$ 表示。$N_D(p)$ 和 $N_4(p)$ 合起来称为 p 的 8 邻域。

为了确定两个像素是否连通，必须确定它们是否相邻及它们的灰度是否满足特定的相似性准则，或者说它们的灰度值是否相等。

4．像素距离

像素之间的联系常与像素在空间的接近程度有关。像素在空间的接近程度可以用像素之间的距离来度量。为测量距离，需要定义距离度量函数。给定 3 个像素 p、q、r，其坐标分别为 (x,y)、(s,t)、(u,v)，如果

（1）$D(p,q)=0$，当且仅当 $p=q$；

（2）$D(p,q)=D(q,p)$；

（3）$D(p,r) \leqslant D(p,q)+D(q,r)$；

则 D 是距离度量函数。

p 和 q 之间的欧氏距离定义为

$$D_e(p,q) = \sqrt{(x-s)^2+(y-t)^2} \tag{2.1}$$

根据这个距离度量，由与点 (x,y) 的欧氏距离小于或等于某一值 d 的像素组成以 (x,y) 为中心，以 d 为半径的圆。

p 和 q 之间的 D_4 距离（也称城市街区距离）定义为

$$D_4(p,q) = |x-s|+|y-t| \tag{2.2}$$

根据这个距离度量，由与点 (x,y) 的 D_4 距离小于或等于某一值 d 的像素组成以 (x,y) 为中心的菱形。

p 和 q 之间的 D_8 距离（也称棋盘距离）定义为

$$D_8(p,q) = \max(|x-s|,|y-t|) \tag{2.3}$$

根据这个距离度量，由与点 (x,y) 的 D_8 距离小于或等于某一值 d 的像素组成以 (x,y) 为中心的方形。

需要注意的是，p 和 q 之间的 D_4 距离和 D_8 距离与任何通路无关。然而，对于 m 连通，两点之间的 D_m 距离（通路的长度）将依赖沿通路的像素及它们近邻像素的值。

5．图像分类

图像有许多种分类方法，按照图像的动态特性，可以分为静止图像和运动图像；按照图像的色彩，可以分为灰度图像和彩色图像；按照图像的维数，可以分为二维图像、三维图像和多维图像。其中运动图像可由一系列静止图像表示，彩色图像可以分解成三基色图像，三维图像可以由二维图像重建。

位图是指由许多像素点表示一幅图像，每个像素点具有颜色属性和位置属性。位图可以从传统的相片、幻灯片上制作出来或使用数字照相机得到。

位图分成以下 4 种：二值图像（Binary Images）、灰度图像（Intensity Images）、索引图像（Indexed Images）和 RGB 图像（RGB Images）。

6．图像质量

评价图像的好坏通常考虑这样几个方面：图像的层次、图像的对比度及图像的清晰度。

图像的层次以图像的灰度级来表示，它是像素明暗程度的整数量，如像素的取值范围为 0～255，就称该图像为 256 个灰度级的图像，可称该图像具有 256 个层次，图像的实际层次越多，视觉效果就越好。

图像的对比度是指一幅图像中灰度反差的大小，通常表示为：对比度=最大亮度/最小亮度。

图像的清晰度主要有：亮度、对比度、尺寸大小、细微层次及颜色饱和度。

2.3　习　题　解　答

2.1　请解释马赫带效应。

【答】由一系列条带组成的灰度图像，其中每个条带内的亮度是均匀分布的，而相邻两条带的亮度相差一个固定值，但人的感觉认为每个条带内的亮度不是均匀分布的，而是感觉到所有条带的左边部分都比右边部分亮一些，这便是所谓的马赫带效应，如图 2.3 所示。

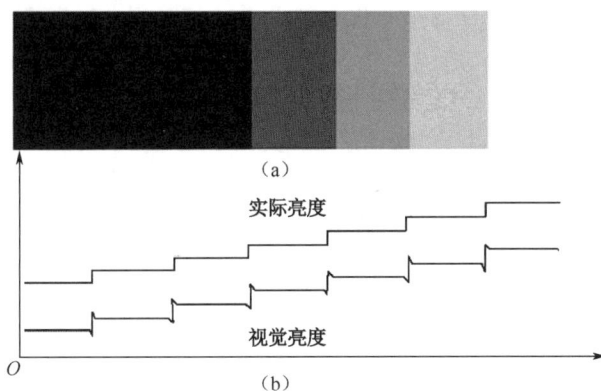

图 2.3　马赫带效应示意图

2.2　简述人的视觉过程。

【答】人的视觉过程就是当人眼接收光刺激时，首先发生条件反射，由视网膜神经进行处理。随后图像信号通过视觉通道反映到大脑皮层，大脑皮层做出相应的处理，如存储参考图像、信息处理、特征提取、决策和描述，最终做出响应。

2.3　已知某像素点 p 的坐标为 $(0,0)$，分别指出 $N_4(p)$、$N_D(p)$、$N_8(p)$ 各包含哪些像素。

【答】由 $N_4(p)$、$N_D(p)$、$N_8(p)$ 的定义可得 p 的 $N_4(p)$ 有 $(0,1)$、$(1,0)$、$(-1,0)$、$(0,-1)$。$N_D(p)$ 有 $(1,1)$、$(1,-1)$、$(-1,1)$、$(-1,-1)$。$N_4(p)$ 和 $N_D(p)$ 合起来称为 $N_8(p)$，故 $N_8(p)$ 包括 $(0,1)$、$(1,0)$、$(-1,0)$、$(0,-1)$、$(1,1)$、$(1,-1)$、$(-1,1)$、$(-1,-1)$。

2.4　已知一幅图像上两像素 p、q 的坐标分别为 $(0,0)$ 和 $(3,4)$，分别求两像素之间的欧氏距离、D_4 距离和 D_8 距离。

【答】由像素之间距离的定义易得 p、q 之间的欧氏距离为 $D_e(p,q) = \sqrt{(x-s)^2 + (y-t)^2}$ =5；D_4 距离为 $D_4(p,q) = |x-s| + |y-t|$ =7；D_8 距离为 $D_8(p,q) = \max(|x-s|,|y-t|)$ =4。

2.5　图像获取包括哪些步骤？各个步骤又会影响图像质量的哪些参数？

【答】图像获取包括图像扫描、采样和量化。在进行采样时，采样间隔越小，图像的分辨率越高。采样的好坏影响着图像分辨率。量化时，量化等级越高，图像的轮廓越好。量化影响着图像的分辨率。

2.6　图像可分为哪几类？试阐述各类图像的特点。

【答】图像包括二值图像、灰度图像、彩色图像和索引图像。

二值图像仅有黑白两种颜色。灰度图像是指像素灰度级，用 8 bit 表示，每个像素都是介于黑色和白色之间的 256（2^8=256）种灰度中的一种。彩色图像中每个像素由红、绿和蓝 3 字节组成，每字节为 8 bit，表示 0～255 之间不同的亮度值，这 3 字节组合可以产生 1670 万种不同的颜色。索引图像中的颜色是预先定义的。索引颜色的图像最多只能显示 256 种颜色。

2.7　什么是采样与量化？

【答】采样：将空间上连续的图像变成离散点的操作。采样过程可看成是将图像平面划分为网格的过程。

量化：将采样得到的灰度值转化为离散的整数值。

2.8　对图像进行采样和量化时应该遵循哪些原则？

【答】（1）对缓变的图像，应该细量化、粗采样，以避免出现假轮廓。

（2）对细节丰富的图像，应该细采样、粗量化，以避免模糊。

2.9　写出对一幅图像的行列方向分别每隔一位和每隔两位进行采样的 MATLAB 程序代码。

【答】I = imread('keyan.jfif')；　　　% 读取图像信息-- I 是三维矩阵
subplot(231)
imshow(I);　　　　　　　　% 输出原始图像
title('原始图像(256 色)')
Ih=rgb2gray(I);　　　　　% 三维彩图转化为二维灰度图
subplot(232)
imshow(Ih)　　　　　　　% 输出灰度图
title('灰度图')
I2=Ih(1:2:end,1:2:end);　% 行列方向分别每隔一位采样一个点
subplot(233);
imshow(I2)
title('采样图像（128*128）');

2.4　实验指导

2.4.1　像素的 4 连通和 8 连通

1. 实验内容

试求图 2.4 的 8 连通及 4 连通，并讨论其区别。

1	0	0	1	0
1	1	1	0	0
0	1	1	1	0
0	0	0	1	1

图 2.4　像素图

2．实验原理

根据像素间的基本关系，实现像素间的连通关系。

3．实验方法及程序

观察图 2.4 中的像素值为 1 的像素关系，分别判断其中的 4 连通性和 8 连通性。
程序如下：

```
bw = [1 0  0  1  0;
      1  1  1  0  0;
      0  1  1  1  0;
      0  0  0  1  1]
X8 = bwlabel(bw,8)
X4 = bwlabel(bw,4)
```

4．实验结果与分析

其中，像素值为 1 的 8 连通区域有 1 个，如图 2.5 所示。

1	0	0	1	0
1	1	1	0	0
0	1	1	1	0
0	0	0	1	1

图 2.5　像素值为 1 的 8 连通结果

像素值为 1 的 4 连通区域有两个，如图 2.6 所示。

1	0	0	2	0
1	1	1	0	0
0	1	1	1	0
0	0	0	1	1

图 2.6　像素值为 1 的 4 连通结果

从上述结果可以看出，采用不同的连通方法，其连通区域有不同的变化。

5．思考题

4 连通与 8 连通除了能够采用递归的方法实现，能否采用其他方法？试比较不同方法在内存和算法复杂度上的占用情况。

2.4.2 图像采样

1．实验内容

试对 lena 图像分别进行 4 倍和 16 倍减采样，查看其减采样效果。

2．实验原理

根据图像采样原理，给出实现图像采样的过程。

3．实验方法及程序

使用 MATLAB，对图像进行减采样。

```
a = imread('e:\i_lena.JPG');
b = rgb2gray(a);
[wid,hei]=size(b);
%4 倍减采样
quartimg = zeros(wid/2+1,hei/2+1);
i1 = 1;
j1 = 1;
for i=1:2:wid
    for j=1:2:hei
        quartimg(i1,j1) = b(i,j);

        j1 = j1 + 1;
    end
    i1 = i1 + 1;
    j1 =  1;
end
figure
imshow(uint8(quartimg))

%16 倍减采样
quartimg = zeros(wid/4+1,hei/4+1);
i1 = 1;
j1 = 1;
for i=1:4:wid
    for j=1:4:hei
        quartimg(i1,j1) = b(i,j);

        j1 = j1 + 1;
    end
    i1 = i1 + 1;
    j1 =  1;
```

```
end
figure
imshow(uint8(quartimg))
```

4. 实验结果与分析

实验结果如图 2.7 所示。

(a) 原始图像　　　　　　　　(b) 4 倍减采样　　(c) 16 倍减采样

图 2.7　图像减采样过程

由图 2.7 可知，在采用不同的减采样过程中，图像的清晰度和尺寸均发生了变化。

5. 思考题

如果将一幅图进行 4 倍、16 倍和 64 倍增采样会出现什么情况？是否有其他方法可以实现图像的采样？

2.4.3　图像类型

1. 实验内容

试将图 2.8（a）转换成 256 级灰度图像、64 级灰度图像、32 级灰度图像、8 级灰度图像和 2 级灰度图像。

2. 实验原理

根据图像分类原理，将给出的实验图像变换成为不同类型的图像。

3．实验方法及程序

使用 MATLAB，进行图像类型变换。

```
a = imread('e:\i_flower673.jpg');
b = rgb2gray(a);
figure
imshow(b)
[wid,hei]=size(b);
img64 = zeros(wid,hei);
img32 = zeros(wid,hei);
img8 = zeros(wid,hei);
img2 = zeros(wid,hei);
for i=1:wid
    for j=1:hei
        img64(i,j) = floor(b(i,j)/4);
    end
end
figure
imshow(uint8(img64),[0,63])
for i=1:wid
    for j=1:hei
        img32(i,j) = floor(b(i,j)/8);
    end
end
figure
imshow(uint8(img32),[0,31])
for i=1:wid
    for j=1:hei
        img8(i,j) = floor(b(i,j)/32);
    end
end
figure
imshow(uint8(img8),[0,7])
for i=1:wid
    for j=1:hei
        img2(i,j) = floor(b(i,j)/128);
    end
end
figure
imshow(uint8(img8),[0,2])
```

4．实验结果与分析

实验结果如图 2.8 所示。

（a）原始图像　　　　　　　　（b）256 级灰度图像

（c）64 级灰度图像　　　　　　（d）32 级灰度图像

（e）8 级灰度图像　　　　　　（f）2 级灰度图像

图 2.8　图像灰度转换

由图 2.8 可知，在图像灰度转换过程中，其图像的清晰度随着灰度级的降低而降低。

5. 思考题

如何将一幅彩色图像转换成灰度图像？

第3章 数字图像处理基本运算

本章主要介绍数字图像处理中的点运算、代数运算（加、减、乘、除）、逻辑运算（与、或、非）和几何运算（平移、镜像、旋转、缩放等）及其相应的应用。这些基本的运算可改变输入图像的对比度，降低图像的噪声，进行各种各样的几何变换等，这些运算在实际中得到广泛的应用。

3.1 知 识 结 构

数字图像处理基本运算主要包括点运算（线性、非线性）、代数运算（加、减、乘、除）、逻辑运算（与、或、非）和几何运算（平移、镜像、旋转、缩放等），其知识结构图如图 3.1 所示。

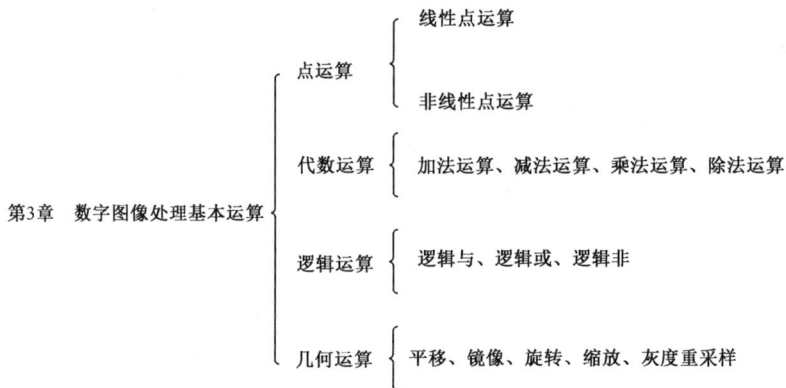

第3章 数字图像处理基本运算
- 点运算
  - 线性点运算
  - 非线性点运算
- 代数运算
  - 加法运算、减法运算、乘法运算、除法运算
- 逻辑运算
  - 逻辑与、逻辑或、逻辑非
- 几何运算
  - 平移、镜像、旋转、缩放、灰度重采样

图 3.1　数字图像处理基本运算知识结构图

3.2 知 识 要 点

1. 点运算

点运算就是对图像中每个像素点的灰度值按一定的映射关系进行运算。根据映射关系的

不同，点运算可以分为线性点运算和非线性点运算两类。

1）线性点运算

线性点运算是指输入图像的灰度级与目标图像的灰度级成线性关系。线性点运算的灰度变换函数形式可以采用线性方程描述，即

$$s = ar + b \tag{3.1}$$

式中，r 为输入点的灰度值；s 为相应输出点的灰度值；b 是平移项。

2）非线性点运算

常见的非线性灰度变换为对数变换和幂次变换。

对数变换的一般表达式为

$$s = c\log_2(1 + r) \tag{3.2}$$

式中，c 是一个常数，并假设 $r \geqslant 0$。此种变换使窄带低灰度输入图像值映射为宽带输出值。

幂次变换的一般形式为

$$s = cr^{\gamma} \tag{3.3}$$

式中，c 和 γ 为正常数。$\gamma > 1$ 的值和 $\gamma < 1$ 的值产生的曲线有相反的效果。当 $c = \gamma = 1$ 时，将简化为线性变换。

2. 代数运算及逻辑运算

1）代数运算

代数运算是指对两幅或两幅以上输入图像进行点对点的加、减、乘、除运算得到目标图像的运算。图像处理代数运算的 4 种基本形式如下。

$$C(x,y) = A(x,y) + B(x,y) \tag{3.4}$$
$$C(x,y) = A(x,y) - B(x,y) \tag{3.5}$$
$$C(x,y) = A(x,y) \times B(x,y) \tag{3.6}$$
$$C(x,y) = A(x,y) \div B(x,y) \tag{3.7}$$

式中，$A(x,y)$ 和 $B(x,y)$ 为输入图像表达式；$C(x,y)$ 为输出图像表达式。

2）逻辑运算

图像逻辑运算有逻辑与、逻辑或、逻辑非等，主要针对二值图像。

3. 几何运算

在图像处理领域，通过改变像素位置进行图像形状变化的运算，称为几何运算。

图像几何运算的一般定义为

$$g(x,y) = f(u,v) = f[p(x,y), q(x,y)] \tag{3.8}$$

式中，$u = p(x,y)$，$v = q(x,y)$ 唯一地描述了空间变换，即将输入图像 $f(u,v)$ 从 $u - v$ 坐标系变换为 $x - y$ 坐标系的输出图像 $g(x,y)$。

从变换性质来分，几何变换可以分为图像的位置变换（平移、镜像、旋转）、形状变换（放大、缩小）及图像的复合变换等。一个几何运算需要两个独立的算法。首先，需要一个算法来定义空间变换，用它描述每个像素点如何从其初始位置移动到终止位置，即每个像素点的运动。其次，需要一个算法用于灰度级的插值，来保证图像质量。

1）图像的平移

如图 3.2 所示，设图像空间的 x、y 正方向分别为向下、向右，初始坐标为 (x_0, y_0) 的点经过平移 $(\Delta x, \Delta y)$ 后，其坐标变为 (x_1, y_1)，则图像平移的变换公式（以矩阵的形式表示）为

$$\begin{pmatrix} x_1 \\ y_1 \\ 1 \end{pmatrix} = \begin{pmatrix} 1 & 0 & \Delta x \\ 0 & 1 & \Delta y \\ 0 & 0 & 1 \end{pmatrix} \begin{pmatrix} x_0 \\ y_0 \\ 1 \end{pmatrix} \tag{3.9}$$

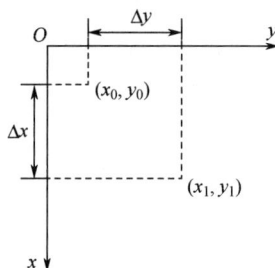

图 3.2　图像的平移

2）图像的镜像

图像的镜像是指原始图像相对某个参照面旋转 180° 的图像。镜像变换可以分为水平镜像、垂直镜像等多种变换。对称变换后，图像的宽和高不变。

设原始图像的宽为 w，高为 h，原始图像中的点为 (x_0, y_0)，对称变换后的点为 (x_1, y_1)。

（1）水平镜像（相对于 x 轴）

水平镜像的变换公式为

$$\begin{pmatrix} x_1 \\ y_1 \\ 1 \end{pmatrix} = \begin{pmatrix} 1 & 0 & 0 \\ 0 & -1 & w \\ 0 & 0 & 1 \end{pmatrix} \begin{pmatrix} x_0 \\ y_0 \\ 1 \end{pmatrix} \tag{3.10}$$

（2）垂直镜像（相对于 y 轴）

垂直镜像的变换公式为

$$\begin{pmatrix} x_1 \\ y_1 \\ 1 \end{pmatrix} = \begin{pmatrix} -1 & 0 & h \\ 0 & 1 & 0 \\ 0 & 0 & 1 \end{pmatrix} \begin{pmatrix} x_0 \\ y_0 \\ 1 \end{pmatrix} \tag{3.11}$$

3）图像的旋转

一般情况下，图像的旋转变换是指以图像的中心为原点，将图像上的所有像素都旋转同一个角度的变换。

设原始图像的任意点 $A_0(x_0, y_0)$ 旋转角度 β 以后到新的位置 $A(x, y)$，为表示方便，采用极坐标形式表示，原始的角度为 α，如图 3.3 所示。

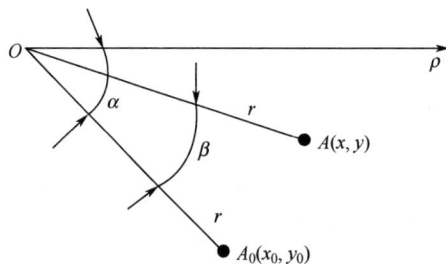

图 3.3　图像的旋转

图像的旋转变换也可以用矩阵形式表示如下。

$$\begin{pmatrix} x \\ y \\ 1 \end{pmatrix} = \begin{pmatrix} \cos\beta & -\sin\beta & 0 \\ \sin\beta & \cos\beta & 0 \\ 0 & 0 & 1 \end{pmatrix} \begin{pmatrix} x_0 \\ y_0 \\ 1 \end{pmatrix} \tag{3.12}$$

图像旋转之后也可以根据新点求解原始图像上点的坐标，其矩阵表示形式如下。

$$\begin{pmatrix} x_0 \\ y_0 \\ 1 \end{pmatrix} = \begin{pmatrix} \cos\beta & \sin\beta & 0 \\ -\sin\beta & \cos\beta & 0 \\ 0 & 0 & 1 \end{pmatrix} \begin{pmatrix} x \\ y \\ 1 \end{pmatrix} \tag{3.13}$$

4）图像的缩放

数字图像的比例缩放是指将给定的图像在 x 方向和 y 方向按相同的比例 a 进行缩放，从而获得一幅新的图像，又称为全比例缩放。如果 x 方向和 y 方向上的缩放比例不同，则图像的比例缩放会改变原始图像像素间的相对位置，产生几何畸变。设原始图像中的点 $A_0(x_0, y_0)$ 经全比例缩放后，在新图像中的对应点为 $A_1(x_1, y_1)$，则 $A_0(x_0, y_0)$ 和 $A_1(x_1, y_1)$ 之间坐标关系可表示如下。

$$\begin{pmatrix} x_1 \\ y_1 \\ 1 \end{pmatrix} = \begin{pmatrix} a & 0 & 0 \\ 0 & a & 0 \\ 0 & 0 & 1 \end{pmatrix} \begin{pmatrix} x_0 \\ y_0 \\ 1 \end{pmatrix} \tag{3.14}$$

即

$$\begin{cases} x_1 = ax_0 \\ y_1 = ay_0 \end{cases} \tag{3.15}$$

在式（3.15）所表示的全比例缩放中，若 $a > 1$，则图像被放大；若 $0 < a < 1$，则图像被缩小。

当比例缩放所产生的图像中的像素在原始图像中没有对应的像素点时，就需要进行灰度级的插值运算，一般有以下两种插值处理方法。

（1）直接赋值为和它最相近的像素灰度值，这种方法称为最近邻插值法，该方法简单、计算量小，但很可能会产生马赛克现象。

（2）通过其他数学插值算法来计算相应像素点的灰度值，这种方法的处理效果好，但运算量会有所增加。

5）灰度重采样

图像灰度重采样过程可通过以下步骤完成：首先对输出采样栅格使用逆映射，将结果映射到输入栅格，由此产生的结果为一重采样栅格，该栅格表明了对输入图像重采样的位置；然后对输入图像在这些点进行采样，并将采样值赋给相应的输出像素，如图 3.4 所示。

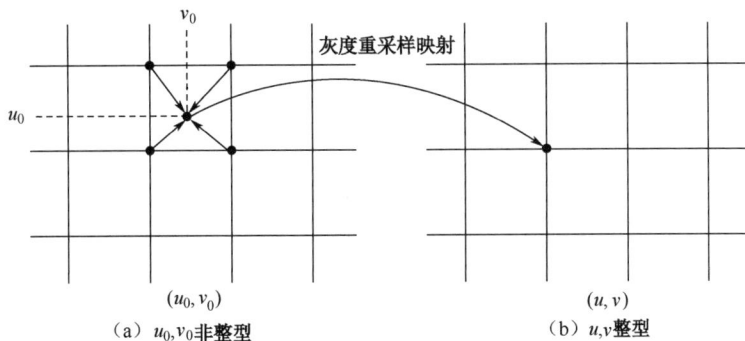

图 3.4　灰度重采样映射

常用的灰度插值方法有 3 种：最近邻法、双线性插值法和三次内插法，如图 3.5 所示。

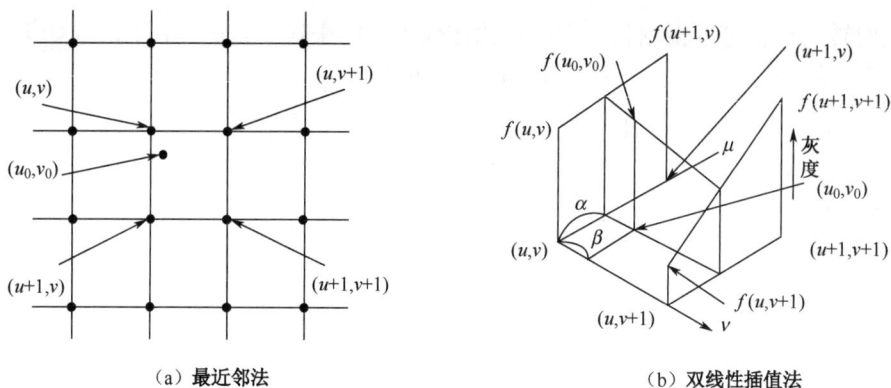

（a）最近邻法　　　　　　　（b）双线性插值法

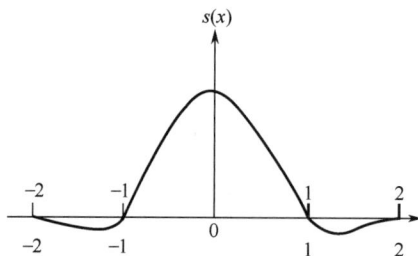

（c）$\sin(\pi x)/(\pi x)$ 的三次内插法

图 3.5　灰度插值方法

3.3　补　充　内　容

几何运算又称为几何变换，可分为简单变换和控制点变换两种方法，教材 3.3 节主要介绍了简单变换方法，这里补充介绍控制点变换方法。

在许多图像处理的应用中，所需的空间变换都很复杂，不是通过简单的平移、旋转和缩放等能解决的，而是要结合各种不同的简单变换来实现。

控制点变换方法是通过测定若干个坐标点的位移量来确定坐标变换方程系数的方法。如图 3.6 所示，若已知输入图像与输出图像上 4 对对应点对（控制点对）的位移量，则可利用这 4 对已知控制点对，求解下列坐标变换方程中的系数。

$$\begin{cases} u = ax + by + cxy + d \\ v = ex + fy + gxy + h \end{cases} \tag{3.16}$$

系数 $a \sim h$ 确定后，就可以得到确定的坐标变换关系。用此方法可确定所有落入矩形框内的输出点。

式（3.16）可以看作多项式变换幂函数方程的一个特例。对于一般的 N 阶幂函数，系数个数及为确定这些系数所需的控制点对数量应根据 N 值来确定。一般来说，适当提高阶次 N 可提高校正精度，但随着阶次 N 的提高，为确定幂函数系数所需的控制点对数量也随之增多，并且坐标变换所需计算量亦会增多。实际应用中，一般取 $N=2\sim3$。

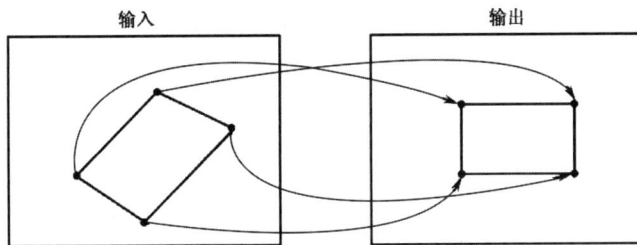

图 3.6 控制点对的空间映射

$$\begin{cases} u = \sum_{i=0}^{N}\sum_{j=0}^{N-i} a_{ij} x^i y^i \\ v = \sum_{i=0}^{N}\sum_{j=0}^{N-i} a_{ij} x^i y^i \end{cases} \tag{3.17}$$

3.4 习 题 解 答

3.1 图像基本运算可以分为哪几类？

【答】（1）点运算，包括线性点运算和非线性点运算。

（2）代数运算，包括加法运算、减法运算、乘法运算、除法运算。

（3）逻辑运算，包括逻辑与、逻辑或、逻辑非等。

（4）几何运算，包括图像的平移、旋转、镜像和缩放等。

3.2 在一个线性拉伸变换中，当 a、b 取何值时，可以将灰度值分别从 23 和 155 变换为 16 和 240？

【答】由公式 $s = ar + b$，得

$$\begin{cases} 23a + b = 16 \\ 155a + b = 240 \end{cases}$$

解得，$a = 1.7$，$b = -23.1$。

3.3 代数运算可以分为哪几类，各有什么意义？

【答】代数运算可以分为对两幅或两幅以上输入图像的加法运算、减法运算、乘法运算、除法运算四大类。

加法运算通常用于平均值降噪等多种场合。图像相加一般用于同一场景的多幅图像求平均，以便有效降低加性噪声。

减法运算常用于检测变化及运动的物体，图像减法运算又称为图像差分运算。在可控环境下，或者在很短的时间内，可以认为背景是固定不变的，可以直接使用差分运算检测变化或者运动的物体。

简单的乘法运算可以用来改变图像的灰度级，实现灰度级变换。乘法运算也可以用来遮住图像的某些部分，其典型应用是获得掩模图像。对于要保留下来的区域，掩模图像的值置为 1，而在需要被抑制的区域，掩模图像的值置为 0。此外，由于时间域的卷积和相关运算与

频率域的乘积运算对应，所以乘法运算有时也被用来作为一种技巧来实现卷积和相关处理。

简单的除法运算可用于改变图像的灰度级，除法运算的典型运用是比值图像处理。例如，除法运算可以用于校正成像设备的非线性影响，在特殊形态的图像（如以 CT 为代表的医学图像）处理中被用到。此外，除法运算还经常用于消除图像数字化设备随空间产生的影响。

3.4　简述通过多幅图像进行平均降噪的原理。

【答】由于每幅噪声图像都来自同一个互不相干且均值等于零的随机噪声，且噪声具有如下特性。

$$E\{N_i(x,y)N_j(x,y)\} = E\{N_i(x,y)\}E\{N_j(x,y)\}$$

$$E\{N_i(x,y)\} = 0$$

对于图像中的任意点，定义功率信噪比为

$$P(x,y) = \frac{S^2(x,y)}{E\{N^2(x,y)\}}$$

如果对 M 幅图像进行平均，可得

$$\bar{D}(x,y) = \frac{1}{M}\sum_{i=1}^{M}[S(x,y)+N_i(x,y)]$$

功率信噪比为

$$\bar{P}(x,y) = \frac{S^2(x,y)}{E\left\{\left[\dfrac{1}{M}\sum_{i=1}^{M}N_i(x,y)\right]^2\right\}}$$

可以证明

$$\bar{P}(x,y) = MP(x,y)$$

因此，对 M 幅图像进行平均，使图像中每个点的功率信噪比提高了 M 倍。而幅度信噪比是功率信噪比的平方根，所以幅度信噪比也随着被平均图像数量的增加而增大。

3.5　举例说明差影法的用处。

【答】在可控环境下，或者在很短的时间内，可以认为背景是固定不变的，将存在目标的图像与背景图像进行相减，即可提取出目标图像，再进行分析，因此，可以直接使用差分运算检测变化或者运动的物体。

3.6　有哪几种常见的几何变换？

【答】常见的几何变换包括图像的位置变换（平移、镜像、旋转）、形状变换（放大、缩小）等。

3.7　某图像在旋转 β 角度后某一点 $A(5,10)$ 坐标变为 $A'(10,5)$，求旋转角度 β。

【答】已知旋转的坐标计算公式为 $\begin{cases} x = r\sin\alpha\cos\beta - r\cos\alpha\sin\beta \\ y = r\cos\alpha\cos\beta + r\sin\alpha\sin\beta \end{cases}$，则将旋转前后的坐标值分别带入公式中可得，$\cos\beta=4/5$，$\sin\beta=3/5$，则 $\beta=37°$。

3.8　图像旋转会引起图像失真吗？为什么？

【答】会。图像旋转之后，由于数字图像的坐标值必须是整数，所以可能引起图像部分像素点的局部改变。例如，若图像旋转角 $\beta=45°$ 时，则变换关系如下。

$$\begin{cases} x = 0.707x_0 - 0.707y_0 \\ y = 0.707x_0 + 0.707y_0 \end{cases}$$

以原始图像的点(1,1)为例，旋转以后，均为小数，经舍入后为(1,0)，产生了位置误差。因此，图像旋转以后可能会发生一些细微的变化。

3.9　在放大一幅图像时，什么情况下会出现马赛克现象？有什么解决办法？

【答】当一幅图像放大倍数过大时就会出现马赛克现象，应该采用不同复杂程度的线性插值法填充放大后所多出来的相关像素点的灰度值。

3.10　灰度级插值有哪几种？分别有什么缺点？

【答】常用的灰度插值方法有 3 种：最近邻法、双线性插值法和三次内插法。

最近邻法是将点 (u_0,v_0) 最近的整数坐标点 (u,v) 的灰度值取为点 (u_0,v_0) 的灰度值，如图3.29（a）所示。在点 (u_0,v_0) 各相邻像素间灰度变化较小时，这种方法是一种简单快捷的方法，但当点 (u_0,v_0) 相邻像素间灰度差很大时，这种灰度估值方法会产生较大的误差。

双线性插值法是对最近邻法的一种改进，即用线性内插法，根据点 (u_0,v_0) 4 个相邻点的灰度值，插值计算出 $f(u_0,v_0)$ 值。此方法考虑了点 (u_0,v_0) 的直接邻点对它的影响，因此一般可以得到令人满意的插值效果。但这种方法具有低通滤波性质，使高频分量受到损失，图像轮廓模糊。

三次内插法不仅考虑点 (u_0,v_0) 的直接邻点对它的影响，还考虑了该点周围 16 个邻点的灰度值对它的影响。由连续信号采样定理可知，若对采样值使用插值函数 $S(x)=\sin(\pi x)/(\pi x)$ 插值，则可以精确地恢复原函数，当然也就可以精确地得到采样点间任意点的值。此方法计算量很大，但精度高，能保持较好的图像边缘。

3.5　实　验　指　导

3.5.1　图像的点运算

1．实验内容

对一幅灰度图像，通过选择不同的灰度级变换函数 $s=T(r)$ 实现图像的灰度级范围线性扩展和非线性扩展，以及图像的灰度倒置和二值化。

2．实验原理

1）线性扩展

灰度级变换函数 $s=T(r)$ 可写为

$$s=\begin{cases} d, & f(x,y)>b \\ \dfrac{d-c}{b-a}[r-a]+c, & a\le f(x,y)\le b \\ c, & f(x,y)<a \end{cases} \tag{3.18}$$

灰度级变换函数如图 3.7 所示。

2）非线性扩展

灰度级变换函数 $s = T(r)$ 可写为

$$s = c\log_2(1 + r) \qquad (3.19)$$

3）灰度倒置

灰度级变换函数 $s = T(r)$ 可写为

$$s = 255 - r \qquad (3.20)$$

4）二值化

确定一个阈值 r_1，$0 < r_1 < 255$。$r > r_1$ 的灰度值置白，$r < r_1$ 的灰度值置黑。

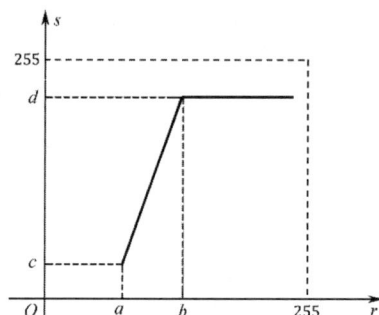

图 3.7　灰度级变换函数

3．实验方法及程序

（1）选择一幅图像 lena.jpg，设置输入/输出变换的灰度级范围，$a = 0.3$、$b = 0.6$、$c = 0.1$、$d = 0.9$。

（2）设置非线性扩展函数的参数 $c = 2$。

（3）采用灰度倒置变换函数 $s = 255 - r$ 进行图像变换。

（4）设置二值化图像的阈值，分别为 level=0.4、level=0.7，参考程序如下。

```matlab
I=imread('i_lena.jpg');
figure;
subplot(1,3,1);
imshow(I);
title('原始图像');
J=imadjust(I,[0.3;0.6],[0.1;0.9]);          %设置灰度级变换的范围
subplot(1,3,2);
imshow(J);
title('线性扩展');
I1=double(I);                               %将图像转换为double型
I2=I1/255;                                  %归一化此图像
C=2;
K=C*log(1+I2);                             %求图像的对数变换
subplot(1,3,3);
imshow(K);
title('非线性扩展');
M=255-I;                                    %将此图像取反
figure;
subplot(1,3,1);
imshow(M);
title('灰度倒置');
N1=im2bw(I,0.4);                           %将此图像二值化，阈值为0.4
N2=im2bw(I,0.7);                           %将此图像二值化，阈值为0.7
subplot(1,3,2);
```

```
imshow(N1);
title('二值化阈值 0.4');
subplot(1,3,3);
imshow(N2);
title('二值化阈值 0.7');
```

4．实验结果与分析

实验结果如图 3.8 所示。

（a）原始图像　　　　　　　　（b）线性扩展　　　　　　　　（c）非线性扩展

（d）灰度倒置　　　　（e）二值化阈值为 0.4　　　　（f）二值化阈值为 0.7

图 3.8　3.5.1 节实验的结果图

结果分析如下：

（1）线性扩展可以将一幅图像的某一灰度级范围线性扩展到另一灰度级范围；如果 $d-c>b-a$，则输出图像的对比度增加。

（2）对数非线性扩展将使图像的低灰度级扩展、高灰度级压缩，即图像加亮、减暗。

（3）灰度倒置变换将图像中白的变成黑的、黑的变成白的，其他的灰度级也会发生相应的变化。

（4）二值化变换将图像变成黑白图像，阈值不同得到的结果也将不同，低于阈值的灰度将变为 0，高于阈值的灰度变为 1。

5．思考题

线性扩展与对数非线性扩展各有什么特点？对数非线性变换能否使图像的低灰度级压缩、高灰度级扩展或者低灰度级扩展、高灰度级压缩？选择不同的阈值，观察阈值对图像二值化的影响。

3.5.2 图像的代数运算

1．实验内容

选择两幅图像，一幅是人物图像，另一幅是背景图像，采用正确的图像代数运算方法，分别实现图像的叠加、混合图像的分离和图像的局部显示效果。

2．实验原理

代数运算是指对两幅或两幅以上输入图像进行点对点的加、减、乘、除运算而得到目标图像的运算。图像处理代数运算的 4 种基本形式分别如下。

$$C(x,y) = A(x,y) + B(x,y) \tag{3.21}$$

$$C(x,y) = A(x,y) - B(x,y) \tag{3.22}$$

$$C(x,y) = A(x,y) \times B(x,y) \tag{3.23}$$

$$C(x,y) = A(x,y) \div B(x,y) \tag{3.24}$$

式中，$A(x,y)$ 和 $B(x,y)$ 为输入图像表达式；$C(x,y)$ 为输出图像表达式。

3．实验方法及程序

（1）选取两幅大小一样的灰度图像 i_lena.jpg 和 rice.png，将两幅图像进行加法运算。程序如下，结果如图 3.9（a）所示。

```
I=imread('i_lena.jpg');
I=rgb2gray(I);
J=imread('rice.png');
I=im2double(I);              %将图像转换为 double 型
J=im2double(J);
K=I+0.3*J;                   %将两幅图像相加
subplot(1,3,1);
imshow(I);
title('人物图像');
subplot(1,3,2);
imshow(J);
title('背景图像');
subplot(1,3,3);
imshow(K);
title('相加后的图像');
imwrite(K,'i_lena1.jpg');
```

（2）选取一幅混合图像，如图 3.9（a）中相加得到的图像 i_lena.jpg，将混合图像与背景图像做减法运算，程序如下，结果如图 3.9（b）所示。

```
A=imread('i_lena1.jpg');
B=imread('rice.png');
C=A-0.3*B;                   %混合图像减去背景图像
subplot(1,3,1);
```

```
imshow(A);
title('混合图像');
subplot(1,3,2);
imshow(B);
title('背景图像');
subplot(1,3,3);
imshow(C);
title('分离后的图像');
```

（3）选取一幅尺寸为 256 像素×256 像素的灰度图，如 i_lena.jpg。设置掩模模板，对于需要保留下来的区域，将掩模图像的值置为 1，而在需要被抑制的区域，将掩模图像的值置为 0。程序如下，结果如图 3.9（c）所示。

```
A=imread('i_lena.jpg');
A=rgb2gray(A);
A=im2double(A);
subplot(1,2,1);
imshow(A);
title('原始图像');
B=zeros(256,256);          %设置掩模模板
B(40:200,40:200)=1;
K=A.*B;                    %两幅图像相乘
subplot(1,2,2);
imshow(K);
title('局部图像');
```

4. 实验结果与分析

实验结果如图 3.9 所示。

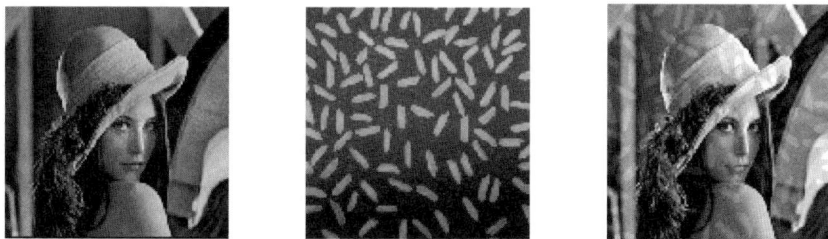

（a）图像的叠加

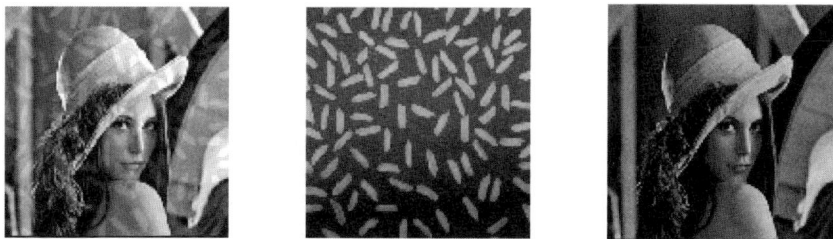

（b）混合图像的分离

图 3.9 3.5.2 节实验的结果图

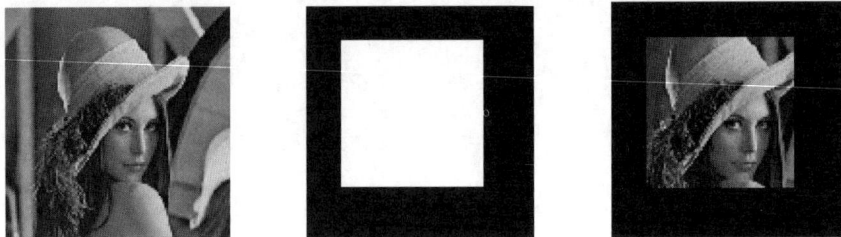

（c）图像的局部显示效果

图 3.9　3.5.2 节实验的结果图（续）

由所得结果可知，两幅图像进行加法运算可以实现图像的叠加，而通过减法运算可以实现混合图像的分离。乘法运算可以用来获取对图像感兴趣的部分，对于需要保留下来的区域，将掩模图像的值置为 1，而在需要被抑制的区域，将掩模图像的值置为 0。

5．思考题

任意两幅图像相叠加得到一幅混合图像，将此混合图像减去其中的一幅原始图像能得到另一幅原始图像吗？通过以上实验总结各种图像代数运算的应用特点。

3.5.3　图像的缩放

1．实验内容

对一幅图像实现按比例缩小和不按比例任意缩小的效果，以及图像的成倍放大和不按比例放大效果。

2．实验原理

数字图像的比例缩放是指将给定的图像在 x 方向和 y 方向按相同的比例 a 缩放，从而获得一幅新的图像，又称为全比例缩放。如果 x 方向和 y 方向缩放的比例不同，则图像的比例缩放会改变原始图像像素间的相对位置，产生几何畸变。设原始图像中的点 $A_0(x_0,y_0)$ 比例缩放后，在新图中的对应点为 $A_1(x_1,y_1)$，则 $A_0(x_0,y_0)$ 和 $A_1(x_1,y_1)$ 之间的坐标关系可表示如下。

$$\begin{pmatrix} x_1 \\ y_1 \\ 1 \end{pmatrix} = \begin{pmatrix} a & 0 & 0 \\ 0 & a & 0 \\ 0 & 0 & 1 \end{pmatrix} \begin{pmatrix} x_0 \\ y_0 \\ 1 \end{pmatrix} \tag{3.25}$$

即

$$\begin{cases} x_1 = ax_0 \\ y_1 = ay_0 \end{cases} \tag{3.26}$$

3．实验方法及程序

选取一幅大小为 256 像素×256 像素的图像，如 i_lena.jpg，分别将图像比例放大 1.5 倍，比例缩小为原始图像的 0.7，非比例放大到 420 像素×384 像素，非比例缩小到 150 像素×180 像素。程序如下，结果如图 3.10 所示。

```
A=imread('i_lena.jpg');
B1=imresize(A,1.5);          %比例放大 1.5 倍,默认采用最近邻法进行线性插值
B2=imresize(A,[420 384]);    %非比例放大到 420∶384
C1=imresize(A,0.7);          %比例缩小 0.7
C2=imresize(A,[150 180]);    %非比例缩小到 150∶180
figure;
imshow(B1);
title('比例放大图');
figure;
imshow(B2);
title('非比例放大图');
figure;
imshow(C1);
title('比例缩小图');
figure;
imshow(C2);
title('非比例缩小图');
```

4．实验结果与分析

实验结果如图 3.10 所示。

（a）比例放大图　　　　　　　　　　（b）非比例放大图

（c）比例缩小图　　　　　　　　　　（d）非比例缩小图

图 3.10　3.5.3 节实验的结果图

由所得结果可以看出，按非比例缩小或放大的图像相对原始图像有畸变，而按比例缩放的图像没有。由于 x 方向和 y 方向缩放的比例不同，则图像的非比例缩放会改变原始图像像素间的相对位置，产生几何畸变。

5．思考题

由非比例缩放得到的图像能够恢复到原始图像吗？为什么？

3.5.4 图像的旋转

1．实验内容

将一幅图像分别旋转 45° 和 90°，与原始图像对比，观察它们的区别。

2．实验原理

设原始图像的任意点 $A_0(x_0, y_0)$ 旋转角度 β 以后到新的位置 $A(x, y)$。图像的旋转变换可以用矩阵形式表示如下。

$$\begin{pmatrix} x \\ y \\ 1 \end{pmatrix} = \begin{pmatrix} \cos\beta & \sin\beta & 0 \\ -\sin\beta & \cos\beta & 0 \\ 0 & 0 & 1 \end{pmatrix} \begin{pmatrix} x_0 \\ y_0 \\ 1 \end{pmatrix}$$

图像旋转之后也可以根据新点求解原始点的坐标，其矩阵表示形式如下。

$$\begin{pmatrix} x_0 \\ y_0 \\ 1 \end{pmatrix} = \begin{pmatrix} \cos\beta & -\sin\beta & 0 \\ \sin\beta & \cos\beta & 0 \\ 0 & 0 & 1 \end{pmatrix} \begin{pmatrix} x \\ y \\ 1 \end{pmatrix}$$

3．实验方法及程序

读取一幅图像，如 i_lena.jpg，设置图像旋转的角度分别为 45° 和 90°，采用图形旋转函数 imrotate 对图像进行旋转。程序如下，结果如图 3.11 所示。

```
I=imread('i_lena.jpg');
J=imrotate(I,45);    %图像进行逆时针旋转，默认采用最近邻法进行插值处理
K=imrotate(I,90);    %默认旋转出界的部分不被截出
subplot(1,3,1);
imshow(I);
subplot(1,3,2);
imshow(J);
subplot(1,3,3);
imshow(K);
```

4．实验结果与分析

实验结果如图 3.11 所示。

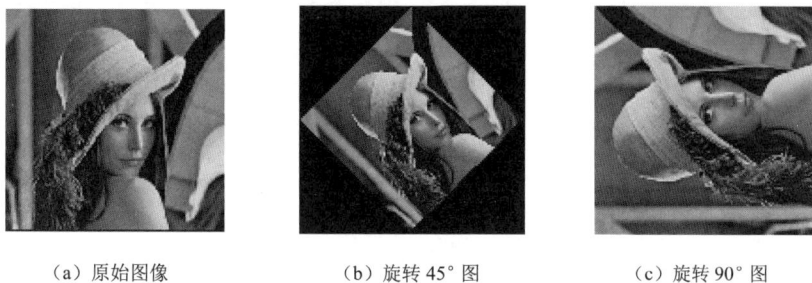

（a）原始图像　　　　　　　　　（b）旋转 45° 图　　　　　　　　　（c）旋转 90° 图

图 3.11　3.5.4 节实验的结果图

由所得结果可以看出，图像进行逆时针旋转，旋转出界的部分没有被截出。旋转 45° 的结果图相比原始图像模糊一点，而旋转 90° 的结果图没有发生变化。因为原来的图像坐标点位于整数点，而旋转45° 的图像经上述变换公式变换后，其像素坐标点不在整数坐标位置上，所以会产生一定程度的失真。

5. 思考题

图像的旋转会导致图像的失真吗？若会，则有什么办法可以解决这个问题？

第4章 图像变换

图像变换是指将图像从空间（2D平面）变换到变换域（如频率域），变换的目的是简化图像的分析与处理。图像变换在图像增强、图像恢复、图像压缩和图像特征提取等方面有着十分重要的应用，它是许多图像处理和分析技术的基础。

4.1 知 识 结 构

图像变换主要包括图像的傅里叶变换、离散余弦变换、二维离散沃尔什-哈达玛变换、卡胡南-拉维变换和小波变换等，其知识结构图如图4.1所示。

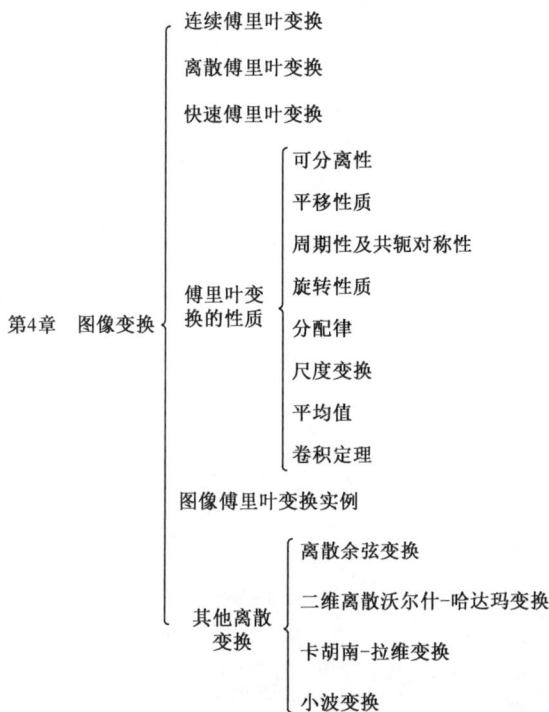

第4章 图像变换
- 连续傅里叶变换
- 离散傅里叶变换
- 快速傅里叶变换
- 傅里叶变换的性质
  - 可分离性
  - 平移性质
  - 周期性及共轭对称性
  - 旋转性质
  - 分配律
  - 尺度变换
  - 平均值
  - 卷积定理
- 图像傅里叶变换实例
- 其他离散变换
  - 离散余弦变换
  - 二维离散沃尔什-哈达玛变换
  - 卡胡南-拉维变换
  - 小波变换

图 4.1 图像变换知识结构图

4.2 知 识 要 点

1. 连续傅里叶变换

设函数 $f(x,y)$ 是连续可积的，且 $F(u,v)$ 可积，则二维函数（2-Dimensional Function）的傅里叶变换对为

$$F\{f(x,y)\} = F(u,v) = \int_{-\infty}^{\infty} \int_{-\infty}^{\infty} f(x,y) \mathrm{e}^{-\mathrm{j}2\pi(ux+vy)} \mathrm{d}x\mathrm{d}y \tag{4.1}$$

$$F^{-1}\{F(u,v)\} = f(x,y) = \int_{-\infty}^{\infty} \int_{-\infty}^{\infty} F(u,v) \mathrm{e}^{\mathrm{j}2\pi(ux+vy)} \mathrm{d}u\mathrm{d}v \tag{4.2}$$

式中，u、v 是频率变量。二维函数的傅里叶频率谱、相位谱和能量谱如下：

傅里叶频率谱
$$|F(u,v)| = \sqrt{R^2(u,v) + I^2(u,v)} \tag{4.3}$$

相位谱
$$\phi(u,v) = \arctan \frac{I(u,v)}{R(u,v)} \tag{4.4}$$

能量谱
$$E(u,v) = R^2(u,v) + I^2(u,v) \tag{4.5}$$

2. 离散傅里叶变换

函数 $f(x,y)$ 的二维离散傅里叶变换（DFT）对由式（4.6）和式（4.7）定义，即

$$F(u,v) = \frac{1}{N} \sum_{x=0}^{N-1} \sum_{y=0}^{N-1} f(x,y) \mathrm{e}^{-\mathrm{j}2\pi(ux+vy)/N} \tag{4.6}$$

式中，$u = 0,1,\cdots,N-1$；$v = 0,1,\cdots,N-1$。

$$f(x,y) = \frac{1}{N} \sum_{u=0}^{N-1} \sum_{v=0}^{N-1} F(u,v) \mathrm{e}^{\mathrm{j}2\pi(ux+vy)/N} \tag{4.7}$$

式中，$x = 0,1,\cdots,N-1$；$y = 0,1,\cdots,N-1$；u、v 是频率变量。二维函数的离散傅里叶频率谱、相位谱和能量谱如下：

傅里叶频率谱
$$|F(u)| = \sqrt{R^2(u) + I^2(u)}$$

相位谱
$$\phi(u) = \arctan \frac{I(u)}{R(u)}$$

能量谱
$$E(u) = |F(u)|^2 = R^2(u) + I^2(u)$$

一幅图像经过傅里叶变换，在傅里叶频率谱图上就会看到明暗不一的亮点，实际上是图像上某一点与邻域点差异的强弱，即梯度的大小，也是该点频率的大小。通常情况下，图像中的低频部分对应低梯度的点，图像中的高频部分对应高梯度的点。一般来讲，梯度大则该点的亮度强，否则该点的亮度弱。这样通过观察傅里叶变换后的频率谱图，就可以看出图像的能量分布，如果频率谱图中暗的点数多，那么实际图像是比较柔和的，因为各点与邻域差异都不大，梯度相对较小，反之，如果频率谱图中亮的点数多，那么实际图像一定是尖锐的，边界分明且边界两边像素差异较大。对频谱移频到原点以后，可以看出图像的频率分布是以

原点为圆心，对称分布的。

3．傅里叶变换的性质

1）可分离性

式（4.6）和式（4.7）可以写成如下的分离形式。

$$F(u,v)=\frac{1}{N}\sum_{x=0}^{N-1}e^{-j2\pi ux/N}\sum_{y=0}^{N-1}f(x,y)e^{-j2\pi vy/N}\qquad u,v=0,1,\cdots,N-1 \qquad (4.8)$$

$$f(x,y)=\frac{1}{N}\sum_{u=0}^{N-1}e^{j2\pi ux/N}\sum_{v=0}^{N-1}F(u,v)e^{j2\pi vy/N}\qquad x,y=0,1,\cdots,N-1 \qquad (4.9)$$

2）平移性质

如果 $F(u,v)$ 的频率变量 u,v 各移动了距离 u_0,v_0，$f(x,y)$ 的变量 x,y 各移动了距离 x_0,y_0，则傅里叶变换对有下面的形式。

$$f(x,y)e^{j2\pi(ux_0+v_0y)/N}\Leftrightarrow F(u-u_0,v-v_0) \qquad (4.10)$$

$$f(x-x_0,y-y_0)\Leftrightarrow F(u,v)e^{-j2\pi(ux_0+vy_0)/N} \qquad (4.11)$$

因此，傅里叶变换的频率域平移性质表明了函数与一个指数项相乘等于将变换后的频率域中心[见式（4.10）]移到新的位置上。由式（4.11）可知，对 $f(x,y)$ 的平移将不改变频率谱的幅值（Amplitude）。

3）周期性及共轭对称性

傅里叶变换对和反变换均以 N 为周期，即

$$F(u,v)=F(u+N,v)=F(u,v+N)=F(u+N,v+N) \qquad (4.12)$$

式（4.12）表明，尽管 $F(u,v)$ 有无穷多个 u 和 v 的值重复出现，但只需根据在任意一个周期里的 N 个值，就可以从 $F(u,v)$ 得到 $f(x,y)$。

4）旋转性质

借助极坐标变换 $x=r\cos\theta,\ y=r\sin\theta,\ u=w\cos\phi,\ v=w\sin\phi$，将 $f(x,y)$ 和 $F(u,v)$ 转换为 $f(r,\theta)$ 和 $F(w,\phi)$。

$$f(x,y)\Leftrightarrow F(u,v)$$

$$f(r\cos\theta,r\sin\theta)\Leftrightarrow F(w\cos\phi,w\sin\phi)$$

经过变换得

$$f(r,\theta+\theta_0)\Leftrightarrow F(w,\phi+\theta_0) \qquad (4.13)$$

式（4.13）表明，对 $f(x,y)$ 旋转一个角度 θ_0 对应于将其傅里叶变换 $F(u,v)$ 也旋转相同的角度 θ_0。$F(u,v)$ 到 $f(x,y)$ 也是一样的。

5）分配律

根据傅里叶变换对的定义可得

$$F\{f_1(x,y)+f_2(x,y)\}=F\{f_1(x,y)\}+F\{f_2(x,y)\} \qquad (4.14)$$

式（4.14）表明，傅里叶变换和反变换对加法满足分配律，但对乘法则不满足，一般有

$$F\{f_1(x,y)\cdot f_2(x,y)\}\neq F\{f_1(x,y)\}\cdot F\{f_2(x,y)\} \qquad (4.15)$$

6）尺度变换

尺度变换描述了函数自变量的尺度变化对其傅里叶变换的作用。下面考查 $f(x,y)$ 的傅里叶变换，即

$$af(x,y) \Leftrightarrow aF(u,v) \tag{4.16}$$

可以证明式（4.17）成立，即

$$f(ax,by) \Leftrightarrow \frac{1}{|ab|}F\left(\frac{u}{a},\frac{v}{b}\right) \tag{4.17}$$

如果系数 $a > 1$，则函数 $f(x)$ 在水平方向收缩，由式（4.17）可知，傅里叶变换的幅值将缩小到 $1/a$，同时在水平方向扩展 a 倍；如果系数 $a < 1$，则作用相反。

7）平均值

对一个二维离散函数，其平均值可用式（4.18）表示。

$$\overline{f}(x,y) = \frac{1}{N^2}\sum_{x=0}^{N-1}\sum_{y=0}^{N-1}f(x,y) \tag{4.18}$$

当正反变换采用相同的标度数 $1/N$ 时，傅里叶变换域原点的频率谱分量为

$$F(0,0) = \frac{1}{N}\sum_{x=0}^{N-1}\sum_{y=0}^{N-1}f(x,y)\mathrm{e}^{-\mathrm{j}\frac{2\pi}{N}(x_0+y_0)}$$

$$= N\left[\frac{1}{N^2}\sum_{x=0}^{N-1}\sum_{y=0}^{N-1}f(x,y)\right] \tag{4.19}$$

$$= N\overline{f}(x,y)$$

式（4.18）和式（4.19）比较可得 $\quad \overline{f}(x,y) = \dfrac{1}{N}F(0,0) \tag{4.20}$

8）卷积定理

卷积定理是线性系统分析中最重要的一个定理。下面先考虑一维傅里叶变换，即

$$f(x)*g(x) = \int_{-\infty}^{\infty}f(z)g(x-z)\mathrm{d}z \Leftrightarrow F(u)G(u) \tag{4.21}$$

同样，二维情况也是如此

$$f(x,y)*g(x,y) \Leftrightarrow F(u,v)G(u,v) \tag{4.22}$$

4. 其他离散变换

1）离散余弦变换

函数 $f(x,y)$ 的二维离散余弦变换（DCT）由式（4.23）定义，即

$$F(0,0) = \frac{1}{N}\sum_{x=0}^{N-1}\sum_{y=0}^{N-1}f(x,y)$$

$$F(0,v) = \frac{\sqrt{2}}{N}\sum_{x=0}^{N-1}\sum_{y=0}^{N-1}f(x,y)\cdot\cos\frac{(2y+1)v\pi}{2N}$$

$$F(u,0) = \frac{\sqrt{2}}{N}\sum_{x=0}^{N-1}\sum_{y=0}^{N-1}f(x,y)\cdot\cos\frac{(2x+1)u\pi}{2N}$$

$$F(u,v) = \frac{2}{N}\sum_{x=0}^{N-1}\sum_{y=0}^{N-1}f(x,y)\cdot\cos\frac{(2x+1)u\pi}{2N}\cdot\cos\frac{(2y+1)v\pi}{2N} \tag{4.23}$$

式（4.23）是正变换公式。式中，$f(x,y)$ 是空间域二维向量的元素；$x,y = 0,1,2,\cdots,N-1$；$F(u,v)$ 是变换系数阵列的元素，式中表示的阵列为 $N \times N$。

二维离散余弦反变换由式（4.24）表示。

$$f(x,y) = \frac{1}{N}F(0,0) + \frac{\sqrt{2}}{N}\sum_{v=1}^{N-1}F(0,v)\cos\frac{(2y+1)v\pi}{2N} +$$
$$\frac{\sqrt{2}}{N}\sum_{u=1}^{N-1}F(u,0)\cos\frac{(2x+1)u\pi}{2N} + \tag{4.24}$$
$$\frac{2}{N}\sum_{u=1}^{N-1}\sum_{v=1}^{N-1}F(u,v)\cos\frac{(2x+1)u\pi}{2N}\cdot\cos\frac{(2y+1)v\pi}{2N}$$

式中的符号意义与式（4.23）相同。式（4.23）和式（4.24）是离散余弦变换的解析式定义。更为简洁的定义方法是采用矩阵式定义，则二维离散余弦变换的矩阵定义式可写成如下形式。

$$\big(F(u,v)\big) = (\boldsymbol{A})\big(f(x,y)\big)(\boldsymbol{A})^{\mathrm{T}}$$
$$\big(f(x,y)\big) = (\boldsymbol{A})^{\mathrm{T}}\big(F(u,v)\big)(\boldsymbol{A}) \tag{4.25}$$

2）二维离散沃尔什-哈达玛变换

函数 $f(x,y)$ 的二维离散沃尔什变换由式（4.26）定义。

$$W(u,v) = \frac{1}{N}\sum_{x=0}^{N-1}\sum_{y=0}^{N-1}f(x,y)\prod_{i=0}^{n-1}(-1)^{[b_i(x)b_{n-i-1}(u)+b_i(y)b_{n-i-1}(v)]} \tag{4.26}$$

其变换核为

$$g(x,y;u,v) = \frac{1}{N}\prod_{i=0}^{n-1}(-1)^{[b_i(x)b_{n-i-1}(u)+b_i(y)b_{n-i-1}(v)]} \tag{4.27}$$

逆变换为

$$f(x,y) = \frac{1}{N}\sum_{u=0}^{N-1}\sum_{v=0}^{N-1}W(u,v)\prod_{i=0}^{n-1}(-1)^{[b_i(x)b_{n-i-1}(u)+b_i(y)b_{n-i-1}(v)]} \tag{4.28}$$

逆变换核为

$$h(x,y;u,v) = \frac{1}{N}\prod_{i=0}^{n-1}(-1)^{[b_i(x)b_{n-i-1}(u)+b_i(y)b_{n-i-1}(v)]} \tag{4.29}$$

沃尔什变换也具有可分离性，即

$$g(x,y;u,v) = \left[\frac{1}{\sqrt{N}}\prod_{i=0}^{n-1}(-1)^{b_i(x)b_{n-i-1}(u)}\right]\left[\frac{1}{\sqrt{N}}\prod_{i=0}^{n-1}(-1)^{b_i(y)b_{n-i-1}(v)}\right] \tag{4.30}$$

二维离散沃尔什变换的矩阵表示形式为

$$\boldsymbol{W} = \frac{1}{N^2}\boldsymbol{G}f\boldsymbol{G} \tag{4.31}$$

式中，$\boldsymbol{G}$ 为沃尔什变换核矩阵。逆变换的矩阵形式为

$$f = \boldsymbol{G}\boldsymbol{W}\boldsymbol{G} \tag{4.32}$$

3）哈达玛变换

当变换阶数满足 $N=2^n$，沃尔什-哈达玛变换有比较简单的矩阵表达式，如下所示。

$$\boldsymbol{H}_1 = [1]$$

$$\boldsymbol{H}_2 = \begin{bmatrix} 1 & 1 \\ 1 & -1 \end{bmatrix} \qquad \boldsymbol{H}_4 = \begin{bmatrix} \boldsymbol{H}_2 & \boldsymbol{H}_2 \\ \boldsymbol{H}_2 & -\boldsymbol{H}_2 \end{bmatrix} = \begin{bmatrix} 1 & 1 & 1 & 1 \\ 1 & -1 & 1 & -1 \\ 1 & 1 & -1 & -1 \\ 1 & -1 & -1 & 1 \end{bmatrix}$$

$$\boldsymbol{H}_N = \boldsymbol{H}_{2^n} = \boldsymbol{H}_2 \otimes \boldsymbol{H}_{2^{n-1}} = \begin{bmatrix} \boldsymbol{H}_{2^{n-1}} & \boldsymbol{H}_{2^{n-1}} \\ \boldsymbol{H}_{2^{n-1}} & -\boldsymbol{H}_{2^{n-1}} \end{bmatrix} = \begin{bmatrix} \boldsymbol{H}_{\frac{N}{2}} & \boldsymbol{H}_{\frac{N}{2}} \\ \boldsymbol{H}_{\frac{N}{2}} & -\boldsymbol{H}_{\frac{N}{2}} \end{bmatrix} \tag{4.33}$$

哈达玛矩阵的最大优点在于，它具有简单的递推关系，即高阶矩阵可用两个低阶矩阵的克罗内克积（Kronecker Product）求得。因此常采用哈达玛排列定义的沃尔什变换。由哈达玛矩阵的特点可知，沃尔什-哈达玛变换的本质，是将离散图像各项值的符号按一定规律改变后，进行加减运算。因此，它比采用复数运算的 DFT 和采用余弦运算的 DCT 要简单得多。

4）卡胡南-拉维变换

设原始图像为 $\boldsymbol{X}$，采用 K-L 变换恢复的图像为 $\hat{\boldsymbol{X}}$，则 $\hat{\boldsymbol{X}}$ 和原始图像 $\boldsymbol{X}$ 具有最小的均方误差 ε，即

$$\varepsilon = E\{[\boldsymbol{X} - \hat{\boldsymbol{X}}]^{\mathrm{T}} [\boldsymbol{X} - \hat{\boldsymbol{X}}]\} = \min \tag{4.34}$$

设 $N \times N$ 的图像 $f(x, y)$ 在信道中传输了 M 次，则接收到的图像集合为 $\{f_1(x,y), f_2(x,y), \cdots, f_i(x,y), \cdots, f_M(x,y)\}$。第 i 次获得的图像 $f_i(x,y)$ 可以用 N^2 维向量 $\boldsymbol{X}_i$ 表示为

$$\boldsymbol{X}_i = [f_i(0,0), f_i(0,1), \cdots, f_i(0, N-1), f_i(1,0), f_i(r, N-1), \cdots, f_i(N-1, N-1)]^{\mathrm{T}} \tag{4.35}$$

式中，T 表示转置。将 $\boldsymbol{X}_i$ 视为某个随机向量 $\boldsymbol{X}$ 的一次实现。假设 $\boldsymbol{X}$ 有 M 次实现，$\boldsymbol{X}$ 的数字期望 $\boldsymbol{m}_x$ 可以定义为其估计值，即

$$\boldsymbol{m}_x = E\{\boldsymbol{X}\} = \frac{1}{M} \sum_{i=1}^{M} \boldsymbol{X}_i \tag{4.36}$$

$\boldsymbol{X}$ 的协方差矩阵 $\boldsymbol{C}_x$ 定义为

$$\boldsymbol{C}_x = \frac{1}{M} \sum_{i=1}^{M} (\boldsymbol{X}_i - \boldsymbol{m}_x)(\boldsymbol{X}_i - \boldsymbol{m}_x)^{\mathrm{T}} = \frac{1}{M} \left[\sum_{i=1}^{M} \boldsymbol{X}_i \boldsymbol{X}_i^{\mathrm{T}} \right] - \boldsymbol{m}_x \boldsymbol{m}_x^{\mathrm{T}} \tag{4.37}$$

可见，$\boldsymbol{C}_x$ 是一个 $N^2 \times N^2$ 的实对称矩阵。令 λ_i 和 a_i（$i = 1, 2, \cdots, N^2$）分别为 $\boldsymbol{C}_x$ 的第 i 个特征值和特征向量，即

$$\boldsymbol{A} = \begin{bmatrix} a_{11} & a_{41} & \cdots & a_{N^2 1} \\ a_{14} & a_{44} & \cdots & a_{N^2 4} \\ \vdots & \vdots & & \vdots \\ a_{1N^2} & a_{4N^2} & \cdots & a_{N^2 N^2} \end{bmatrix} \tag{4.38}$$

根据矩阵论，一个实对称矩阵，其特征向量构成的矩阵是一个正交矩阵，且

$$\boldsymbol{A}^{\mathrm{T}} \boldsymbol{C}_x \boldsymbol{A} = \boldsymbol{A}^{-1} \boldsymbol{C}_x \boldsymbol{A} = \boldsymbol{\Lambda} \tag{4.39}$$

式中，$\boldsymbol{\Lambda}$ 为由 $\boldsymbol{C}_x$ 的特征向量构成的对角线矩阵。K-L 变换选取一个上述正交变换 $\boldsymbol{A}$，使得变换后的图像 $\boldsymbol{Y}$ 满足：

$$\boldsymbol{Y} = \boldsymbol{A}(\boldsymbol{X} - \boldsymbol{m}_x) \tag{4.40}$$

5）连续小波变换

若基本小波函数为 $h(x)$，伸缩和平移因子分别为 a 和 b，则小波变换基底定义为

$$h_{a,b}(x) = |a|^{1/2} h\left(\frac{x-b}{a}\right) \tag{4.41}$$

函数 $f(x) \in L^2(R)$ 的连续小波变换定义为

$$w_{ab} = \int_{-\infty}^{\infty} h_{a,b}(x) f(x) \mathrm{d}x \tag{4.42}$$

写成内积形式，即有

$$w_{a,b} = <f(x), h_{a,b}(x)> \tag{4.43}$$

6）离散小波变换

多分辨分析是用小波函数的二进伸缩和平移表示函数这一思想的更加抽象复杂的表现形式，它重点处理整个函数集，而非侧重处理作为个体的函数。多分辨分析的严格定义如下。

【定义 4.1】 称 $L^2(R)$ 中的闭子空间序列 $\{V_m\}_{m \in \mathbf{Z}}$ 为一个（二进）多分辨分析，如果 $\{V_k\}$ 满足下列条件：

（1）单调性：$\cdots \subset V_{j-1} \subset V_j \subset V_{j+1} \subset \cdots$，$j \in \mathbf{Z}$。

（2）逼近性：$\bigcap_{j \in \mathbf{Z}} V_j = \{0\}$，$\mathrm{clos}_{L^2(R)}(\bigcup_{j \in \mathbf{Z}} V_j) = L^2(R)$。

（3）伸缩性：$f(t) \in V_j \Leftrightarrow f(2t) \in V_{j+1}$，$j \in \mathbf{Z}$。

（4）平移不变性：$f(t) \in V_0 \Leftrightarrow f(t-k) \in V_0$，$k \in \mathbf{Z}$。

（5）Riesz 基存在性：存在函数 $\phi \in V_0$，使得 $\{\phi(t-k)\}_{k \in \mathbf{Z}}$ 构成 V_0 的一个 Riesz 基，即函数序列 $\{\phi(t-k)\}_{k \in \mathbf{Z}}$ 与线性无关，且存在常数 A 和 B，满足 $0 < A \le B < +\infty$，使得对任意的 $f(t) \in V_0$，总存在序列 $\{c_k\}_{k \in \mathbf{Z}} \in l^2$ 使得

$$f(t) = \sum_{k=-\infty}^{+\infty} c_k \phi(t-k)，\text{且 } A\|f\|_2^2 \le \sum_{k=-\infty}^{+\infty} |c_k|^2 \le B\|f\|_2^2$$

则称 ϕ 为尺度函数，并称 ϕ 生成 $L^2(R)$ 的一个多分辨分析 $\{V_j\}_{j \in \mathbf{Z}}$。特别是，若 $\{\phi(t-k)\}_{k \in \mathbf{Z}}$ 构成 V_0 的一个标准正交基，则称 ϕ 为正交尺度函数，相应地，称 ϕ 生成 $L^2(R)$ 的一个正交多分辨分析 $\{V_j\}_{j \in \mathbf{Z}}$。

4.3 补 充 内 容

霍特林（Hotelling）变换是基于图像统计特性的变换，其变换核可变。不同的随机图像场有不同的变换核，这种变换可压缩图像数据，且是在均方误差最小情况下的最佳逼近。

在获取、传输图像时，总是混杂有许多随机干扰因素，因此，实际得到的图像都含有随机性质，称为随机图像。

例如，一幅图像通过卫星传送了 N 次，这时受电波传播的影响，N 幅图像互有差异。

设 $f_i(x, y)$ 表示一个 $N \times N$ 的随机图像 $f(x, y)$ 的第 i 个样本，为了用线性代数工具进行讨

论，下面采用图像的向量形式表示图像。

$$X_i = \begin{pmatrix} f_i(0,0) \\ f_i(0,1) \\ \vdots \\ f_i(0,N-1) \\ f_i(1,0) \\ \vdots \\ f_i(1,N-1) \\ \vdots \\ f_i(N-1,N-1) \end{pmatrix} \quad 按行推叠$$

X_i 是 $N^2 \times 1$ 的随机矢量或 N^2 维随机矢量。

1. 随机矢量的均值和协方差

设一组 M 个如下形式表示的随机矢量。

为了讨论简单，假设图像矢量的维数为 N，而不是 N^2。

$$X^k = \underbrace{\left[x_1^k, x_2^k, \cdots, x_N^k\right]^{\mathrm{T}}}_{随机变量} \qquad \underbrace{k = 1, 2, \cdots, M}_{M个样本或M个图像矢量}$$

其矢量的均值矢量为

$$m_x = E\{X\} \approx \frac{1}{M}\sum_{k=1}^{M} X_k \quad \leftarrow \quad 由 M 个样本矢量来估计$$

协方差矩阵为

$$C_x = E\left\{(x - m_x)(x - m_x)^{\mathrm{T}}\right\} \quad \rightarrow \quad N \times N 阶矩阵$$

$$\approx \frac{1}{M}\sum_{k=1}^{M} X_k X_k^{\mathrm{T}} - m_x m_x^{\mathrm{T}} \quad \rightarrow \quad 估计$$

C_x 的元素：对角元素是各个随机变量的方差，非对角元素是它们的协方差。

例如，已知一个随机矢量的 4 个样本为

$$X_1 = (0,0,0)^{\mathrm{T}}, X_2 = (1,0,0)^{\mathrm{T}}, X_3 = (1,1,0)^{\mathrm{T}}, X_4 = (1,0,1)^{\mathrm{T}}$$

$$m_x = \frac{1}{4}(0+1+1+1,\ 0+0+1+0,\ 0+0+0+1)^{\mathrm{T}} = \frac{1}{4}(3,1,1)^{\mathrm{T}} = \frac{1}{4}\begin{pmatrix} 3 \\ 1 \\ 1 \end{pmatrix}$$

$$C_x = \frac{1}{4}\left\{ \begin{pmatrix} 0 \\ 0 \\ 0 \end{pmatrix}(0,0,0) + \begin{pmatrix} 1 \\ 0 \\ 0 \end{pmatrix}(1,0,0) + \begin{pmatrix} 1 \\ 1 \\ 0 \end{pmatrix}(1,1,0) + \begin{pmatrix} 1 \\ 0 \\ 1 \end{pmatrix}(1,0,1) \right\} - \frac{1}{4}\begin{pmatrix} 3 \\ 1 \\ 1 \end{pmatrix} \times \frac{1}{4}(3,1,1)$$

$$= \frac{1}{4}\left\{ \begin{pmatrix} 0 & 0 & 0 \\ 0 & 0 & 0 \\ 0 & 0 & 0 \end{pmatrix} + \begin{pmatrix} 1 & 0 & 0 \\ 0 & 0 & 0 \\ 0 & 0 & 0 \end{pmatrix} + \begin{pmatrix} 1 & 1 & 0 \\ 1 & 1 & 0 \\ 0 & 0 & 0 \end{pmatrix} + \begin{pmatrix} 1 & 0 & 1 \\ 0 & 0 & 0 \\ 1 & 0 & 1 \end{pmatrix} \right\} - \frac{1}{16}\begin{pmatrix} 9 & 3 & 3 \\ 3 & 1 & 1 \\ 3 & 1 & 1 \end{pmatrix}$$

$$= \frac{1}{4}\begin{pmatrix} 3 & 1 & 1 \\ 1 & 1 & 0 \\ 1 & 0 & 1 \end{pmatrix} - \frac{1}{16}\begin{pmatrix} 9 & 3 & 3 \\ 3 & 1 & 1 \\ 3 & 1 & 1 \end{pmatrix} = \frac{1}{16}\begin{pmatrix} 12 & 4 & 4 \\ 4 & 4 & 0 \\ 4 & 0 & 4 \end{pmatrix} - \frac{1}{16}\begin{pmatrix} 9 & 3 & 3 \\ 3 & 1 & 1 \\ 3 & 1 & 1 \end{pmatrix}$$

$$= \frac{1}{16}\begin{pmatrix} 3 & 1 & 1 \\ 1 & 3 & -1 \\ 1 & -1 & 3 \end{pmatrix}$$

（1）C_x 的主对角各项相等，表示各随机变量有相同的方差。

（2）$C_{ij} > 0$，表示随机变量 i 与 j 正相关，否则为负相关。

2．霍特林变换的定义

N 维随机矢量 X 的霍特林正变换为

$$Y = A(X - m_x)$$

式中，A 为变换核矩阵。

反变换为

$$X = A^{\mathrm{T}}Y + m_x$$

A 的构成如下。

A 的各行由 C_x 的特征矢量组成。

令 e_i 和 $\lambda_i(i=1,2,\cdots,N)$ 分别为 C_x 的特征矢量和对应的特征值。

$$A = \begin{pmatrix} e_{11} & e_{12} & e_{13} & \cdots & e_{1N} \\ e_{21} & e_{22} & e_{23} & \cdots & e_{2N} \\ \vdots & \vdots & \vdots & & \vdots \\ e_{N1} & e_{N2} & e_{N3} & \cdots & e_{NN} \end{pmatrix} \begin{array}{l} \text{第 1 个特征值} \lambda_1 \text{ 对应的特征矢量} \\ \text{第 2 个特征值} \lambda_2 \text{ 对应的特征矢量} \\ \vdots \\ \text{第 } N \text{ 个特征值} \lambda_N \text{ 对应的特征矢量} \end{array}$$

λ_i 单调排列：$\lambda_i \geqslant \lambda_{i+1}(i=1,2,\cdots,N-1)$。

由定义可知霍特林变换是基于图像统计特性的变换，其变换核可变。不同的随机图像场有不同的 A 变换核。

例：

$$X_1 = \begin{pmatrix} 2 \\ 0 \end{pmatrix}, X_2 = \begin{pmatrix} 1 \\ 1 \end{pmatrix}, X_3 = \begin{pmatrix} -1 \\ 3 \end{pmatrix}, X_4 = \begin{pmatrix} -2 \\ 4 \end{pmatrix}, m_x = \begin{pmatrix} 0 \\ 2 \end{pmatrix}$$

$$C_x = \frac{1}{4}\left\{ \begin{pmatrix} 4 & 0 \\ 0 & 0 \end{pmatrix} + \begin{pmatrix} 1 & 1 \\ 1 & 1 \end{pmatrix} + \begin{pmatrix} 1 & -3 \\ -3 & 9 \end{pmatrix} + \begin{pmatrix} 4 & -8 \\ -8 & 16 \end{pmatrix} \right\} - \begin{pmatrix} 0 \\ 2 \end{pmatrix}\begin{pmatrix} 0 \\ 2 \end{pmatrix}$$

$$= \frac{1}{4}\begin{pmatrix} 10 & -10 \\ -10 & 26 \end{pmatrix} - \begin{pmatrix} 0 & 0 \\ 0 & 4 \end{pmatrix} = \begin{pmatrix} \dfrac{5}{2} & -\dfrac{5}{2} \\ -\dfrac{5}{2} & \dfrac{5}{2} \end{pmatrix}$$

求 C_x 矩阵的特征值 λ_i

$$|C_x - \lambda_i| = 0 \qquad \begin{vmatrix} \dfrac{5}{2} - \lambda & -\dfrac{5}{2} \\ -\dfrac{5}{2} & \dfrac{5}{2} - \lambda \end{vmatrix} = 0$$

故 $\lambda_1=5$，$\lambda_2=0$。

求 λ_i 对应的特征向量 $\boldsymbol{e}_i$。

$\boldsymbol{C}_x\boldsymbol{e}_i = \lambda_i\boldsymbol{e}_i$，将 $\lambda_1=5$ 代入

$$\left(\boldsymbol{C}_x - \lambda_1 I\right)\boldsymbol{e}_1 = 0 \qquad \begin{pmatrix} \dfrac{5}{2}-5 & \dfrac{-5}{2} \\ \dfrac{-5}{2} & \dfrac{5}{2}-5 \end{pmatrix}\begin{pmatrix} \boldsymbol{e}_{11} \\ \boldsymbol{e}_{12} \end{pmatrix} = 0$$

$$\begin{cases} -\boldsymbol{e}_{11}-\boldsymbol{e}_{12}=0 \\ -\boldsymbol{e}_{11}-\boldsymbol{e}_{12}=0 \end{cases} \Rightarrow \boldsymbol{e}_{11}=-\boldsymbol{e}_{12} \Rightarrow \begin{pmatrix} \boldsymbol{e}_{11} \\ \boldsymbol{e}_{12} \end{pmatrix} = \frac{1}{\sqrt{2}}\begin{pmatrix} 1 \\ -1 \end{pmatrix}$$

将 $\lambda_2=0$ 代入，得

$$\boldsymbol{e}_2 = \begin{pmatrix} \boldsymbol{e}_{21} \\ \boldsymbol{e}_{22} \end{pmatrix} = \frac{1}{\sqrt{2}}\begin{pmatrix} 1 \\ 1 \end{pmatrix},\quad A = \frac{1}{2}\begin{pmatrix} 1 & -1 \\ 1 & 1 \end{pmatrix}$$

离散 K-L 变换

$$\boldsymbol{Y}_1 = A\left(\boldsymbol{X}_1-\boldsymbol{m}_x\right) = \frac{1}{\sqrt{2}}\begin{pmatrix} 1 & -1 \\ 1 & 1 \end{pmatrix}\begin{pmatrix} 2 \\ -2 \end{pmatrix} = \begin{pmatrix} 2\sqrt{2} \\ 0 \end{pmatrix}$$

$$\boldsymbol{Y}_2 = A\left(\boldsymbol{X}_2-\boldsymbol{m}_x\right) = \begin{pmatrix} \sqrt{2} \\ 0 \end{pmatrix}$$

$$\boldsymbol{Y}_3 = \frac{1}{\sqrt{2}}\begin{pmatrix} 1 & -1 \\ 1 & 1 \end{pmatrix}\begin{pmatrix} -1 \\ 1 \end{pmatrix} = \begin{pmatrix} -\sqrt{2} \\ 0 \end{pmatrix}$$

$$\boldsymbol{Y}_4 = \frac{1}{\sqrt{2}}\begin{pmatrix} 1 & -1 \\ 1 & 1 \end{pmatrix}\begin{pmatrix} -2 \\ 2 \end{pmatrix} = \begin{pmatrix} -2\sqrt{2} \\ 0 \end{pmatrix}$$

3．霍特林变换的性质

（1） $\boldsymbol{Y}$ 的均值为零，即

$$\boldsymbol{m}_y = E\{\boldsymbol{Y}\} = E\{A(\boldsymbol{X}-\boldsymbol{m}_x)\}$$
$$= AE\{\boldsymbol{X}\} - A\boldsymbol{m}_x = 0$$

（2） $\boldsymbol{Y}$ 的协方差为

$$\boldsymbol{C}_y = \begin{pmatrix} \lambda_1 & \cdots & & 0 \\ & \lambda_2 & & \\ \vdots & & \ddots & \vdots \\ 0 & \cdots & & \lambda_N \end{pmatrix}$$

$$\boldsymbol{C}_y = E\left\{(A\boldsymbol{X}-A\boldsymbol{m}_x)(A\boldsymbol{X}-A\boldsymbol{m}_x)^{\mathrm{T}}\right\}$$
$$= E\left\{(A\boldsymbol{X}-A\boldsymbol{m}_x)(\boldsymbol{X}-\boldsymbol{m}_x)^{\mathrm{T}}A^{\mathrm{T}}\right\}$$
$$= A\boldsymbol{C}_x A^{\mathrm{T}}$$

（3） $A^{-1}=A^{\mathrm{T}}$，所以 A 为对称矩阵。

4. 霍特林变换的好处

用霍特林变换压缩图像数据，是在均方误差最小情况下的最佳逼近。

$$Y' = A_k \left(X - m_x \right) \qquad K \times 1 \text{ 矩阵}$$

式中，A_k 为取入最大的前 k 个特征向量组成变换核矩阵。

$$A = \begin{pmatrix} e_{11} & e_{12} & \cdots & e_{1N} \\ e_{21} & e_{22} & \cdots & e_{2N} \\ \vdots & \vdots & & \vdots \\ e_{k1} & e_{k2} & \cdots & e_{kN} \\ \vdots & \vdots & & \vdots \\ e_{N1} & e_{N2} & \cdots & e_{NN} \end{pmatrix} \left. \begin{array}{l} \\ \\ \end{array} \right\} \text{ 前 } K \text{ 个特征向量} \\ \left. \begin{array}{l} \\ \\ \end{array} \right\} \text{ 后 } N\text{--}K \text{ 个特征向量，其对应的取入值较小}$$

$$A_k = \begin{pmatrix} e_{11} & e_{12} & \cdots & e_{1N} \\ e_{21} & e_{22} & \cdots & e_{2N} \\ \vdots & \vdots & & \vdots \\ e_{k1} & e_{k2} & \cdots & e_{kN} \end{pmatrix}$$

原始图像估值 $\rightarrow \hat{X} = A_k^{\mathrm{T}} Y_k' + m_x$，$\quad Y_k' = \begin{pmatrix} Y' \\ \vdots \\ 0 \end{pmatrix} N \times 1 \text{ 矩阵}$

由 $\hat{X}$ 与 X 的均方误差近似为

$$\varepsilon \approx \sum_{i=k+1}^{N} \lambda_i$$

因为 λ 是按大小排列的，所以 $k+1$ 至 N（N^2）的 λ_i 是非常小的。

4.4 习 题 解 答

4.1 图像处理中正交变换的目的是什么？图像变换主要用于哪些方面？

【答】图像处理中正交变换的目的是将图像的能量尽量集中在少量系数上，从而最大限度地去除原始图像数据中的相关性。图像变换主要用于图像特征提取、图像增强、图像复原及图像编码等处理中，使后续运算变得更简单。

4.2 二维傅里叶变换有哪些性质？

【答】二维傅里叶变换性质有可分离性、线性、共轭对称性、旋转性、比例变换特性、帕什瓦（Parseval）定理、相关定理和卷积定理。

4.3 二维傅里叶变换的可分离性有何意义？

【答】二维傅里叶变换的可分离性说明一个二维傅里叶变换可用两次一维傅里叶变换来实现。

4.4 求图 4.2 中图像的二维傅里叶变换。

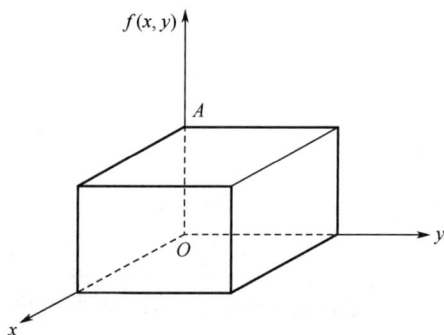

图 4.2 习题 4.4 图

【解】

$$f(x,y)=\begin{cases} A, & \begin{array}{l}0\leqslant x\leqslant X\\ 0\leqslant y\leqslant Y\end{array}\\ 0, & \begin{array}{l}x>X,x<0\\ y>Y,y<0\end{array}\end{cases}$$

$$F(u,v)=\int_{-\infty}^{+\infty}\int_{-\infty}^{+\infty}f(x,y)\mathrm{e}^{-\mathrm{j}2\pi(ux+vy)}\mathrm{d}x\mathrm{d}y$$

$$=\int_0^X\int_0^Y A\mathrm{e}^{-\mathrm{j}2\pi(ux+vy)}\mathrm{d}x\mathrm{d}y$$

$$=A\int_0^X \mathrm{e}^{-\mathrm{j}2\pi ux}\mathrm{d}x\int_0^Y \mathrm{e}^{-\mathrm{j}2\pi vy}\mathrm{d}y$$

$$=A\left[\frac{\mathrm{e}^{-\mathrm{j}2\pi ux}}{-\mathrm{j}2\pi ux}\right]_0^X\left[\frac{\mathrm{e}^{-\mathrm{j}2\pi vy}}{-\mathrm{j}2\pi vy}\right]_0^Y$$

$$=\frac{A}{-\mathrm{j}2\pi u}\left[\mathrm{e}^{-\mathrm{j}2\pi uX}-1\right]\frac{1}{-\mathrm{j}2\pi v}\left[\mathrm{e}^{-\mathrm{j}2\pi vY}-1\right]$$

$$=AXY\left[\frac{\sin(\pi uX)\mathrm{e}^{-\mathrm{j}\pi uX}}{\pi uX}\right]\left[\frac{\sin(\pi vY)\mathrm{e}^{-\mathrm{j}\pi vY}}{\pi vY}\right]$$

4.5 一幅图像经过傅里叶变换之后，将高频部分删除，再进行反变换，设想一下，将会得到什么结果？

【答】在频谱图上，白色斑点、噪声和边界等会表现为高频部分，所以通过滤去高频，可以降噪（图像的频率谱函数统计特性：图像的大部分能量集中在低频和中频中，高频部分的分量很弱，仅仅体现了图像的某些细节。因此，滤波器滤噪，也就是除去高频部分和能量低的部分）。傅里叶变换将时间域转换为频率域，对频率域图像进行消噪，然后再反变换回时间域，就达到了消除噪声的效果。

4.6 写出二维离散傅里叶变换对的矩阵表达式及表达式中各个矩阵的具体内容，并以 $N=4$ 为例证明可以从傅里叶正变换矩阵表达式推出反变换的矩阵表达式。

【解】

$$W(0)=\frac{1}{2}\left[f(0)+f(1)+f(2)+f(3)\right]$$

$$W(1)=\frac{1}{2}\left[f(0)+f(1)-f(2)-f(3)\right]$$

$$W(2)=\frac{1}{2}\left[f(0)-f(1)+f(2)-f(3)\right]$$

$$W(3)=\frac{1}{2}\left[f(0)-f(1)-f(2)+f(3)\right]$$

因为 $$W=Gf$$
故

$$G_4=\begin{pmatrix}1&1&1&1\\1&1&-1&-1\\1&-1&1&-1\\1&-1&-1&1\end{pmatrix}$$

4.7 求 $N=4$ 对应的沃尔什变换核矩阵。

【解】由于图像是 4×4 矩阵，$n=2$，$N=4$，所以二维沃尔什变换由 $W = GfG$ 给出。

$$W = \frac{1}{4^2} \begin{pmatrix} 1 & 1 & 1 & 1 \\ 1 & 1 & -1 & -1 \\ 1 & -1 & -1 & 1 \\ 1 & -1 & 1 & -1 \end{pmatrix} \begin{pmatrix} 1 & 1 & 1 & 1 \\ 1 & 1 & 1 & 1 \\ 1 & 1 & 1 & 1 \\ 1 & 1 & 1 & 1 \end{pmatrix} \begin{pmatrix} 1 & 1 & 1 & 1 \\ 1 & 1 & -1 & -1 \\ 1 & -1 & -1 & 1 \\ 1 & -1 & 1 & -1 \end{pmatrix} = \begin{pmatrix} 1 & 0 & 0 & 0 \\ 0 & 0 & 0 & 0 \\ 0 & 0 & 0 & 0 \\ 0 & 0 & 0 & 0 \end{pmatrix}$$

4.8 二维数字图像信号是均匀分布的，即

$$f = \begin{pmatrix} 1 & 1 & 1 & 1 \\ 1 & 1 & 1 & 1 \\ 1 & 1 & 1 & 1 \\ 1 & 1 & 1 & 1 \end{pmatrix}$$

求此信号的二维沃尔什变换。

【解】根据本书中的式（4.31）

$$G = \begin{pmatrix} 1 & 1 & 1 & 1 \\ 1 & 1 & -1 & -1 \\ 1 & -1 & 1 & -1 \\ 1 & -1 & -1 & 1 \end{pmatrix}$$

$$W = \frac{1}{4^2} \begin{pmatrix} 1 & 1 & 1 & 1 \\ 1 & 1 & -1 & -1 \\ 1 & -1 & 1 & -1 \\ 1 & -1 & -1 & 1 \end{pmatrix} \begin{pmatrix} 1 & 1 & 1 & 1 \\ 1 & 1 & 1 & 1 \\ 1 & 1 & 1 & 1 \\ 1 & 1 & 1 & 1 \end{pmatrix} \begin{pmatrix} 1 & 1 & 1 & 1 \\ 1 & 1 & -1 & -1 \\ 1 & -1 & 1 & -1 \\ 1 & -1 & -1 & 1 \end{pmatrix}$$

即

$$= \frac{1}{16} \begin{pmatrix} 4 & 4 & 4 & 4 \\ 0 & 0 & 0 & 0 \\ 0 & 0 & 0 & 0 \\ 0 & 0 & 0 & 0 \end{pmatrix} \begin{pmatrix} 1 & 1 & 1 & 1 \\ 1 & 1 & -1 & -1 \\ 1 & -1 & 1 & -1 \\ 1 & -1 & -1 & 1 \end{pmatrix}$$

$$= \frac{1}{16} \begin{pmatrix} 16 & 0 & 0 & 0 \\ 0 & 0 & 0 & 0 \\ 0 & 0 & 0 & 0 \\ 0 & 0 & 0 & 0 \end{pmatrix} = \begin{pmatrix} 1 & 0 & 0 & 0 \\ 0 & 0 & 0 & 0 \\ 0 & 0 & 0 & 0 \\ 0 & 0 & 0 & 0 \end{pmatrix}$$

4.9 求下列数字图像的离散余弦变换：

（1）$\begin{pmatrix} 2 & 1 & 1 & 1 \\ 0 & 2 & 1 & 1 \\ 0 & 0 & 2 & 1 \\ 0 & 0 & 0 & 2 \end{pmatrix}$，（2）$\begin{pmatrix} 0 & 0 & 0 & 0 \\ 2 & 2 & 2 & 2 \\ 2 & 2 & 2 & 2 \\ 0 & 0 & 0 & 0 \end{pmatrix}$。

【解】根据教材中式（4.50）可得 $(F(u,v)) = (A)(f(x,y))(A)^{\mathrm{T}}$

（1）$N=4$ 时，有

$$(A) = \begin{pmatrix} 0.500 & 0.500 & 0.500 & 0.500 \\ 0.653 & 0.271 & -0.271 & -0.653 \\ 0.500 & -0.500 & -0.500 & 0.500 \\ 0.271 & -0.653 & 0.653 & -0.271 \end{pmatrix}$$

$$(A)^{\mathrm{T}} = \begin{pmatrix} 0.500 & 0.653 & 0.500 & 0.271 \\ 0.500 & 0.271 & -0.500 & -0.653 \\ 0.500 & -0.271 & -0.500 & 0.653 \\ 0.500 & -0.653 & 0.500 & -0.271 \end{pmatrix}$$

故

$$(F(u,v)) = (A)(f(x,y))(A)^{\mathrm{T}}$$

$$= \begin{pmatrix} 0.500 & 0.500 & 0.500 & 0.500 \\ 0.653 & 0.271 & -0.271 & -0.653 \\ 0.500 & -0.500 & -0.500 & 0.500 \\ 0.271 & -0.653 & 0.653 & -0.271 \end{pmatrix} \begin{pmatrix} 2 & 1 & 1 & 1 \\ 0 & 2 & 1 & 1 \\ 0 & 0 & 2 & 1 \\ 0 & 0 & 0 & 2 \end{pmatrix} \begin{pmatrix} 0.500 & 0.653 & 0.500 & 0.271 \\ 0.500 & 0.271 & -0.500 & -0.653 \\ 0.500 & -0.271 & -0.500 & 0.653 \\ 0.500 & -0.653 & 0.500 & -0.271 \end{pmatrix}$$

$$= \begin{pmatrix} 1.500 & 1.115 & 0 & -0.080 \\ 1.115 & 1.500 & -0.462 & 0 \\ 0 & 0.462 & 1.500 & -0.191 \\ 0.080 & 0 & 0.191 & 1.500 \end{pmatrix}$$

（2）步骤如（1）题，故

$$(F(u,v)) = (A)(f(x,y))(A)^{\mathrm{T}}$$

$$= \begin{pmatrix} 0.500 & 0.500 & 0.500 & 0.500 \\ 0.653 & 0.271 & -0.271 & -0.653 \\ 0.500 & -0.500 & -0.500 & 0.500 \\ 0.271 & -0.653 & 0.653 & -0.271 \end{pmatrix} \begin{pmatrix} 0 & 0 & 0 & 0 \\ 2 & 2 & 2 & 2 \\ 2 & 2 & 2 & 2 \\ 0 & 0 & 0 & 0 \end{pmatrix} \begin{pmatrix} 0.500 & 0.653 & 0.500 & 0.271 \\ 0.500 & 0.271 & -0.500 & -0.653 \\ 0.500 & -0.271 & -0.500 & 0.653 \\ 0.500 & -0.653 & 0.500 & -0.271 \end{pmatrix}$$

$$= \begin{pmatrix} 4.000 & 0 & 0 & 0 \\ 0 & 0 & 0 & 0 \\ -4.000 & 0 & 0 & 0 \\ 0 & 0 & 0 & 0 \end{pmatrix}$$

4.5　实 验 指 导

4.5.1　图像的傅里叶变换——平移性质

1. 实验内容

对图 4.3（a）进行平移，观察原始图像的傅里叶频率谱与平移后的傅里叶频率谱［见

图 4.3（b）、图 4.3（c）]的对应关系。

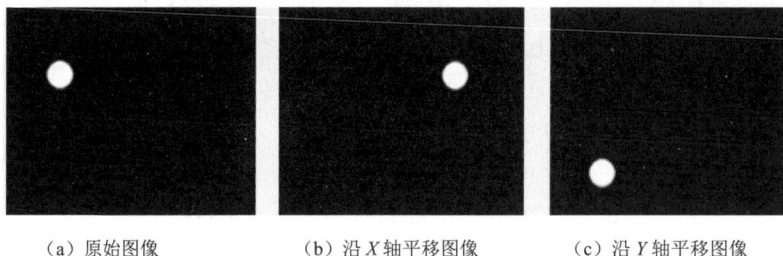

（a）原始图像　　　　　　（b）沿 X 轴平移图像　　　　　　（c）沿 Y 轴平移图像

图 4.3　4.5.1 节实验所需图像

2．实验原理

如果 $F(u,v)$ 的频率变量 u,v 各移动了 u_0,v_0 距离，$f(x,y)$ 的变量 x,y 各移动了 x_0,y_0 距离，则傅里叶变换对有如下形式。

$$f(x-x_0,y-y_0) \Leftrightarrow F(u,v)\mathrm{e}^{-\mathrm{j}2\pi(ux_0+vy_0)/N} \tag{4.44}$$

傅里叶变换的平移性质表明函数与一个指数项相乘等于将变换后的空间域中心[见式（4.44）]移到新的位置，从式（4.44）还可知，对 $f(x,y)$ 的平移将不改变频率谱的幅值（amplitude）。

3．实验方法及程序

如图 4.4 所示，选取一幅图像，进行离散傅里叶变换，再对其分别进行 X 轴与 Y 轴上的平移，得其离散傅里叶变换，观察 3 幅结果图，实验程序如下。

```
I=imread('1.bmp');
figure(1)
imshow(real(I));
I=I(:,:,3);
fftI=fft2(I);
sfftI=fftshift(fftI);    %求离散傅里叶频率谱
%对原始图像进行二维离散傅里叶变换，并将其坐标原点移到频率谱图中央位置
RRfdp1=real(sfftI);
IIfdp1=imag(sfftI);
a=sqrt(RRfdp1.^2+IIfdp1.^2);
a=(a-min(min(a)))/(max(max(a))-min(min(a)))*225;
figure(2)
imshow(real(a));
I=imread('2.bmp');
figure(3),
imshow(real(I));
I=I(:,:,3);
fftI=fft2(I);
sfftI=fftshift(fftI);    %求离散傅里叶频率谱
%对原始图像进行二维离散傅里叶变换，并将其坐标原点移到频率谱图中央位置
```

```
RRfdp1=real(sfftI);
IIfdp1=imag(sfftI);
a=sqrt(RRfdp1.^2+IIfdp1.^2);
a=(a-min(min(a)))/(max(max(a))-min(min(a)))*225;
figure(4),
imshow(real(a));
I=imread('3.bmp');
figure(5),
imshow(real(I));
I=I(:,:,3);
fftI=fft2(I);
sfftI=fftshift(fftI);   %求离散傅里叶频率谱
%对原始图像进行二维离散傅里叶变换，并将其坐标原点移到频率谱图中央位置
RRfdp1=real(sfftI);
IIfdp1=imag(sfftI);
a=sqrt(RRfdp1.^2+IIfdp1.^2);
a=(a-min(min(a)))/(max(max(a))-min(min(a)))*225;
figure(6),
imshow(real(a));
```

4．实验结果与分析

实验结果如图 4.4 所示。

（a）原始图像

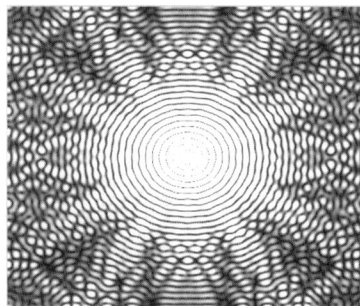

（b）原始图像的傅里叶频率谱

（c）沿 X 轴平移图像

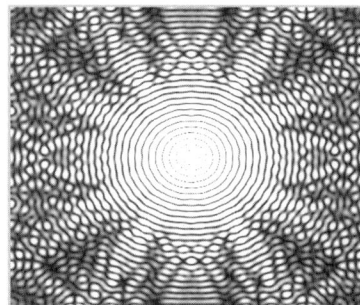

（d）沿 X 轴平移后的傅里叶频率谱

图 4.4 4.5.1 节实验结果图

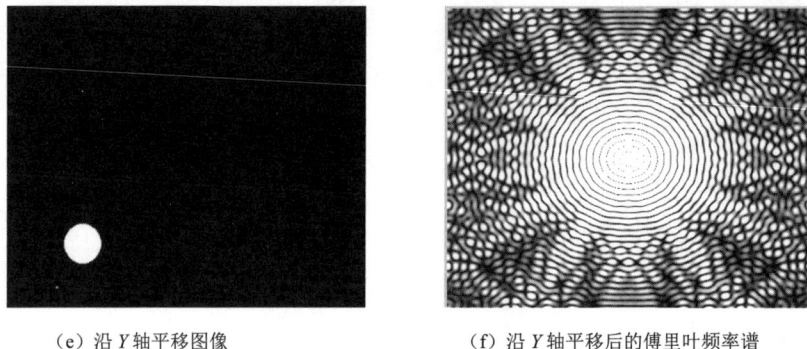

（e）沿 Y 轴平移图像　　　　　　　（f）沿 Y 轴平移后的傅里叶频率谱

图 4.4　4.5.1 节实验结果图（续）

由所得结果可知，原始图像图 4.4（a）分别经过 X 轴与 Y 轴上的平移后所得到的离散傅里叶变换频率谱图 4.4（d）和图 4.4（f）与原始图像所得的傅里叶频率谱图 4.4（b）基本相同。实验结果符合傅里叶变换平移性质，即函数与一个指数项相乘等于将变换后的空间域中心移到新的位置，而且对 $f(x,y)$ 的平移将不改变频率谱的幅值。

5．思考题

将一幅图像分别进行 X 轴与 Y 轴上的平移，所得的傅里叶频率谱与原始图像的傅里叶频率谱有什么变化？请说明理由。

4.5.2　图像的傅里叶变换——旋转性质

1．实验内容

将图 4.5 的两幅图像分别进行旋转，观察原始图像的傅里叶频率谱与旋转后的傅里叶频率谱的对应关系。

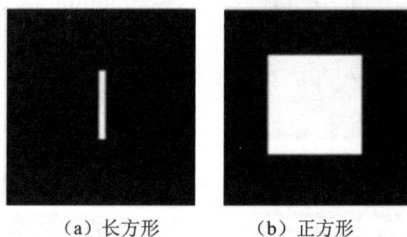

（a）长方形　　　　（b）正方形

图 4.5　4.5.2 节实验所需图像

2．实验原理

首先借助极坐标变换 $x = r\cos\theta,\ y = r\sin\theta,\ u = w\cos\phi,\ v = w\sin\phi$，将 $f(x,y)$ 和 $F(u,v)$ 转换为 $f(r,\theta)$ 和 $F(w,\phi)$。

$$f(x,y) \Leftrightarrow F(u,v)$$
$$f(r\cos\theta, r\sin\theta) \Leftrightarrow F(w\cos\phi, w\sin\phi)$$

经过变换得

$$f(r, \theta + \theta_0) \Leftrightarrow F(w, \phi + \theta_0) \tag{4.45}$$

式（4.45）表明，将 $f(x,y)$ 旋转角度 θ_0 对应于将其傅里叶变换 $F(u,v)$ 也旋转相同的角度 θ_0。$F(u,v)$ 到 $f(x,y)$ 也是一样的。

3. 实验方法及程序

选取一幅图像进行离散傅里叶变换，再对其进行一定角度的旋转，进行离散傅里叶变换。

```
%构造原始图像
I = zeros(256,256);
I(88:168,124:132) = 1;          %图像范围是 256 像素×256 像素,前一个值是纵向比,后一个值
                                 是横向比

imshow(I)
%求原始图像的傅里叶频率谱
J = fft2(I);
F = abs(J);
J1 = fftshift(F);figure
imshow(J1,[5 50])
%对原始图像进行旋转
J = imrotate(I,90,'bilinear','crop');
figure
imshow(J)
%求旋转后图像的傅里叶频率谱
J1 = fft2(J);
F = abs(J1);
J2 = fftshift(F);figure
imshow(J2,[5 50])
```

4. 实验结果与分析

实验结果如图 4.6 所示。

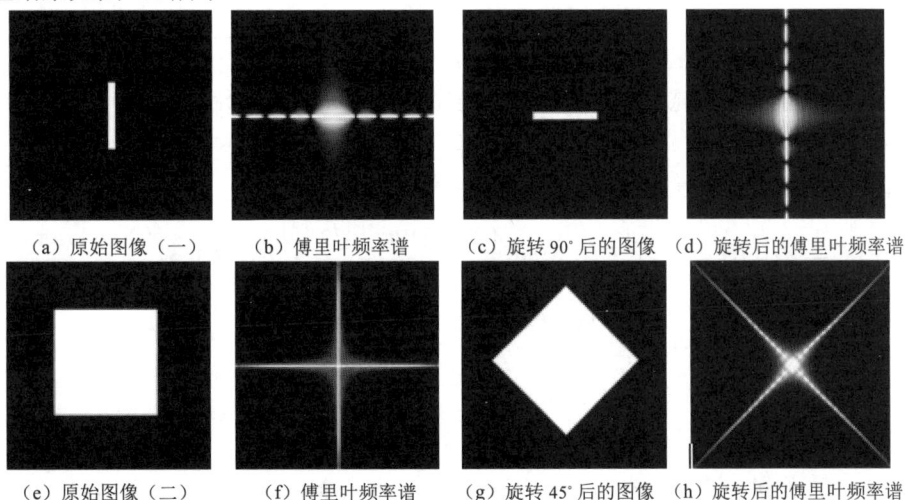

（a）原始图像（一）　（b）傅里叶频率谱　（c）旋转 90° 后的图像　（d）旋转后的傅里叶频率谱

（e）原始图像（二）　（f）傅里叶频率谱　（g）旋转 45° 后的图像　（h）旋转后的傅里叶频率谱

图 4.6 　4.5.2 节实验结果图

由实验结果可知，首先从旋转性质考虑，对比图 4.6（b）和图 4.6（d），时间域中图像顺时针旋转 90°，频率域中图像也顺时针旋转 90°；其次从尺度变换性质考虑，由图 4.6（a）与图 4.6（b）可知，原始图像与其傅里叶变换后的图像角度相差 90°，由此可知，在时间域中信号被压缩，到频率域中信号被拉伸。

5．思考题

将一幅图像进行离散傅里叶变换，得到其傅里叶频率谱图，再对原始图像进行一定角度的旋转，得到的频率谱图与原始图像的频率谱图进行比较，以及原始图像与其傅里叶频率谱存在的何种角度关系，并说出符合哪些性质。

4.5.3 图像的离散余弦变换（一）

1．实验内容

对图 4.7 进行离散余弦变换，观察其余弦变换系数及余弦反变换后的恢复图像。

2．实验原理

图 4.7 4.5.3 节实验所需图像

二维离散余弦变换由式（4.46）表示。

$$F(0,0) = \frac{1}{N}\sum_{x=0}^{N-1}\sum_{y=0}^{N-1}f(x,y)$$

$$F(0,v) = \frac{\sqrt{2}}{N}\sum_{x=0}^{N-1}\sum_{y=0}^{N-1}f(x,y)\cdot\cos\frac{(2y+1)v\pi}{2N}$$

$$F(u,0) = \frac{\sqrt{2}}{N}\sum_{x=0}^{N-1}\sum_{y=0}^{N-1}f(x,y)\cdot\cos\frac{(2x+1)u\pi}{2N}$$

$$F(u,v) = \frac{2}{N}\sum_{x=0}^{N-1}\sum_{y=0}^{N-1}f(x,y)\cdot\cos\frac{(2x+1)u\pi}{2N}\cdot\cos\frac{(2y+1)v\pi}{2N} \tag{4.46}$$

式（4.46）是正变换公式。式中，$f(x,y)$ 是空间域二维向量的元素，$x,y=0,1,2,\cdots,N-1$，$F(u,v)$ 是变换系数阵列的元素。式中表示的阵列为 $N\times N$。

二维离散余弦反变换由式（4.47）表示。

$$f(x,y) = \frac{1}{N}F(0,0) + \frac{\sqrt{2}}{N}\sum_{v=1}^{N-1}F(0,v)\cos\frac{(2y+1)v\pi}{2N} + \frac{\sqrt{2}}{N}\sum_{u=1}^{N-1}F(u,0)\cos\frac{(2x+1)u\pi}{2N} +$$
$$\frac{2}{N}\sum_{u=1}^{N-1}\sum_{v=1}^{N-1}F(u,v)\cos\frac{(2x+1)u\pi}{2N}\cdot\cos\frac{(2y+1)v\pi}{2N} \tag{4.47}$$

3．实验方法及程序

选取一幅图像进行离散余弦变换，再对其进行离散余弦反变换，观察结果。

```
%计算 cameraman.tif 文件的二维 DCT
RGB = imread('cameraman.tif');
```

```
figure(1)
imshow(RGB)
I = rgb2gray(RGB);
%将真彩色图像转换成灰度图像
J = dct2(I);
%计算二维 DCT
figure(2)
imshow(log(abs(J)),[])
%图像大部分能量集中在左上角处
figure(3);
J(abs(J) < 10) = 0;
%把变换矩阵中小于 10 的值置换为 0, 然后用 idct2 重构图像
K = idct2(J)/255;
imshow(K)
```

4. 实验结果与分析

实验结果如图 4.8 所示。

由图 4.8（b）可知，离散余弦变换具有很强的能量集中特性，能量主要集中在左上角处，因此在实际图像应用中，能量不集中的地方可在余弦编码中被忽略，可通过对 mask 矩阵进行变换来实现，即将 mask 矩阵左上角置 1，其余全部置 0。然后通过离散余弦反变换，使图像得到恢复，图 4.8（c）与图 4.8（a）基本相同。

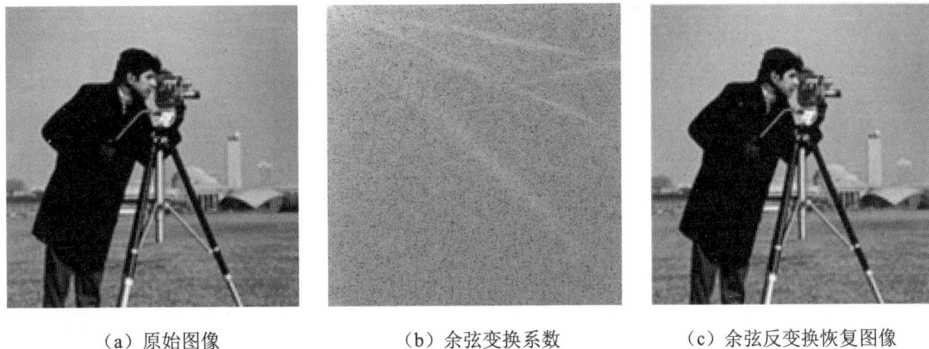

（a）原始图像　　　　　　　　（b）余弦变换系数　　　　　　　（c）余弦反变换恢复图像

图 4.8　4.5.3 节实验结果图

5. 思考题

将一幅图像进行离散余弦变换，得到其频率谱图，观察其频率谱图有何特点，再经过离散余弦反变换得到恢复图像，比较与原始图像有何差别。

4.5.4　图像的离散余弦变换（二）

1. 实验内容

对图 4.7 进行离散余弦变换，再进行图像压缩解压，取不同的 DCT 系数，并观察结果。

2．实验原理

二维离散余弦变换与反变换原理见 4.5.3 节的实验原理。

二维离散余弦变换也可以写成矩阵式为

$$\big(F(u,v)\big)=\big(A\big)\big(f(x,y)\big)\big(A\big)^{\mathrm{T}}$$
$$\big(f(x,y)\big)=\big(A\big)^{\mathrm{T}}\big(F(u,v)\big)\big(A\big) \qquad (4.48)$$

式中，$(f(x,y))$ 是空间域数据阵列；$(F(u,v))$ 是变换系数阵列；(A) 是系数阵列，变换矩阵 $(A)^{\mathrm{T}}$ 是 (A) 的转置。

离散余弦变换先将整体图像分成 $N\times N$ 个像素块，然后对 $N\times N$ 个像素块逐一进行离散余弦变换。由于大多数图像的高频分量较小，相应地图像高频分量的系数经常为零，加上人眼对高频成分的失真不太敏感，所以可用更粗的量化。因此，传送变换系数的数码率要大大小于传送图像像素所用的数码率。到达接收端后通过离散余弦反变换回到样值。

3．实验方法及程序

选取一幅图像进行离散余弦变换，再对其进行压缩解压，观察结果。

```
RGB = imread('camera.tif');
I=rgb2gray(RGB);
I = im2double(I);              %将图像矩阵转换为双精度型
T = dctmtx(8);                 %产生二维 DCT 矩阵
%矩阵 T 及其转置 T'是 DCT 函数 P1*X*P2 的参数
B = blkproc(I,[8 8],'P1*x*P2',T,T');
mask1= [ 1 1 1 1 0 0 0 0
         1 1 1 0 0 0 0 0
         1 1 0 0 0 0 0 0
         1 0 0 0 0 0 0 0
         0 0 0 0 0 0 0 0
         0 0 0 0 0 0 0 0
         0 0 0 0 0 0 0 0
         0 0 0 0 0 0 0 0];      %二值掩模，用来压缩 DCT 系数
B2 = blkproc(B,[8 8],'P1.*x',mask1);     %只保留 DCT 的 10 个系数
I2 = blkproc(B2,[8 8],'P1*x*P2',T,T);    %重构图像
figure,imshow(I);
figure,imshow(B2);
figure,imshow(I2);

RGB = imread('camera.tif');
I=rgb2gray(RGB);
I = im2double(I);              %将图像矩阵转换为双精度型
T = dctmtx(8);                 %产生二维 DCT 矩阵
%矩阵 T 及其转置 T'是 DCT 函数 P1*X*P2 的参数
B = blkproc(I,[8 8],'P1*x*P2',T,T');
```

```
mask2= [ 1 1 1 1 0 0 0 0
1 1 1 0 0 0 0 0
1 0 0 0 0 0 0 0
0 0 0 0 0 0 0 0
0 0 0 0 0 0 0 0
0 0 0 0 0 0 0 0
0 0 0 0 0 0 0 0
0 0 0 0 0 0 0 0];                   %二值掩模，用来压缩 DCT 系数
B2 = blkproc(B,[8 8],'P1.*x',mask2);     %只保留 DCT 的 10 个系数
I2 = blkproc(B2,[8 8],'P1*x*P2',T',T);   %重构图像
figure,imshow(I);
figure,imshow(B2);
figure,imshow(I2);
```

4. 实验结果与分析

实验结果如图 4.9 所示。

（a）原始图像　　（b）压缩 DCT 系数 mask1 解压图像（c）压缩 DCT 系数 mask2 解压图像

图 4.9　4.5.4 节实验结果图

由上例可知，图像分成 8×8 个像素块，对每个像素块进行块运算然后通过压缩系数对其进行压缩，压缩率就是通过压缩系数决定的。比较 mask1 和 mask2——压缩 DCT 系数可知，压缩率对原始图像的压缩解压尤为重要。当压缩率较高时，得到的图像就比较模糊[见图 4.9（c）]。压缩后经过解压，再使用块运算函数 blkproc 重构图像，就可得出以上结果。

5. 思考题

将一幅图像进行离散余弦变换，再进行压缩解压，观察不同压缩 DCT 系数及解压后图像的变化。

4.5.5　图像的哈达玛变换

1. 实验内容

对图 4.7 进行哈达玛变换，再对其进行压缩解压，编写 MATLAB 程序，观察结果。

2. 实验原理

原理见 4.2 节的式（4.33）。

3. 实验方法及程序

选取一幅图像进行哈达玛变换，观察结果。以一幅 256 像素×256 像素的图像为例，首先将其分割为 1024 个 8×8 的子像素块，然后对每个像素块进行变换，再按照每个系数的方差来排列次序，保留方差较大的系数，舍去方差较小的系数。保留原系数的 1/2，即 32 个系数，进行 2:1 的压缩。部分参考程序如下。

```matlab
cr=0.5;
I=imread('cameraman.tif');          %输入图像
I=double(I)/255;                     %将读入的 uint8 型 RGB 图像 I 转换为 double 型数据
figure(1),imshow(I);                %显示
                                    %求图像大小
[m_I,n_I]=size(I);                  %提取矩阵 I 的行列数，m_I 为 I 的行数，n_I 为 I 的列数
sizi=8;
snum=64;

                                    %分块处理
t=hadamard(sizi)                    %生成 8×8 的哈达码矩阵
hdcoe=blkproc(I,[sizi sizi],'P1*x*P2',t,t);
                                    %将图像分成 8×8 个像素块进行哈达码变换
                                    %重新排列系数
CE=im2col(hdcoe,[sizi sizi],'distinct');
                                    %将矩阵 hdcoe 分为 8×8 个互不重叠的子矩阵，再将每个
                                    %子矩阵作为 CE 的一列
[Y Ind]=sort(CE);                   %对 CE 进行升序排列
                                    %舍去方差较小的系数，保留原系数的二分之一，即 32 个
                                    %系数
[m,n]=size(CE);                     %提取矩阵 CE 的行列数，m 为 CE 的行数，n 为 CE 的列数
snum=snum-snum*cr;
for i=1:n
CE(Ind(1:snum),i) =0;
end
                                    %重建图像
re_hdcoe=col2im(CE,[sizi sizi],[m_I n_I],'distinct');
                                    %将矩阵的列重新组织到块中
re_I=blkproc(re_hdcoe,[sizi sizi],'P1*x*P2',t,t);
                                    %进行哈达码反变换，得到压缩后的图像
re_I=double(re_I)/64;               %转换为 double 型的数据
figure(2);
imshow(re_I);
                                    %计算原始图像和压缩后图像的误差
error=I.^2-re_I.^2;
MSE=sum(error(:))/prod(size(re_I));
```

运行以上程序，得到的实验结果如图 4.10 所示。

（a）原始图像　　　　　　　（b）压缩哈达玛变换系数，解压后的图像

图 4.10　4.5.5 节实验结果图

沃尔什-哈达玛变换将一个函数变换成由取值为+1 或-1 的基本函数构成的级数，用它来逼近数字脉冲信号时要比 FFT 有利。同时，它只需要进行实数运算，存储量比 FFT 要少得多，运算速度也快得多。因此，在图像传输、通信技术和数据压缩中被广泛使用。

4.5.6　小波变换的图像压缩

1．实验内容

试用哈尔小波实现图像压缩。

2．实验原理

根据补充内容所述的哈尔小波方法实现图像压缩。图像压缩过程是在图像的分层分解结果中选择不同层信息作为合成结果而实现的。

3．实验方法及程序

程序如下。

```
clear
%装入图像
load woman;
%显示图像
subplot(221);
image(uint8(X));
colormap(map)
title('原始图像');
axis square
disp('压缩前图像 X 的大小');
whos('coast')
%对图像用小波进行层小波分解
[c,s]=wavedec2(X,3,'bior3.7');
%提取小波分解结构中的一层的低频系数和高频系数
cal=appcoef2(c,s,'bior3.7',1);
```

```
%水平方向
ch1=detcoef2('h',c,s,1);
%垂直方向
cv1=detcoef2('v',c,s,1);
%斜线方向
cd1=detcoef2('d',c,s,1);
%各频率成分重构
a1=wrcoef2('a',c,s,'bior3.7',1);
h1=wrcoef2('h',c,s,'bior3.7',1);
v1=wrcoef2('v',c,s,'bior3.7',1);
d1=wrcoef2('d',c,s,'bior3.7',1);
c1=[a1,h1;v1,d1];
%显示分频信息
subplot(222);
image(c1);
axis square;
title ('分解后的低频和高频信息');
%进行图像压缩
%保留小波分解第一层的低频信息
%首先对第一层信息进行量化编码
ca1=appcoef(c,s,'bior3.7',1);
ca1=wcodemat(ca1,440,'mat',0);
%改变图像高度并显示
ca1=0.5*ca1;
subplot(223);
image(ca1);
colormap(map);
axis square;
title('第一次压缩图像');
disp('第一次压缩图像的大小为: ');
whos('ca1')
%保留小波分解第二层的低频信息进行压缩
ca2=appcoef2(c,s,'bior3.7',2);
%首先对第二层信息进行量化编码
ca2=wcodemat(ca2,440,'mat',0);
%改变图像高度并显示
ca2=0.25*ca2;
subplot(224);
image(ca2);
colormap(map);
axis square;
title('第二次压缩图像');
disp('第二次压缩图像的大小为: ');
whos('ca2')
```

4．实验结果与分析

实验结果如图 4.11 所示。

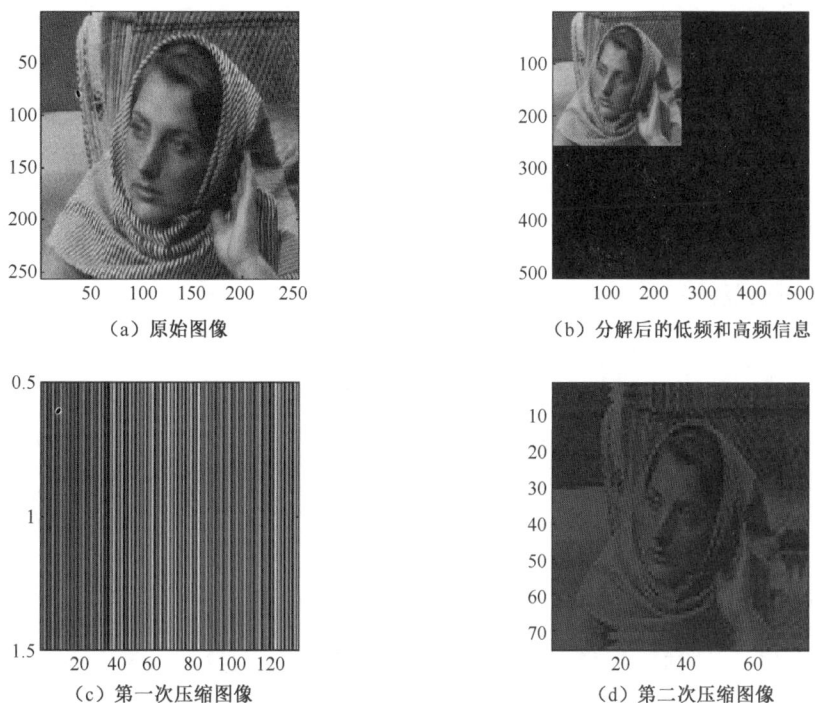

（a）原始图像

（b）分解后的低频和高频信息

（c）第一次压缩图像

（d）第二次压缩图像

图 4.11　图像压缩结果

压缩前图像 X 的大小如下。

第一次压缩图像的大小为

Name	Size	Bytes	Class
ca1	1×135	1080	double array

Grand total is 135 elements using 1080 bytes

第二次压缩图像的大小为

Name	Size	Bytes	Class
ca2	75×75	45000	double array

Grand total is 5625 elements using 45000 bytes

通过上述实验可以看出，在图像压缩过程中，选择层数不同，其压缩的尺寸不同。视觉效果也随着压缩尺寸的变化而变化，压缩率越大，视觉效果越差。

5．思考题

思考采用不同频率下的数据，进行压缩，其实验效果有何不同？如果只对图像进行还原会有什么问题出现？

4.5.7 小波变换的图像滤噪

1. 实验内容

试用哈尔小波实现图像滤噪。

2. 实验原理

根据补充内容中哈尔小波方法实现图像滤噪，图像压缩过程就是在图像分层分解的结果中选择不同频率的分解结果的合成。

3. 实验方法及程序

程序如下。

```matlab
load tire;
subplot(221);
image(X);
% colormap(map);
title('原始图像 ');
axis square;                        %画出原始图像
init=2055615866;
randn('seed',init)
x=X+38*randn(size(X));
subplot(222);
image(x);
% colormap(map);
axis square;
 [c,s]=wavedec2(x,2,'sym4')
a1=wrcoef2('a',c,s,'sym4',1);       %第一次低通滤波消噪
subplot(223);
image(a1);
title('第一次消噪后的图像');
axis square;                        %画出第一次低通滤波消噪后的图像
a2=wrcoef2('a',c,s,'sym4',2);       %第二次低通滤波消噪
subplot(224);
image(a2);
title('第二次消噪后的图像');
axis square;
```

4. 实验结果

实验结果如图 4.12 所示。

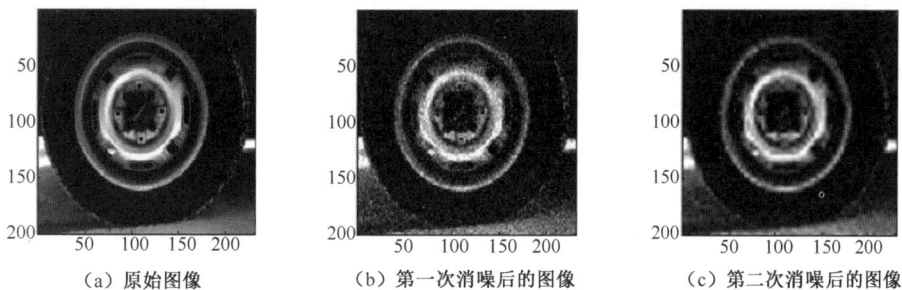

（a）原始图像　　　　　　（b）第一次消噪后的图像　　　　　　（c）第二次消噪后的图像

图 4.12　图像滤噪实验结果

5．思考题

试考虑在不同小波、不同层数的情况下，如何实现图像滤波，其实验效果如何？

4.5.8　小波变换的图像增强

1．实验内容

试用哈尔小波实现图像增强。

2．实验原理

根据哈尔小波方法实现图像增强。

3．实验方法及程序

程序如下。

```
load woman;
subplot(121);
image(X);
colormap(map);
title('原始图像');
axis square;
[c,s]=wavedec2(X,2,'sym4');      %进行二层小波分解
sizec=size(c);
for I =1:sizec(2)
if(c( I )>350)
  c( I )=2*c( I );
else
  c( I )=0.5*c( I );
end
end
xx=waverec2(c,s,'sym4');
```

```
subplot(122);
image(xx);
title('增强图像')
axis square;
```

4. 实验结果

实验结果如图 4.13 所示。

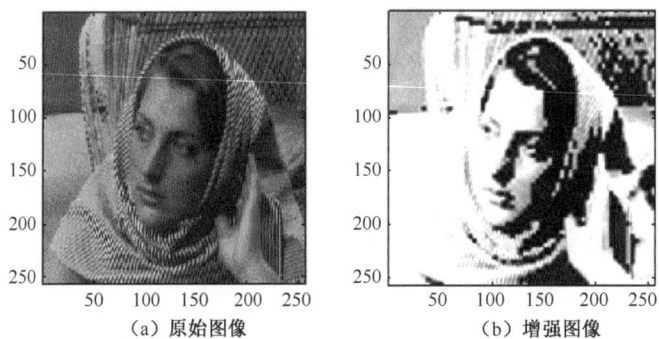

(a) 原始图像　　　　　　　(b) 增强图像

图 4.13　图像增强实验结果

5. 思考题

试考虑在不同小波下，采用不同的增强参数，会有什么变化？

第5章 图像增强

日常应用中拍摄到的很多图像可能存在光线不足、噪声干扰、模糊不清等情况，因此有必要根据图像的特点采用一定的方法来增强图像的视觉感知效果，图像增强的应用十分广泛。本章内容包括图像增强的知识结构、知识要点、补充内容、习题解答和实验指导。

5.1 知识结构

图像增强主要包括空间域方法和频率域方法，其知识结构图如图 5.1 所示。

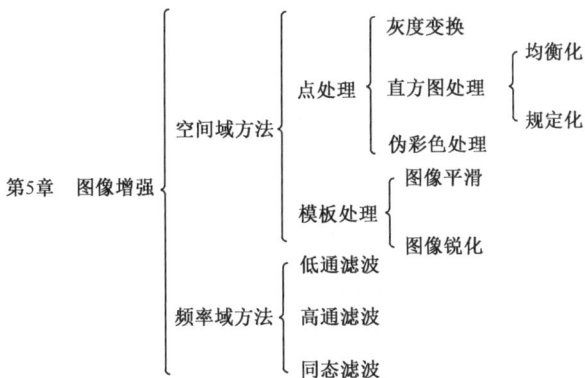

图 5.1 图像增强知识结构图

5.2 知识要点

1. 空间域增强

空间域增强是指在空间域中，通过线性或非线性变换来增强构成图像的像素。增强的方法主要分为点处理和模板处理两大类。

点处理是作用于单一像素的空间域处理方法，包括图像灰度变换、直方图处理和伪彩色处理等技术；模板处理是作用于像素邻域的处理方法，包括图像平滑和图像锐化等技术。

2. 频率域图像增强

频率域图像增强是增强技术的重要组成部分，通过傅里叶变换，可以把空间域混叠的成分在频率域中分离开，从而提取或滤去相应的图像成分，达到增强图像的目的。这一过程中的核心基础即傅里叶变换。

频率域图像增强技术包括频率域平滑技术（低通滤波）、频率域锐化技术（高通滤波）和同态滤波等技术。

3. 直接灰度变换

直接灰度变换对每个像素单独处理，从而增强图像。直接灰度变换包括灰度线性变换、分段线性变换、反转变换、对数变换、幂次变换和灰度切分等。

4. 直方图处理

1）概念

灰度级直方图是图像的一种统计表达，它反映了该图像中不同灰度级出现的统计概率。灰度级[0,L−1]范围的数字图像的直方图具有如下离散函数。

$$h(k) = n_k \tag{5.1}$$

式中，k 是第 k 级灰度；n_k 是图像中灰度级为 k 的像素数。进行归一化，则概率 $p_r(k) = n_k / n$，n 为图像中像素的总数。

由于图像的视觉效果与直方图有对应关系，即直方图的形状和改变对视觉的感知影响很大，因此采用直方图变换的方式可以增强图像。

2）方法

（1）直方图均衡（Histogram Equalization）。目标直方图为均匀分布的直方图，它采用累计直方图技术来完成。

（2）直方图规定化（Histogram Specification）。目标直方图可以是任意形式，因此具有相当高的灵活性。

5. 空间域模板平滑、锐化滤波

任何一幅原始图像，在其获取和传输等过程中，会受到各种噪声的干扰，使图像恶化、质量下降、图像模糊、特征淹没，从而对图像分析不利。

基于模板的图像平滑滤波可以削弱噪声，但同时也削弱了边缘和轮廓等高频信息，使图像产生一定的模糊。基于模板的图像锐化滤波可以突出图像的边缘和轮廓，减少模糊，但同时也增大了噪声的影响。

6. 频率域平滑、频率域锐化

把图像转换到频率域中，采用频率域低通滤波或高通滤波，对图像进行平滑或锐化。

7. 同态滤波

实际的噪声图像往往不是加性噪声，而是乘性或卷积运算。同态滤波先对上述非线性混杂信号做某种数学运算（如对数运算），变换成加性噪声，然后用线性滤波方法处理，最后做逆运算，恢复处理后图像。这种方法适用于非线性、噪声与信号频谱不重叠的情况。

5.3　补 充 内 容

5.3.1　基于模糊逻辑和直方图增强算法

1. 模糊逻辑原理

近年来，不少被提出的基于模糊逻辑的图像增强算法的性能优于传统算法或其他先进的增强技术。模糊逻辑表示一个变量的真值可能表示为 0～1 之间任意的一个真实值。与布尔逻辑相反，模糊逻辑并不给出变量的明确值，模糊集的定义为

$$\mu_A(x): X \to [0,1], x \to \mu_A(x) \tag{5.2}$$

式中，表示 μ_A 确定了 x 中的一个模糊子集 A，μ_A 被称为 A 的隶属度函数，而 $\mu_A(x)$ 是 x 对于 A 集合的隶属度，表示 x 属于 A 的程度。在模糊方法中，图像的灰度值通过隶属度函数建模为一个模糊集，这时图像可以被看作一个存储模糊单点的数组，这些模糊单点都有各自的隶属度。模糊图像处理主要分为模糊、隶属度修正和去模糊三部分。首先利用隶属度函数模糊图像，其次对得到的隶属度进行增强变换，最后通过去模糊函数得到新的灰度值。

以图像的边缘为例，从边缘到非边缘的过渡不应该是干脆的，而应该是一个渐进的过程。对于边缘处的部分像素点，它们既可以属于边缘，也可以不属于边缘，这就存在模糊性。模糊增强的目的就在于使这些像素点要么属于边缘，要么不属于边缘。根据这个目的可以制定以下规则：

R1：IF　一个像素是暗的，THEN　让这个像素更暗；

R2：IF　一个像素是灰的，THEN　让它保持是灰的；

R3：IF　一个像素是亮的，THEN　让这个像素更亮；

从这个规则出发，制定模糊原则和隶属度函数。

2. 算法描述及实现步骤

模糊逻辑是在两个参数 M 和 K 的控制下，对 HSV 空间中的 V 通道进行拉伸扩展的算法。该算法首先计算 V 通道的直方图 $h(x)$，$h(x)$ 表示亮度值为 x 的像素数。将 M 的值定义为图像亮度值的均值，计算公式如下。

$$M = \frac{\sum_x xh(x)}{\sum_x h(x)} \tag{5.3}$$

M 将直方图分为两部分，分别为[0, M−1]和[M, 255]，即两个模糊子集。那么 V 通道的拉伸也就分为两部分，对于每个部分，其隶属度修正的原则也不同。M 在计算两个隶属度 μ_{D1} 和 μ_{D2} 时十分关键。参数 K 决定了原始图像的亮度值应该被拉伸到哪个新的亮度值上，即 K 影响去模糊函数的表达式。根据参考文献获取的实验分析，当 K=128 时，处理低照度和低对比度图像可获得较好的增强效果。

该算法对隶属度的确定基于两个模糊原则：①在[0, M−1]区间内，亮度值与 M 相差越大的像素点，其拉伸的程度应该越小；②在[M, 255]区间内，亮度值与 255 相差越大的像素点，其拉伸程度应该越大。根据这两个原则，我们可以得到以下隶属度函数。

$$\mu_{D1} = 1 - \frac{M - x}{M} \tag{5.4}$$

$$\mu_{D2} = \frac{E - x}{E - M} \tag{5.5}$$

E 表示图像灰度值的最大值，对于 8bit 的图像来说，E=255。根据隶属度函数与模糊原则，两个区间的去模糊函数表示如下。

$$X_{e1} = X + \mu_{D1}K \tag{5.6}$$

$$X_{e2} = \mu_{D2}X + E - \mu_{D2}K \tag{5.7}$$

3．模糊增强 MATLAB 程序实现

【例 5.1】对一幅黑暗图像进行模糊增强。

```
I=imread('knives.tif');
img=FuzzyHE(I);
figure,imshow(I);
figure,imshow(img,[0 255]);
```

需要调用模糊增强函数 FuzzyHE。

```
function I2=FuzzyHE(I);
[m,n,c]=size(I);
if c>1
    I=rgb2gray(I);
end
I1 = double(I);
I2 = zeros(m,n);
M = mean(I1(:))
K=128;
E=255;
for i=1:m
    for j=1:n
        if I1(i,j)<M
            I2(i,j) = I1(i,j) + I1(i,j)/M*K;
        else
            I2(i,j)=(E-I1(i,j))*(I1(i,j)-K)/(E-M)+E;
        end
```

```
        end
    end
end
```

运行结果如图 5.2 所示。

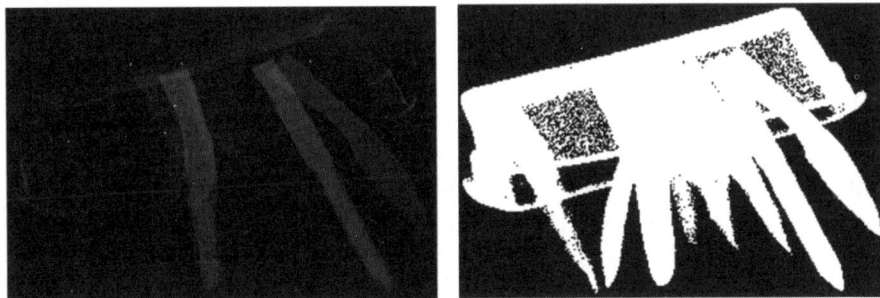

（a）原始图像　　　　　　　　　　　　　　（b）增强结果图

图 5.2　基于模糊逻辑的图像增强

5.3.2　基于模糊逻辑的自适应增强

1．参数分析

5.3.1 节中的模糊增强算法是在两个关键的参数控制下进行的。图像亮度均值 M 用于将图像直方图分成两个部分。改进型算法沿用此参数，将直方图分开处理。参数 K 的值决定了在$[0, M-1]$区间内，像素的灰度值映射范围为$[0, M+K]$。然而不同的图像，其亮度分布是不一样的。亮度分布不均衡的图像其灰度值波动较大，对于这类图像，将 K 设置为固定值 128 是不合理的，这样做可能会减小高亮度区域的对比度。所以考虑针对不同的图像，K 应该具有不同的值，且与图像的动态范围有关。因此，改进的算法引入均值和方差的影响，由这两项来决定 K 的取值，即

$$K = M + D\mathrm{Var} \tag{5.8}$$

式中，M 是图像的均值，Var 为图像的均方差，D 为调节系数。由式（5.6）和式（5.7）可以看出，对比强度 K 是隶属度的乘积系数。当 K 越大时，其增强后的值受隶属度的影响就越大，同时区间$[0, M-1]$的映射函数式（5.6）的斜率随着 K 值的增大而增大，K 越大，在区间$[0, M-1]$内像素拉伸程度越大。但是区间$[M, 2K-1]$的映射函数式（5.7）的斜率随着 K 的增大而减小，K 越大，区间$[M, 2K-1]$内像素的拉伸程度越低。因此 K 不能过大，否则会导致$[M, 2K-1]$区间内的对比度变小；但 K 也不能太小，否则达不到增强的目的。在此基础上，D 作为 K 的调节系数，在实验中，通过改变 D 的值，观察增强效果，选择最好增强效果时对应的 D 值，从而实现 K 的动态确定。即 K 值的动态确定是在增强低照度区域图像的同时又能保持高亮度区域的对比度中寻找一个平衡。通过实验，选择 $D=5$，可以满足大多数图像的增强效果。实验证明，$D=5$ 时可以获得较好的效果。

2．去模糊函数修正

由于原算法在区间$[M, 255]$内的去模糊函数是非单调的，不符合模糊逻辑中单调的原则，

因此增强后的像素值超出了灰度级范围。从这一点出发，结合对 K 的修正，将区间改为 $[M, 2K-1]$，此区间内的去模糊函数为

$$X_{e2} = x - \mu_{D2}K + E \tag{5.9}$$

式中，$E=2K-1$。修正以后，函数变为单调的，且拉伸区间变大，增强后的亮度值不局限于 0～255，而是扩展到 0 到 $2K-1$。为了将增强的图像进行显示，就需要我们对增强后的亮度值进行量化，将其转换到 0～255。

3. 模糊自适应增强 MATLAB 程序实现

【例 5.2】对一幅背景灰度变化极不均衡的图像进行模糊自适应增强。

```
I=imread('sineshadow.png');
img=AdaptFuzzyHE(I);
figure,imshow(I);
figure,imshow(img,[0 255]);
```

需要调用模糊自适应增强函数 AdaptFuzzyHE。

```
function I2=AdaptFuzzyHE(I)
[m,n,c]=size(I);
if c>1
    I=rgb2gray(I);
end
I1 = double(I);
I2 = zeros(m,n);
M = mean(I1(:));
Var = std2(I1);
M2=M;
K=M+5*Var;
E=2*K-1;
for i=1:m
    for j=1:n
        if I1(i,j)<M2
            I2(i,j) = I1(i,j) + I1(i,j)/M2*K;
        else
            I2(i,j) =I1(i,j) -(E-I1(i,j))/(E-M2)*K+E;
        end
    end
end
end
```

运行结果如图 5.3 所示。

同时，对图 5.3（a）的原始图像，分别采用直方图均衡化和例 5.1 的基于模糊逻辑的图像增强进行处理，结果如图 5.4 所示。比较图 5.3 和图 5.4 可以看出，对于背景出现正弦阴影干扰的图像，采用直方图均衡化方法和基于模糊逻辑的图像增强方法得到的增强图像效果较差，正弦阴影干扰仍然存在，但是采用基于模糊逻辑的图像自适应增强方法能够消除正弦阴影，效果较好。

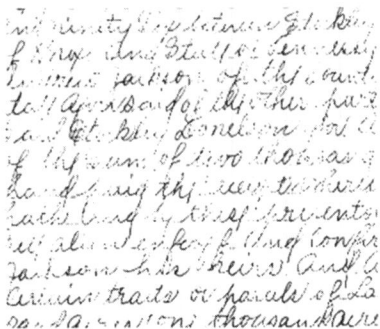

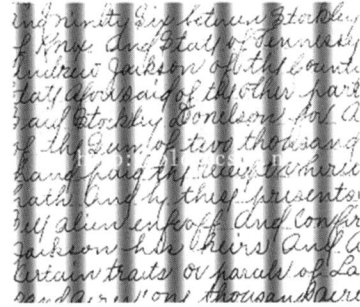

（a）原始图像 （b）基于模糊逻辑的图像自适应增强结果图

图 5.3 基于模糊逻辑的图像自适应增强

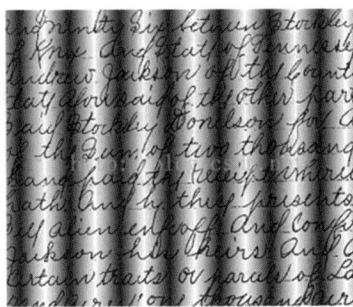

（a）原始图像 （b）直方图均衡化的图像增强结果图 （c）基于模糊逻辑的图像增强结果图

图 5.4 直方图均衡化增强和基于模糊逻辑的图像增强

5.3.3 自适应直方图均衡化

1. 自适应直方图均衡化原理

一般教材中介绍的直方图均衡化，是针对整幅图像进行的灰度均衡化处理，将图像视为一个整体进行处理，这种方法对于物体和背景灰度变化比较稳定的图像效果较好。但是，有些物体和背景的灰度在图像的不同区域变化较大，此时采用一般的直方图均衡化处理效果不佳。于是提出自适应直方图均衡化方法，其原理是先对图像进行分块，然后对每块图像进行直方图均衡化处理，再采用双线性插值法消除图像中块与块之间的边缘影响，从而得到比较理想的图像增强效果。

2. 自适应直方图均衡化 MATLAB 程序实现

全局直方图均衡化函数为 histeq，自适应直方图均衡化函数为 adapthisteq。

【例 5.3】两种图像的直方图均衡化方法比较。

```
I=imread('boat.bmp');
[m,n,c]=size(I);
if c>1
    I=rgb2gray(I);
```

```
end
figure,imshow(I);
I1=histeq(I);
figure,imshow(I1,[]);
I2=adapthisteq(I);
figure,imshow(I2,[]);
```
运行结果如图 5.5 所示。

（a）原始图像　　　　　（b）全局直方图均衡化结果图　　　　（c）自适应直方图均衡化结果图

图 5.5　两种直方图均衡化方法比较

5.4　习题解答

5.1　图像增强的目的是什么？它通常包含哪些技术？

【答】图像增强的目的是采用某种技术手段，改善图像的视觉效果，或将图像转换成更适合人眼观察和机器分析识别的形式，以便从图像中获取更有用的信息。图像增强与感兴趣物体特性、观察者的习惯和处理目的相关，因此，图像增强算法的应用是有针对性的，并不存在通用的增强算法。

常用的图像增强技术包括空间域图像增强、频率域图像增强。另外，彩色图像增强被作为单独的增强技术列出来。

5.2　直接灰度变换增强技术通常包含哪些内容？

【答】它通常包含灰度线性变换、分段线性变换、反转变换、对数变换、幂次变换和灰度切分等技术。

5.3　为什么在一般情况下对离散图像的直方图均衡化并不能产生完全平坦的直方图？

【答】根据直方图均衡原理，目标直方图是一个离散均匀分布图，它的累积直方图是一条直线。实际图像的累积直方图是一条曲线，因此从实际直方图到目标直方图的变换是一个非线性函数，这样变化出来的直方图肯定是不平坦的。

5.4　假定有 64 像素×64 像素的图像，灰度为 16 级，概率分布如表 5.1 所示，试进行直方图均衡化，并画出处理前后的直方图。

表 5.1　图像灰度概率分布表

k	0	1	2	3	4	5	6	7
r_k	0	1/15	2/15	3/15	4/15	5/15	6/15	7/15
n_k	800	650	600	430	300	230	200	170
$P(r_k)$	0.195	0.160	0.147	0.106	0.073	0.056	0.049	0.041
k	8	9	10	11	12	13	14	15
r_k	8/15	9/15	10/15	11/15	12/15	13/15	14/15	1
n_k	150	130	110	96	80	70	50	30
$P(r_k)$	0.037	0.031	0.027	0.023	0.019	0.017	0.012	0.007

【解】直方图均衡化处理的计算过程如表 5.2 所示，处理前后的直方图如图 5.6 所示。

表 5.2　图像直方图均衡化处理的计算过程

原像灰级 k	归一化灰度级（r_k）	第 k 像素级像素数	$n_r(r_k)$	$s_k = \sum\limits_{j=0}^{k} n_r(r_k)$	变换后的灰度级
0	0/15=0	800	0.195	0.195	S3
1	1/15=0.0667	650	0.160	0.355	S5
2	2/15=0.1333	600	0.147	0.502	S8
3	3/15=0.2	430	0.106	0.608	S9
4	4/15=0.2667	300	0.073	0.681	S10
5	5/15=0.3333	230	0.056	0.737	S11
6	6/15=0.4	200	0.049	0.786	S12
7	7/15=0.4667	170	0.041	0.827	S12
8	8/15=0.5333	150	0.037	0.864	S13
9	9/15=0.6	130	0.031	0.895	S13
10	10/15=0.6667	110	0.027	0.922	S14
11	11/15=0.7333	96	0.023	0.945	S14
12	12/15=0.8	80	0.019	0.964	S14
13	13/15=0.8667	70	0.017	0.981	S15
14	14/15=0.9333	50	0.012	0.993	S15
15	15/15=1	30	0.007	1	S15

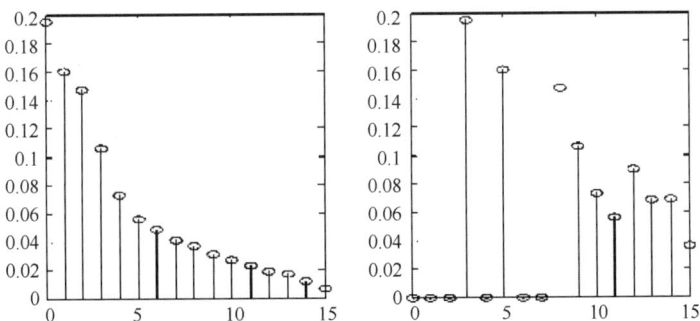

（a）原始图像直方图　　　（b）直方图均衡化后的直方图

图 5.6　图像直方图均衡化前后直方图

5.5 采用3×3模板对如图5.7所示的图像进行平滑滤波,滤波过程中图像边界没有补零。

```
2 1 7 5 8 9 1 3
3 5 1 2 1 10 1 1
1 6 5 6 5 1 1 7
7 1 5 1 5 1 8 1
9 1 1 5 2 5 2 3
1 2 6 3 1 1 8 1
3 6 1 8 12 5 1 9
7 8 3 9 1 7 8 1
```

图 5.7 习题 5.5 图

【答】下面给出 MATLAB 程序实现，程序运行结果如图 5.8 所示。

```
I=[2 1 7 5 8 9 1 3;3 5 1 2 1 10 1 1;1 6 5 6 5 1 1 7;...
    7 1 5 1 5 1 8 1; 9 1 1 5 2 5 2 3; 1 2 6 3 1 1 8 1;...
    3 6 1 8 12 5 1 9; 7 8 3 9 1 7 8 1];
figure,imshow(I,[])
I1=imfilter(I,fspecial('average',3));
figure,imshow(I1,[])
```

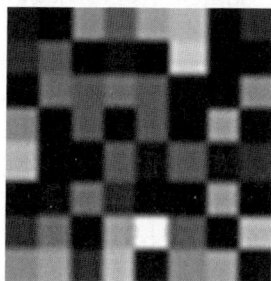

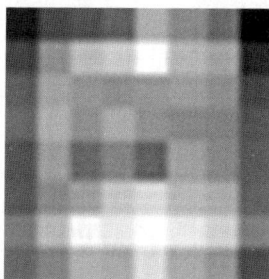

（a）原始图像块   （b）平滑后图像块

图 5.8 图像块平滑前后结果

5.6 采用教材中式（5.23）的拉普拉斯算子对习题 5.5 中的图像进行空间锐化，滤波过程中图像边界没有补零。

【答】下面给出 MATLAB 程序实现，程序运行结果如图 5.9 所示。

```
I=[2 1 7 5 8 9 1 3;3 5 1 2 1 10 1 1;1 6 5 6 5 1 1 7;...
    7 1 5 1 5 1 8 1; 9 1 1 5 2 5 2 3; 1 2 6 3 1 1 8 1;...
    3 6 1 8 12 5 1 9; 7 8 3 9 1 7 8 1];
figure,imshow(I,[])
h=[0 1 0;1 -4 1;0 1 0];
I1=imfilter(I,h);
figure,imshow(I1,[])
```

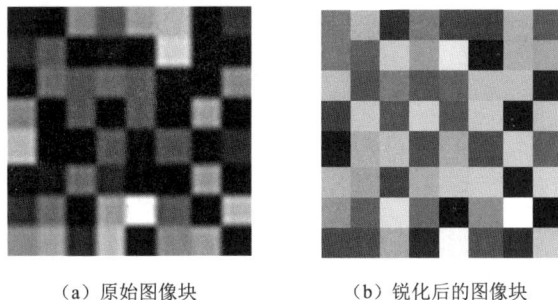

(a) 原始图像块　　　　　　　　(b) 锐化后的图像块

图 5.9　图像块锐化前后结果

5.7　对于如下拉普拉斯锐化滤波表达式，试推导出其相应频率域等价滤波器 $H(u,v)$。

$$g(m,n)=4f(m,n)-f(m-1,n)-f(m+1,n)-f(m,n-1)-f(m,n+1)$$

【答】对题设表达式进行傅里叶变换，得

$$
\begin{aligned}
G(u,v) &= 4F(u,v) - F(u,v)\mathrm{e}^{-\mathrm{j}2\pi u/M} - F(u,v)\mathrm{e}^{\mathrm{j}2\pi u/M} - F(u,v)\mathrm{e}^{-\mathrm{j}2\pi v/N} - F(u,v)\mathrm{e}^{\mathrm{j}2\pi v/N}\\
&= [4 - 2\cos(2\pi u/M) - 2\cos(2\pi v/N)]H(u,v)\\
&= H(u,v)F(u,v)
\end{aligned}
$$

所以，频率域的等价滤波器为

$$H(u,v) = 4 - 2\cos(2\pi u/M) - 2\cos(2\pi v/N)$$

该滤波器的三维图如图 5.10 所示，从图中可以看出该图属于高通滤波。

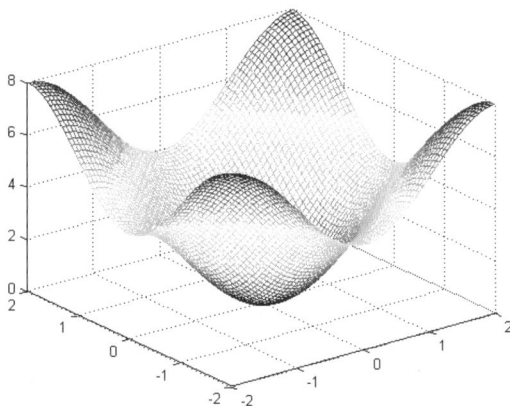

图 5.10　$H(u,v)$三维图

5.8　证明可以通过在频率域中用原始图像减去高通滤波图像得到低通滤波的结果。

【证明】假定 $f(x,y)$ 是原始图像，$l(x,y)$ 是低通滤波器，$h(x,y)$ 是高通滤波器，则低通滤波结果为

$$f_1(x,y) = f(x,y) \times l(x,y)$$

两边进行傅里叶变换

$$F_L(u,v) = F(u,v) \cdot L(u,v)$$

同理高通滤波结果为

$$f_h(x,y) = f(x,y) \times h(x,y)$$

$$F_H(u,v) = F(u,v) \cdot H(u,v)$$

由于高通滤波器、低通滤波器在频率域关于 1 互补，即有

$$L(u,v) = 1 - H(u,v)$$

因此有

$$\begin{aligned} F_{\text{L}}(u,v) &= F(u,v) \cdot (1 - H(u,v)) \\ &= F(u,v) - F(u,v) \cdot H(u,v) \\ &= F(u,v) - F_{\text{H}}(u,v) \end{aligned}$$

对上式进行傅里叶反变换，有

$$f_{\text{l}}(x,y) = f(x,y) - f_{\text{h}}(x,y)$$

即为结论。

5.9 从巴特沃斯高通滤波器出发，推导它对应的低通滤波器。

【答】n 阶巴特沃斯高通滤波器的传递函数定义如下。

$$H(u,v) = 1/[1 + (D_0/D(u,v))^{2n}]$$

则 n 阶巴特沃斯低通滤波器为

$$\begin{aligned} L(u,v) &= 1 - H(u,v) \\ &= 1 - \frac{1}{1 + (D_0/D(u,v))^2} \\ &= \frac{(D_0/D(u,v))^2}{1 + (D_0/D(u,v))^2} \\ &= \frac{1}{1 + (D(u,v)/D_0)^2} \end{aligned}$$

5.10 假设对恒星的观测图像包含一组明亮且松散的点，可以用一组脉冲与恒定亮度背景相乘的方法进行建模。试设计一个同态滤波器来提取对应恒星的该组亮点。

【答】假定恒定亮度背景为 $r(x,y) = r_0$，脉冲图像为 $I(x,y)$，则传感器获得的图像为

$$f(x,y) = r(x,y) \cdot I(x,y) = r_0 I(x,y)$$

但 r_0 不知。对上式两边取对数，有

$$\ln f(x,y) = \ln r_0 + \ln I(x,y)$$

对上式进行傅里叶变换，其中恒定亮度背景的频谱处于低频部分，而脉冲对应高频部分，因此可以采用一个高通滤波器滤除恒定亮度背景，从而提取对应恒星脉冲。上述过程即为同态滤波处理。

5.5　实　验　指　导

5.5.1　基于幂次变换的图像增强

1. 实验内容

（1）确定幂次变换中的 γ 值。

（2）比较不同 γ 值下图像增强的效果。

2．实验原理

采用不同的 γ 值对输入图像进行幂次变换，可对原始图像的对比度进行调整，获得不同清晰度的图像。可以在主观经验和感受的基础上，选择适当的 γ 值，来增强图像的清晰度。

3．实验方法及程序

分别对 2 幅灰度图像进行 $\gamma=0.2$ 和 $\gamma=2$ 的幂次变换，其参考程序如下。

```
I1=double(imread('pout.tif'));
I1=I1/255;
figure,subplot(1,3,1),imshow(I1,[]);
I2=I1.^0.2;
subplot(1,3,2),imshow(I2,[]);
I3=I1.^2;
subplot(1,3,3),imshow(I3,[]);
G1=double(imread('stonedark.bmp'));
G1=G1/255;
figure,subplot(1,3,1),imshow(G1,[]);
G2=G1.^0.2;
subplot(1,3,2),imshow(G2,[]);
G3=G1.^2;
subplot(1,3,3),imshow(G3,[]);
```

4．实验结果与分析

实验结果如图 5.11 所示。

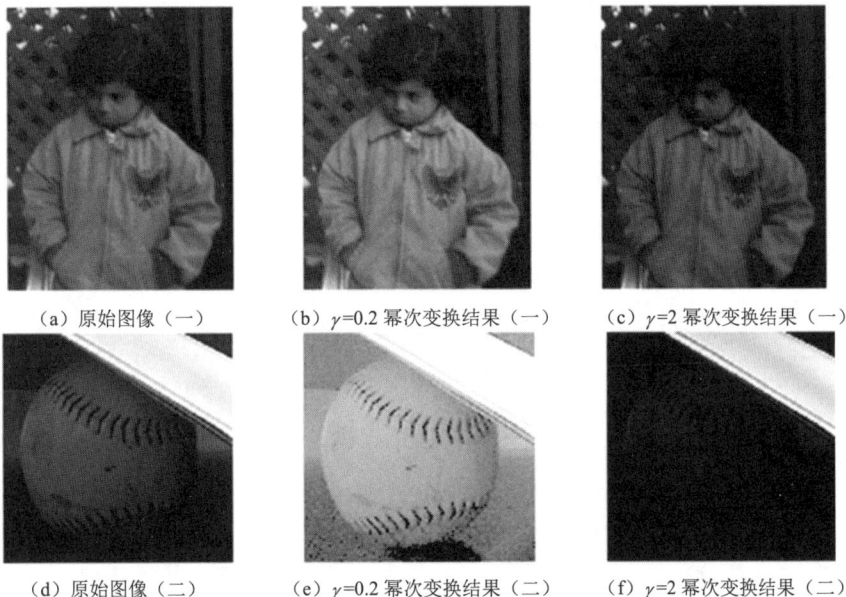

（a）原始图像（一）　（b）$\gamma=0.2$ 幂次变换结果（一）　（c）$\gamma=2$ 幂次变换结果（一）

（d）原始图像（二）　（e）$\gamma=0.2$ 幂次变换结果（二）　（f）$\gamma=2$ 幂次变换结果（二）

图 5.11　幂次变换增强结果

通过实验可知，当 $\gamma < 1$ 时，黑色区域被扩展，变得清晰；当 $\gamma > 1$ 时，黑色区域被压缩，变得几乎不可见。

5. 思考题

（1）对参考程序给出功能注释。
（2）该实验可以应用到哪些实际问题中？

5.5.2 直方图规定化处理

1. 实验内容

（1）自己设计目标直方图。
（2）将输入图像按目标直方图进行规定化处理。

2. 实验原理

直方图规定化是图像增强的重要手段，由人来确定的目标直方图往往具有较好的视觉感受，因此把输入图像的直方图按照目标直方图规定化后，可以获得更加清晰的图像。

3. 实验方法及程序

对一幅灰度图像采用两种目标直方图来规定化，其参考程序如下。

```
I=imread('lena256.bmp');
figure,imshow(I);
I=double(I);
N=32;
Hist_image=hist(I(:),N);
Hist_image=Hist_image/sum(Hist_image);
figure,stem([0:N-1],Hist_image);
Hist_image_cumulation=cumsum(Hist_image);
Index=0:N-1;
%设计正态分布的目标直方图
Hist{1}=exp(-(Index-N/2).^2/N);
Hist{1}=Hist{1}/sum(Hist{1});
Hist_cumulation{1}=cumsum(Hist{1});
figure,stem([0:N-1],Hist{1});
%设计倒三角形的目标直方图
Hist{2}=abs(2*N-1-2*Index);
Hist{2}=Hist{2}/sum(Hist{2});
Hist_cumulation{2}=cumsum(Hist{2});
figure,stem([0:N-1],Hist{2})
%规定化处理
for m=1:2
```

```
Image=I;
%SML 处理
for k=1:N
    Temp=abs(Hist_image_cumulation(k)-Hist_cumulation{m});
    [Temp1,Project{m}(k)]=min(Temp);
end
%变换后的直方图
for k=1:N
    Temp=find(Project{m}==k);
    if isempty(Temp)
        Hist_result{m}(k)=0;
    else
        Hist_result{m}(k)=sum(Hist_image(Temp));
    end
end
figure,stem([0:31],Hist_result{m});
%结果图
Step=256/N;
for k=1:N
    Index=find(I>=Step*(k-1)&I<Step*k);
    Image(Index)=Project{m}(k);
end
figure,imshow(Image,[])
end
```

4．实验结果与分析

实验结果如图 5.12 所示。

由图 5.12（e）、图 5.12（h）可以看出，采用直方图规定化技术后，原始图像直方图逼近规定化的直方图，从而有相应的结果图 5.12（d）、图 5.12（g）。

5．思考题

（1）对参考程序给出功能注释。

（2）该实验可以应用到哪些实际问题中？

（a）原始图像

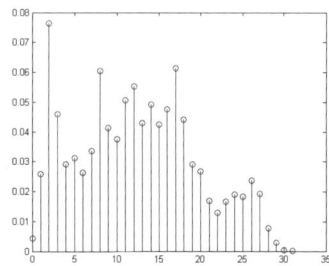

（b）原始图像直方图

图 5.12　直方图规定化

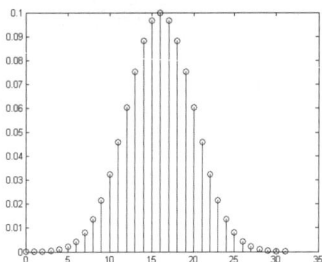

（c）正态分布目标直方图　　　　（d）用（c）规定化后的图像　　　　（e）图像（d）的直方图

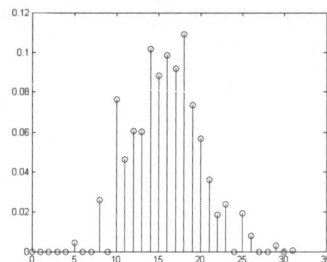

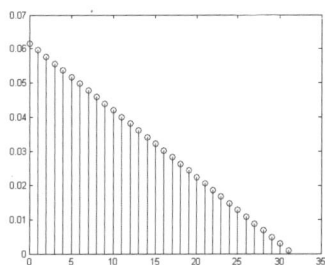

（f）倒三角形的目标直方图　　　　（g）用（f）规定化后的图像　　　　（h）图像（g）的直方图

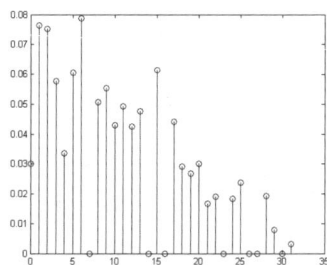

图 5.12　直方图规定化（续）

5.5.3　灰度图像常用空间平滑、锐化滤波

1. 实验内容

（1）采用平滑滤波器对图像进行平滑处理。

（2）采用"2×原始图像−低通图像"及"原始图像+边缘"的方法锐化图像。

2. 实验原理

锐化和平滑是图像增强的重要手段，采用前者可以突出图像的细节，采用平滑可以滤除图像中的噪声，从而达到使图像清晰的目的。

3. 实验方法及程序

对一幅灰度图像采用多种方法实现平滑、锐化滤波，其参考程序如下。

```
I=imread('lena512.bmp');
[m,n,c]=size(I);
if c>1
    I=rgb2gray(I);
end
figure,imshow(I)
%均值低通滤波
H=fspecial('average',5);
```

```
F{1}=(filter2(H,I));
figure,imshow(F{1},[]);
%高斯低通滤波
H=fspecial('gaussian',7,3);
F{2}=filter2(H,I);
figure,imshow(F{2},[]);
%增强图像=2×原始图像-均值低通滤波
F{3}=2*double(I)-double(F{1});
figure,imshow(uint8(F{3}),[]);
%增强图像=2×原始图像-高斯低通滤波
F{4}=2*double(I)-double(F{2});
figure,imshow(uint8(F{4}),[]);
%原始图像+prewitt 边缘图
H=fspecial('prewitt');
F{5}=double(I)+double(filter2(H,I));
figure,imshow(uint8(F{5}),[]);
%原始图像+sobel 边缘图
H=fspecial('sobel');
F{6}=double(I)+double(filter2(H,I));
figure,imshow(uint8(F{6}),[]);
```

4．实验结果与分析

实验结果如图 5.13 所示。

（a）原始图像 （b）均值低通滤波结果 （c）高斯低通滤波结果

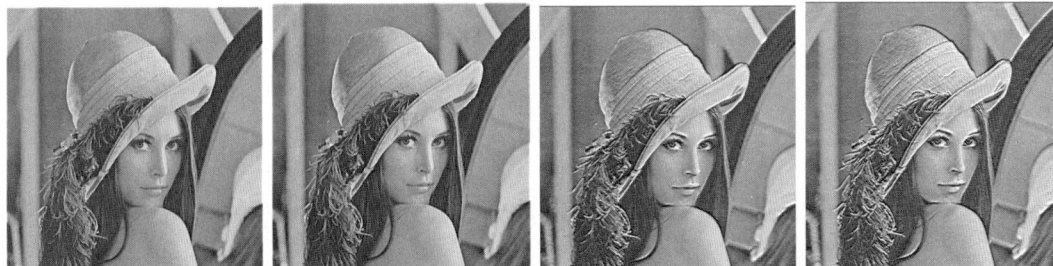

（d）2×原始图像−均值低通滤波 （e）2×原始图像−高斯低通滤波 （f）原始图像+prewitt 边缘图 （g）原始图像+sobel 边缘图

图 5.13 灰度图像平滑和锐化

通过实验可知，均值滤波和高斯滤波都会使原始图像模糊，而采用 2×原始图像−低通滤波方法、原始图像+prewitt 边缘图、原始图像+sobel 边缘图等都可以增强图像边缘。

5. 思考题

（1）对参考程序给出功能注释。
（2）该实验可以应用到哪些实际问题中？

5.5.4 灰度图像常用频率域平滑、锐化滤波

1. 实验内容

教材中介绍了频率域的四种滤波器，分别是理想低通滤波器、巴特沃斯低通滤波器、高斯低通滤波器、指数低通滤波器。滤波器有平滑滤波器和锐化滤波器两大类，这两类滤波器的使用方法类似。这里仅说明平滑滤波器的编程使用方法，如果把平滑滤波器函数换成锐化滤波器函数就可得到对应的锐化滤波器的滤波情况。

2. 实验原理

频率域滤波是将图像从空间域经过傅里叶变换变换到变换域，经过传递函数作用后，再做反变换变回到空间域。选取不同的传递函数会得到不同的滤波结果，平滑滤波器的传递函数是一个低通滤波器，保留图像的低频成分，滤除或消减图像的高频成分；锐化滤波器的传递函数是一个高通滤波器，保留图像的高频成分，滤除或消减图像的低频成分。

3. 实验方法及程序

对一幅灰度图像采用四种平滑滤波器进行平滑滤波，由于方法类似，仅传递函数不同，因此本程序只列出理想低通滤波器和高斯低通滤波器的处理程序，但是给出四种低通滤波器的滤波结果图，其参考程序如下。

```
I=imread('lettera.png');
[m,n,c]=size(I);
if c>1
    I=rgb2gray(I);
end
figure,imshow(I);
d0=30;
n1=floor(m/2);
n2=floor(n/2);
I1=fftshift(fft2(I));
%理想低通滤波器
H=zeros(m,n);
for i=1:m
    for j=1:n
        d(i,j)=sqrt((i-n1)^2+(j-n2)^2);
```

```
        if d(i,j)<=d0
            H(i,j)=1;
        else
            H(i,j)=0;
        end
    end
end
I2=I1.*H;
I2=ifftshift(I2);
I2=ifft2(I2);
figure,imshow(real(I2),[]);
%高斯低通滤波器
H=zeros(m,n);
for i=1:m
    for j=1:n
        d(i,j)=sqrt((i-n1)^2+(j-n2)^2);
        H(i,j)=exp(-d(i,j)^2/(2*d0^2));
    end
end
I2=I1.*H;
I2=ifftshift(I2);
I2=ifft2(I2);
figure,imshow(real(I2),[]);
```

4．实验结果与分析

实验结果如图 5.14 所示。

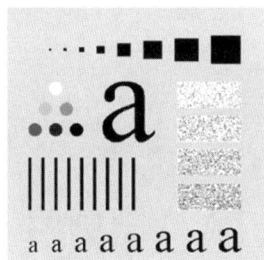

（a）原始图像　　　　　　　　（b）理想低通滤波结果

（c）二阶巴特沃斯低通滤波结果　　（d）高斯低通滤波结果　　（e）指数低通滤波结果

图 5.14　灰度图像的频率域平滑

从图 5.14 可以看出，均在 $d_0=30$ 的情况下，对于原图［见图 5.14（a）］，理想低通滤波器的滤波结果［见图 5.14（b）］效果最差，图像中出现了一些假轮廓，振铃现象非常严重。二阶巴特沃斯低通滤波器的滤波结果［见图 5.14（c）］效果最好，几乎没有振铃现象。高斯低通滤波器的滤波结果［见图 5.14（d）和图 5.14（c）］的效果相当，没有振铃情况。指数低通滤波器的滤波结果［见图 5.14（e）］比图 5.14（c）的差，振铃现象不明显。

5. 思考题

（1）对参考程序给出功能注释。

（2）该实验可以应用到哪些实际问题中？

第6章　图　像　复　原

　　图像复原又称为图像恢复，图像复原和图像增强一样，都是为了改善图像视觉效果，以便后续进一步处理。只是图像增强方法更偏向主观判断，而图像复原则是根据图像畸变或退化原因进行模型化处理。其难点在于如何建模退化模型。

6.1　知　识　结　构

　　图像复原主要包括空间域复原、频率域复原及图像的几何失真校正等，其知识结构图如图 6.1 所示。

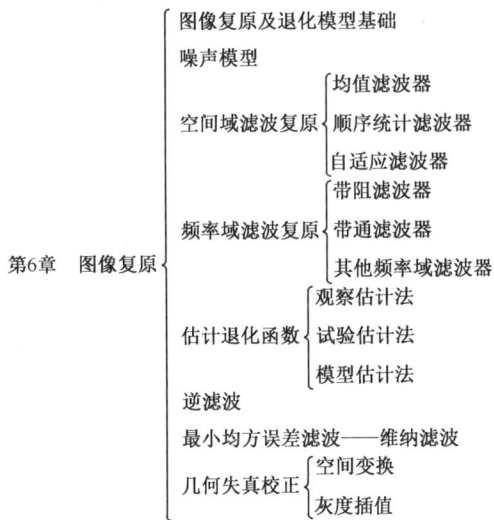

图 6.1　图像复原知识结构图

6.2 知 识 要 点

1. 图像退化与复原模型

图像退化是指图像在形成、传输和记录过程中，由于成像系统、传输介质和设备的不完善，使图像的质量变坏。图像复原就是要尽可能复原退化图像本来的面目，它是沿图像退化的逆过程进行处理的。典型的图像复原根据图像退化的先验知识建立一个退化模型，并以此模型为基础，采用各种逆退化处理方法进行复原，得到质量改善的图像。退化图像 $g(x,y)$ 可用式（6.1）描述为

$$g(x,y) = H\left[f(x,y)\right] + n(x,y) \tag{6.1}$$

图像退化过程如图 6.2 所示。

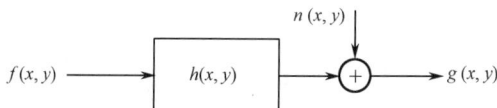

图 6.2　图像退化过程

图像复原是根据退化原因，建立相应的数学模型，从被污染或畸变的图像信号中提取所需要的信息，沿着使图像降质的逆过程复原图像本来的面貌。实际的复原过程是设计一个滤波器，使其能从退化图像 $g(x,y)$ 中计算得到真实图像的估值 $\hat{f}(x,y)$，使其根据预先规定的误差准则，最大限度地接近真实图像 $f(x,y)$。图像复原流程图如图 6.3 所示。

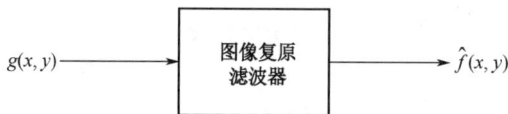

图 6.3　图像复原流程图

2. 噪声模型

为了消除噪声，必须了解噪声模型，常用的噪声有高斯噪声、均匀分布噪声和脉冲噪声等。

3. 空间域滤波复原

空间域滤波复原是在已知噪声模型的基础上，对噪声进行空间域滤波。

其中，均值滤波器包括算数均值滤波器、几何均值滤波器、谐波均值滤波器、逆谐波均值滤波器。顺序统计滤波器包括中值滤波器、最大值/最小值滤波器、中点滤波器。自适应滤波器包括自适应局部降噪滤波器和自适应中值滤波器。

4. 频率域滤波器复原

根据图像频率域退化模型，设计相应的频率域滤波器，滤除相应的噪声或模糊部分，包

括带阻滤波器、带通滤波器和其他频率域滤波器等。

5. 估计退化函数

如果已知引起图像退化过程的传递函数，对图像进行复原是比较容易的。但是，在一些实际问题中，我们并不知道退化函数，这时就需要对退化函数进行估计。在图像复原中，有观察估计法、试验估计法和模型估计法三种主要的估计退化函数的方法。

6. 逆滤波

根据图像退化的频率模型 $H(u,v)$，在频率域中恢复原始图像。其退化模型为

$$G(u,v) = H(u,v)F(u,v) + N(u,v)$$

其复原模型为

$$F(u,v) = \frac{G(u,v)}{H(u,v)} - \frac{N(u,v)}{H(u,v)}$$

7. 最小均方误差滤波——维纳滤波

实验证明，当退化图像的噪声较小，即轻度降质时，采用逆滤波复原的方法可以获得较好的结果。但当噪声较大时，逆滤波并不适合。在这种考虑噪声的情况下，可以采用维纳滤波来消除噪声的影响。

在考虑噪声的情况下，维纳滤波的目的在于使估计信号与实际信号之间的误差最小。

$$\min J(\hat{f}) = \left\| \boldsymbol{Q}\hat{f} \right\|^2 + \alpha \left[\left\| \boldsymbol{g} - \boldsymbol{H}\hat{f} \right\|^2 - \left\| \boldsymbol{n} \right\|^2 \right]$$

通过拉格朗日法，其结果为

$$\hat{F}(u,v) = \left[\frac{H^*(u,v)}{\left| H(u,v) \right|^2 + \gamma \left[S_{nn}(u,v) / S_{ff}(u,v) \right]} \right] G(u,v)$$

8. 几何失真校正

在图像的获取或显示过程中往往会产生几何失真，如成像系统有一定的几何非线性。图像的几何失真一般分为系统失真和非系统失真。系统失真是有规律的、能预测的；非系统失真则是随机的。当对图像进行定量分析时，就要先对失真的图像进行精确的几何校正（将存在几何失真的图像校正成无几何失真的图像），以免影响分析精度。基本的方法是先建立几何校正的数学模型；其次利用已知条件确定模型参数；最后根据模型对图像进行几何校正。

6.3 习 题 解 答

6.1 试述图像恢复的流程？画出退化模型及恢复模型。

【答】图像恢复是针对图像退化而采取的恢复方法。图像退化是指图像在形成、传输和记录过程中，成像系统、传输介质和设备不完善，而使图像的质量变坏。图像恢复就是要尽可

能恢复退化图像的本来面目，它是沿图像退化的逆过程进行处理的。典型的图像恢复是根据图像退化的先验知识建立一个退化模型，以此模型为基础，采用各种逆退化处理方法进行恢复，得到质量改善的图像。图像恢复过程为：寻找退化原因→建立退化模型→反向推演→恢复图像。

图像退化模型为

$$g(x,y) = H\big[f(x,y)\big] + n(x,y)$$

式中，$f(x,y)$ 为原始图像；$n(x,y)$ 为加性噪声；$g(x,y)$ 为退化图像。图像退化过程可用图 6.4 表示。

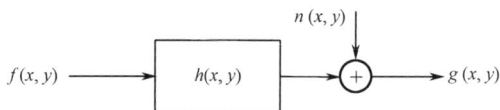

图 6.4　题 6.1 图（一）

图像恢复模型可用图 6.5 描述。

图 6.5　题 6.1 图（二）

图 6.5 中，$\hat{f}(x,y)$ 是由图像恢复滤波器得到的恢复图像，用于逼近原始图像 $f(x,y)$。

6.2　分析图像恢复与图像增强的区别与联系。

【答】图像恢复和图像增强的区别在于：图像增强不考虑图像是如何退化的，而是试图采用各种技术来增强图像的视觉效果。因此，图像增强可以不顾增强后的图像是否失真，只要看着舒服就行。而图像恢复就完全不同，需知道图像退化的机制和过程等先验知识，据此找出一种相应的逆处理方法，从而得到恢复图像。如果图像已退化，应先做恢复处理，再做增强处理。

图像恢复和图像增强的共同点在于其目的都是改善图像的质量。

6.3　简述中值滤波原理、均值滤波原理，分析比较中值滤波、均值滤波的性能特点，并通过实例予以说明。

【答】（1）均值滤波：基本原理是用某个像素点邻域内所有像素的平均值来替换该像素的值，常用在去除图像中的高频噪声和图像平滑处理。

假设窗口为 n^2，则中心像素 (i,j) 经过均值滤波后的均值为

$$g(i,j) = \frac{1}{n^2} \sum_{k=-k_0}^{k_0} \sum_{l=-l_0}^{l_0} f(i+k, j+l)$$

式中，$k_0 = l_0 = \dfrac{n+1}{2}$；$f(i,j)$ 为原始图像像素值；$g(i,j)$ 为滤波后图像像素值。

均值滤波具有实现简单，计算速度快，能够有效去除图像中的随机噪声，能使图像变得更加平滑的特点。不过均值滤波会使图像的边缘和细节信息被模糊，容易丢失图像细节。均值滤波对图像中的边界、线条等特征无选择地进行平滑，这导致边缘变得不清晰。

（2）中值滤波是一种采用统计方法保边缘的非线性图像平滑方法，在图像增强中广泛应用。对图像进行中值滤波是指在中值滤波器涉及的范围内计算最大值和最小值之间的中值，定义为

$$\hat{f}(x,y) = \underset{(s,t)\in S_{xy}}{\mathrm{Med}}[g(s,t)]$$

式中，$g(s,t)$ 为输入图像；S_{xy} 为滤波窗口。

中值滤波可去掉"椒盐"噪声，平滑效果优于均值滤波，在抑制随机噪声的同时能保持图像边沿少受模糊影响。

（3）举例说明：假设原始图像局部像素值如图 6.6 所示（3×3 邻域）。

10	20	37
32	58	28
79	56	23

图 6.6　题 6.3 图

中值滤波计算过程如下：

①将邻域内像素值提取出来并排序：

10、20、23、28、32、37、56、68、79

②找到最大值和最小值之间的中值：

最大值为 79，最小值为 10，中值为 44.5。

③替换中心像素值：

将像素值 58 替换为 44.5。

均值滤波计算过程如下：

①求出所有像素均值：

$$\frac{10+20+37+32+58+28+79+56+23}{9} \approx 38.11$$

②替换中心像素值：

将像素值 58 替换为 38.11。

6.4　图 6.7 是从图像中取出的一个小块区域，请分别用人工计算和 MATLAB 程序实现 3×3 的中值滤波处理，写出处理结果。

```
2 1 7 5 8 9 1 3
3 5 1 2 1 10 1 1
1 6 5 6 5 1 1 7
7 1 5 1 5 1 8 1
9 1 1 5 2 5 2 3
1 2 6 3 1 1 8 1
3 6 1 8 12 5 1 9
7 8 3 9 1 7 8 1
```

图 6.7　题 6.4 图（一）

【答】

MATLAB 程序如下结果如图 6.8 所示。

```
I=[2 1 7 5 8 9 1 3;3 5 1 2 1 10 1 1;1 6 5 6 5 1 1 7;...
   7 1 5 1 5 1 8 1; 9 1 1 5 2 5 2 3; 1 2 6 3 1 1 8 1;...
   3 6 1 8 12 5 1 9; 7 8 3 9 1 7 8 1];
figure,imshow(I,[])
I1=medfilt2(I);
figure,imshow(I1,[])
```

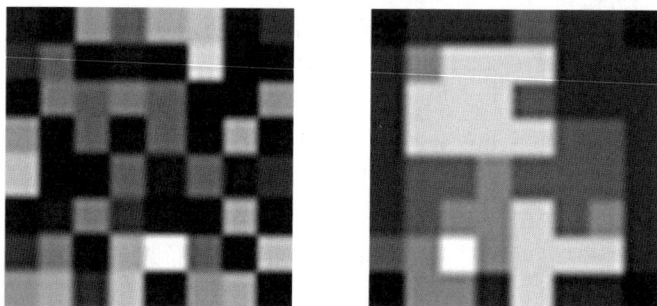

（a）原始图像　　　　　　　（b）中值滤波图像

图 6.8　题 6.4 图（二）

6.5　频率域滤波恢复有哪些通用技术？分别适用于哪种情况的图像恢复？

【答】频率域滤波恢复通常包括带阻滤波器、带通滤波器和陷波滤波器等。其中，带阻滤波器适用于在频率域噪声分量的一般位置近似已知的情况，带通滤波器适用于有用信号频段可知的情况，陷波滤波器适用于噪声信号频率已知，且位于事先定义的中心频率邻域内的情况。

6.6　简述逆滤波恢复的基本原理，它的主要难点是什么？如何避开该难点？

【答】设图像退化模型为

$$g(x,y) = f(x,y) \times h(x,y) + n(x,y)$$

在忽略噪声的影响的前提下，退化模型的傅里叶变换可简化为

$$G(u,v) = H(u,v)F(u,v)$$

即 $F(u,v) = G(u,v)/H(u,v)$，从而恢复原始图像，这种方法即为逆滤波。

逆滤波的主要难点在于实际的退化图像是有噪声存在的，即逆滤波恢复的方式变为

$$F(u,v) = \frac{G(u,v)}{H(u,v)} - \frac{N(u,v)}{H(u,v)}$$

噪声分布在很宽的频率空间内，即使数值很小也会因为 $H(u,v)$ 使上式等号右侧第二项变得很大，噪声影响大大增强。噪声具有多样性，其频率谱可能分布在很宽的范围内，从而使逆滤波变得困难。

解决方法：

通常，$H(u,v)$ 在离频率平面原点较远的地方数值较小或为零，因此图像恢复在原点周围的有限区域内进行，即将退化图像的傅里叶频率谱限制在 $H(u,v)$ 没出现零点而且数值又不是太小的有限范围内。

6.7　简述维纳滤波优化的目标函数及推导结论，相较于逆滤波的优点。

【答】逆滤波恢复的缺点在于：逆滤波恢复方法对噪声极为敏感，要求信噪比较高，通常不满足该条件。相较于逆滤波，维纳滤波可在有噪声条件下，从退化图像 $g(x, y)$ 复原出 $f(x, y)$ 的估计值，使得该估计值符合一定的准则。

维纳滤波实际上属于最小二乘误差滤波器，在考虑噪声的情况下，维纳滤波的目的在于使估计信号与实际信号之间的误差最小。

$$\min J(\hat{f}) = \left\| \boldsymbol{Q}\hat{f} \right\|^2 + \alpha \left[\left\| \boldsymbol{g} - \boldsymbol{H}\hat{f} \right\|^2 - \left\| \boldsymbol{n} \right\|^2 \right]$$

通过拉格朗日法，其结果为

$$\hat{F}(u,v) = \left[\frac{H^*(u,v)}{\left| H(u,v) \right|^2 + \gamma \left[S_{nn}(u,v) / S_{ff}(u,v) \right]} \right] G(u,v)$$

题 6.8～题 6.13 答案扫码获取。

6.4　实　验　指　导

6.4.1　根据运动模型生成运动模糊图像

1. 实验内容

（1）确定图像退化模型。
（2）生成退化图像。

2. 实验原理

由于目标或摄像头运动，会使成像变得模糊，这种运动可以采用模型的方式加以描述，从而采用仿真的方法对清晰图像进行运动模糊，形成模糊图像，并可用于其后的运动模糊图像恢复。

3. 实验方法及程序

对一幅灰度图像实现运动模糊。其参考程序设计如下，包括主程序 bluedemo.m 及模糊用程序 motion.m，其中 bluedemo.m 如下。

```
clear all

%读图像
load p64int.txt;                    %一个常用的图像数据，可从网上下载
[m,n]=size(p64int);
```

```
winsize=input('Blur operator window size (an odd number, default = 9): ');
                                    %选择图像模糊运算窗口大小
if isempty(winsize), winsize=9;
elseif rem(winsize,2)==0,
   winsize=winsize+1;
   disp(['Use odd number for window size = ' int2str(winsize)])
end

disp(['1. Linear motion blur;'])
chos=input('Enter a number to choose type of blur applied (default = 1): ');
if isempty(chos), chos=1; end
if chos==1,
   dirangle=input('Bluring direction (an angle in degrees, default = 45) = ');
                                    %选择运动模糊角度
   if isempty(dirangle)
dirangle=45;
end
   h=motionblur(dirangle,winsize); %调用运动模糊函数生成模糊模型
end

% 根据模糊模型生成模糊图像
F=fft2(p64int);
Hmat=fft2(h,64,64);
Gmat=F.*Hmat;
g=ifft2(Gmat);
figure(1),
subplot(121),imagesc(p64int),colormap('gray'),title('original image')
subplot(122),imagesc(abs(g)),colormap('gray'),title('blurred image')
figure(2),
subplot(212),imagesc(log(1+abs(Gmat))),colormap('gray'),title('blurring filter')
subplot(211),imagesc(h),colormap('gray'),title('blurring filter mask')
```

模糊应用程序 motion.m 如下。

```
function h=motionblur(dirangle,winsize)
if nargin<2
 winsize=9;                          %默认窗口大小
end
h=zeros(winsize);                    %FIR 窗口
ext=(winsize-1)/2;
% 根据设定参数生成模糊图像
if (abs(abs(dirangle)-90) >=45) & (abs(abs(dirangle)-270)>=45),
   slope=tan(dirangle*pi/180);
   rloc=round(slope*[-ext:ext]);
   for i=1:winsize,
     h(ext-rloc(i)+1,i)=1;
```

```
    end
else
    slope=cot(dirangle*pi/180);
    cloc=round(slope*[-ext:ext]);
    for i=1:winsize,
        h(i,ext-cloc(i)+1)=1;
    end
end
```

4．实验结果与分析

运行结果如图 6.9 所示。

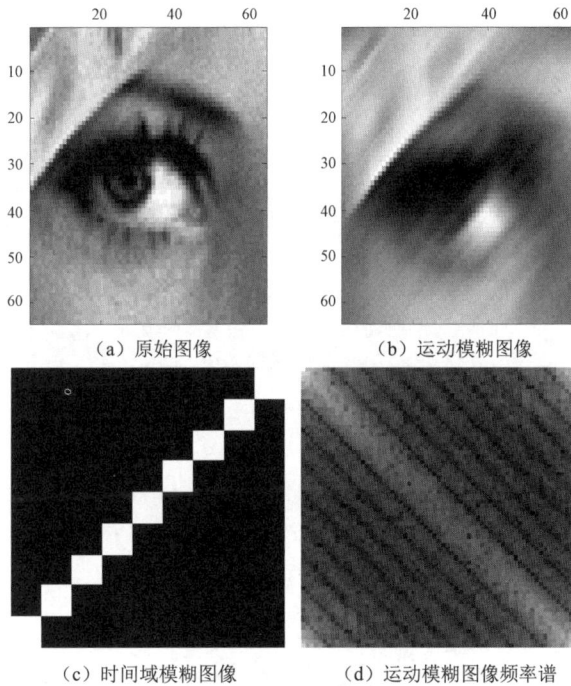

（a）原始图像 （b）运动模糊图像

（c）时间域模糊图像 （d）运动模糊图像频率谱

图 6.9 根据运动模型生成运动模糊图像

可以看到，采用运动模型生成的模糊图像在运动方向上，会形成相应的模糊纹理。

5．思考题

（1）对参考程序给出功能注释。

（2）该实验可以应用到哪些实际问题中？

6.4.2 采用顺序统计滤波器对图像进行滤波

1．实验内容

（1）生成各种程度的含噪图像。

（2）采用均值滤波对含噪图像进行滤波。

（3）采用最大值滤波器对含噪图像进行滤波。

（4）采用最小值滤波器对含噪图像进行滤波。

2. 实验原理

自然图像中往往含有大量噪声，这些噪声可能服从一定的统计规律，因此可以采用顺序统计方法，对这些噪声加以剔除。

3. 实验方法及程序

对一幅灰度图像添加噪声并滤波，其参考程序设计如下。

```
clear;
close all;
%生成含噪图像
img = rgb2gray(imread('lena.bmp'));
figure; imshow(img);
img =double(imnoise(img,'salt & pepper',0.1));
figure,imshow(img,[]);

%采用均值滤波
N=5;                            %滤波模板大小
h=fspecial('average',N);
I=filter2(h,img);
figure,imshow(I,[])

%中值滤波
I=medfilt2(img,[N N]);
figure,imshow(I,[])

%最大值滤波
I=ordfilt2(img,N*N,true(N));
figure,imshow(I,[])

%最小值滤波
I=ordfilt2(img,1,true(N));
figure,imshow(I,[])
```

4. 实验结果与分析

实验结果如图 6.10 所示。

（a）Lena 原始图像　　　　　（b）"椒盐"噪声图像　　　　　（c）均值滤波结果

（d）中值滤波结果　　　　　（e）最大值滤波结果　　　　　（f）最小值滤波结果

图 6.10　灰度图像的顺序统计滤波

　　采用中值滤波器可以在消除噪声的同时，较好地保存图像边缘；采用最大值滤波器会生成许多白色区域；采用最小值滤波器会生成许多黑色区域。

5. 思考题

（1）对参考程序给出功能注释。

（2）该实验可以应用到哪些实际问题中？

6.4.3　对已知噪声频率的含噪图像进行频率域陷波滤波

1. 实验内容

（1）对原始图像添加已知频率噪声。

（2）对含噪图像进行陷波滤波。

2. 实验原理

　　原始图像有用成分一般位于低频部分，可对图像添加纹理噪声，形成噪声图像；分析纹理的频率，设计陷波滤波器滤除噪声。

3. 实验方法及程序

　　对沿 X 轴方向的波纹加性噪声进行陷波滤波，参考程序设计如下。

```
%生成波纹噪声图像
```

```
img = double(rgb2gray(imread('peppers.bmp')));
figure; imshow(img,[]);
sizec=size(img);
w=0.4*2*pi;                %噪声的数字频率
N=2*pi/w;                  %噪声每 1 周期的采样点数
img_noise=img+20*ones(sizec(1),1)*sin(w*[1:sizec(2)]);
figure,imshow(img_noise,[]);

%图像频率谱
F0=fft2(img);
F0=fftshift(F0);
figure,imshow(log(abs(F0)),[]);
F=fft2(img_noise);
F=fftshift(F);
figure,imshow(log(abs(F)),[]);

%设计理想陷波滤波器
H=ones(sizec(1),sizec(2));
%图像中心点
x0=sizec(1)/2+1;
y0=sizec(2)/2+1;
% 噪声所处频率点(x,y)
x=x0;
y=y0-round(sizec(2)/N);
H(x,y-3:y+3)=0;
H(x,(y0-y)+y0-3:(y0-y)+y0+3)=0;

%滤波结果
I=ifftshift(F.*H);
img1=ifft2(I);
figure; imshow(img1,[]);
```

4. 实验结果与分析

实验结果如图 6.11 所示。

由图 6.11（b）看出，波纹加性噪声实际上是 X 轴方向的某个频率成分可以采用陷波滤波器来滤除。由结果图 6.11（e）可知，滤波效果较好，不过左右边缘部分有一些残留的波纹痕迹。

（a）原始图像　　　　　　　　　　（b）波纹噪声图像

（c）原始图像频率谱　　　（d）含噪图像频率谱　　　（e）陷波滤波结果

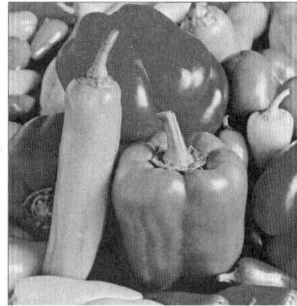

图 6.11　陷波滤波

5. 思考题

（1）对参考程序给出功能注释。

（2）该实验可以应用到哪些实际问题中？

第7章　图像压缩编码

一幅图像的数据量非常大，如果不进行编码、压缩处理，则不利于存储和传输。在信道带宽、通信链路容量一定的情况下，采用图像压缩编码技术，减少数据量是提高图像通信速度的重要手段。本章主要介绍了图像压缩编码的一些方法和特点。

7.1　知　识　结　构

图像压缩编码主要包括无失真图像压缩编码、有限失真图像压缩编码和子带编码等新技术，其知识结构图如图 7.1 所示。

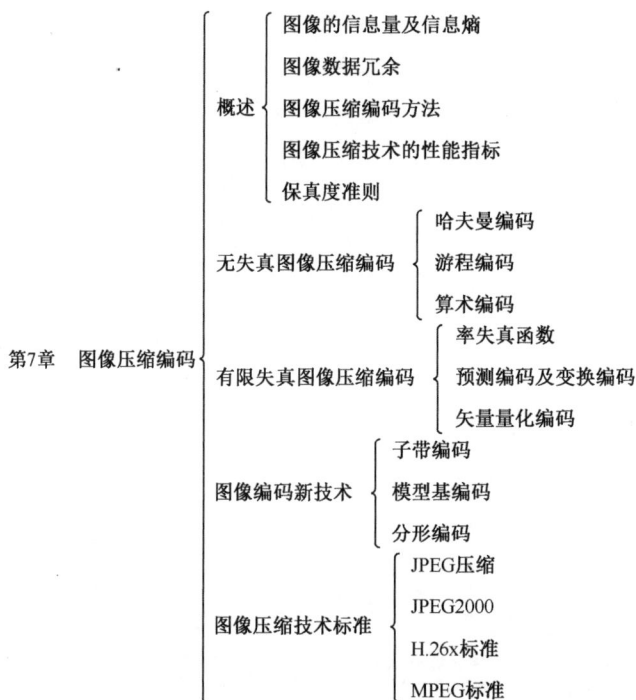

图 7.1　图像压缩编码知识结构图

7.2　知　识　要　点

1. 基本概念

（1）信息量和信息熵：设信息源 X 可发出的消息符号集合为 $A = \{a_i \mid i = 1, 2, \cdots, m\}$，并设 X 发出符号 a_i 的概率为 $p(a_i)$，则定义符号 a_i 出现的自信息量为

$$I(a_i) = -\log p(a_i)$$

对信息源 X 的各符号的自信息量取统计平均，可得每个符号的平均自信息量为

$$H(X) = -\sum_{i=1}^{m} p(a_i) \log_2 p(a_i)$$

（2）图像数据冗余：图像数据冗余有空间冗余、时间冗余、信息熵冗余、视觉冗余、结构冗余和知识冗余。

（3）图像压缩编码分类：数字图像压缩编码分类方法有很多，从不同的角度，可以有不同的划分。从信息论角度分，可以将图像的压缩编码方法分为无失真图像压缩编码和有限失真图像压缩编码。按照压缩原理分，数字图像压缩编码方法可以分为预测编码、变换编码、标量量化编码和矢量量化编码、信息熵编码、子带编码、结构编码和模型编码。

（4）图像压缩技术的性能指标：图像压缩技术的性能指标有压缩比、平均码字长度、编码效率和冗余度。

（5）保真度准则：消除视觉冗余数据导致真实的或一定数量的视觉信息丢失，所以迫切需要一种可重复或可再生的对丢失信息的性质和范围定量评估的方法。目前有两类评估准则：客观保真度准则和主观保真度准则。

2. 无失真图像压缩编码

（1）哈夫曼编码：它依据信息源字符出现的概率大小来构造码字。

（2）游程编码：它是一种非常简单的编码方法，它将数据流中连续出现的数据用该数据及它连续出现的个数表示。该编码常用于二值图像压缩，具有很高的压缩比，而对其他图像的压缩效果不明显，甚至会增大图像的数据量。

（3）算术编码：它不是将单个信息源符号映射成一个码字，而是把整个信息源表示为实数线上 0～1 的区间，其长度等于该序列的概率。在该区间内选择一个有代表性的小数，转化为二进制作为实际的编码输出。

3. 有限失真图像压缩编码

（1）率失真函数：率失真函数是指在信息源一定的情况下，使信号的失真小于或等于某一值 D 所必需的最小的信道容量，常用 $R(D)$ 表示，D 代表所允许的失真。对连续信息源的编码与传输，可以用失真度函数 $d(x, y)$ 和失真函数 $D(x, y)$ 表示，即

$$D(x, y) = \iint p(x, y) d(x, y) \, dx \, dy$$

式中，x 代表信息源发出的信号；y 代表解码后通过有噪声信道后收到的信号；$p(x,y)$ 代表发出 x 信号，而接收到 y 信号的联合概率密度。

（2）预测编码及变换编码：预测编码利用图像信号的空间或时间相关性，用已传输的像素对当前的像素进行预测，然后对预测值与真实值的差——预测误差进行编码处理和传输。变换编码是使原来分散在原空间的图像数据在新的坐标空间中集中。对于大多数图像而言，大量变换系数很小，只需要删除接近于零的系数，并且对较小的系数进行粗量化，从而保留包含图像主要信息的系数，以此进行压缩编码。

（3）矢量量化编码：它是一种有损压缩技术。它根据一定的失真测度在码书中搜索出输入矢量失真最小的码字的索引，传输时仅传输这些码字的索引，接收方根据码字索引在码书中查找对应的码字，再现输入矢量。

4．图像编码新技术

（1）子带编码：子带编码是指将信号分解为若干个频带分量，然后分别对这些子带信号进行频带搬移，将其转换成基带信号，再根据奈奎斯特定理对各个基带信号进行取样、量化和编码，最后合并成一个数据流进行传送。

（2）模型基编码：模型基编码主要是一种参数编码方法。模型基编码主要依据对图像内容的先验知识的了解，根据掌握的信息，由编码器对图像内容进行复杂的分析，并借助一定的模型，用一系列模型的参数对图像内容进行描述，并把这些参数进行编码后传输到解码器。

（3）分形编码：分形编码首先采用颜色分割、边缘检测和频谱分析等技术将原始图像分割成一系列子图像，然后在分形集中查找这些子图像，但分形集所存储的并不是具体的子图像，而是迭代函数，因此分形集中包含许多迭代函数。

5．图像压缩技术标准

（1）JPEG 提供了两种基本的压缩编码技术，即基于差分预测编码（DPCM）的无损压缩编码技术和基于离散余弦变换（DCT）的有损压缩编码技术。JPEG 算法共有四种工作模式，其中一种是基于 DPCM 的无损压缩算法，另外三种是基于 DCT 的有损压缩算法，即基于 DCT 的顺序模式、基于 DCT 的渐进模式、基于 DCT 的分层模式。

（2）JPEG 2000 主要由六个部分组成，其中，第一部分为编码的核心部分，具有最小的复杂性，可以满足 80% 的应用需要，其地位相当于 JPEG 标准的基本系统，是公开并可免费使用的。第二部分至第六部分则定义了压缩技术和文件格式的扩展部分，包括编码扩展、MotionJPEG 2000、一致性测试、参考软件和混合图像文件格式。

（3）ITU-T（原 CCITT）于 1990 年 7 月通过 H.261 建议——"$p \times$64kbps 视听业务的视频编解码器"，其中 p 的范围是 1～30，覆盖了整个窄带 ISDN 基群信道速率。ITU-T 于 1995 年4 月公布了用于低码率的视频编码建议草案，即 H.263 建议。H.263 在编码的各个环节上考虑得更加细致，以便节省码字。H.264 是 2001 年后由 ISO/IEC 与 ITU-T 组成的联合视频组（JVT）制定的新一代视频压缩编码标准。

（4）1992 年制定的 MPEG-1 标准是针对 1.5Mbps 速率的数字存储媒体运动图像及其伴音编码制定的国际标准，该标准的制定使得基于 CD-ROM 的数字视频及 MP3 等产品成为可能。MPEG 组织于 1994 年推出的 MPEG-2 标准是对 MPEG-1 标准的进一步扩展和改进。

1998 年 11 月，MPEG 专家组决定开发新的适用于极低码率的音频/视频（AV）编码的国际标准 MPEG-4。MPEG-7 是"多媒体内容描述接口"，它定义了一个描述符标准集，用于描述各种类型的多媒体信息，与之相应的描述方案可以用于规范多媒体描述符的生成和不同描述符之间的有机联系。

7.3　习　题　解　答

7.1　简述信息量与信息熵的概念，并写出它们之间的关系式。

【答】信息量：设信息源 X 可发出的消息符号集合为 $A=\{a_i\,|\,i=1,2,\cdots,m\}$，并设 X 发出符号 a_i 的概率为 $p(a_i)$，则定义符号 a_i 出现的自信息量为

$$I(a_i)=-\log p(a_i)$$

通常，上式中的对数取底为 2，这时定义的信息量单位为比特（bit），表示未收到符号 a_i 之前，并不清楚究竟会收到符号集 $A=\{a_i\,|\,i=1,2,\cdots,m\}$ 中的哪一个，即存在不确定性。

信息熵：对信息源 X 的各符号的自信息量取统计平均，可得每个符号的平均自信息量为

$$H(X)=-\sum_{i=1}^{m}p(a_i)\log_2 p(a_i)$$

这个平均自信息量 $H(X)$ 称为信息源 X 的信息熵（Information Entropy），单位为比特/符号。信息量与熵之间的关系式为 $H(X)=\sum_{i=1}^{m}p(a_i)I(a_i)=-\sum_{i=1}^{m}p(a_i)\log_2 p(a_i)$。

7.2　简述率失真函数的概念。

【答】率失真函数是指在信息源一定的情况下，使信号的失真小于或等于某一值 D 所必需的最小的信道容量，常用 $R(D)$ 表示，D 代表所允许的失真。对连续信息源的编码与传输，可以用失真度函数 $d(x,y)$ 和失真函数 $D(x,y)$ 表示，即

$$D(x,y)=\iint p(x,y)d(x,y)\mathrm{d}x\mathrm{d}y$$

式中，x 代表信息源发出的信号；y 代表解码后通过有噪声信道后收到的信号；$p(x,y)$ 代表发出 x 信号，而接收到 y 信号的联合概率密度。

7.3　简述线性预测编码的基本原理。

【答】线性预测编码利用图像信号的空间或时间相关性，用已传输的像素对当前的像素进行预测，然后对预测值与真实值的差——预测误差进行编码处理和传输。目前用得较多的是线性预测编码方法，全称为差值脉冲编码调制（Differential Pulse Code Modulation，DPCM）。

DPCM 系统框图如图 7.2 所示。其中左边的编码单元主要包括预测器和量化器两部分。编码器的输出不是图像像素的样值 f_0，而是该样值与预测值 $\hat{f}_0$ 之间的差值，即预测误差 e_0 的量化值 $\hat{e}_0$。根据对图像信号的统计特性的分析，可以做出一组恰当的预测系数，使得预测误差的分布大部分集中在"0"附近，经非均匀量化，采用较少的量化分层，图像数据得到了压缩。而量化噪声又不易被人眼所觉察，从而使得图像的主观质量并不明显下降。图 7.2 中虚线的右边是 DPCM 解码器，其原理和编码器刚好相反。

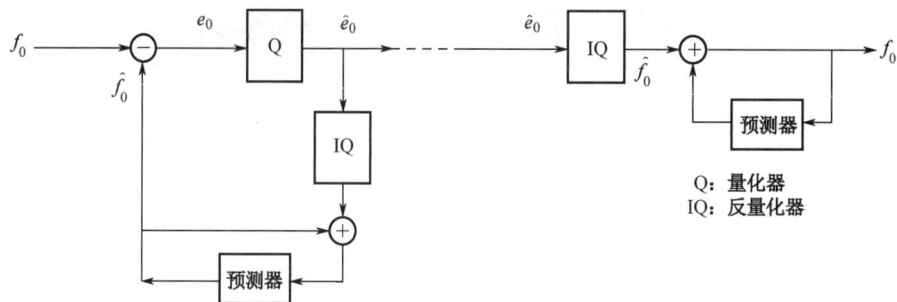

图 7.2　题 7.3 图

7.4　简述子带编码思路，并说明其特点。

【答】子带编码的基本思想是将信号分解为若干个频带分量，然后分别对这些子带信号进行频带搬移，将其转换成基带信号，再根据奈奎斯特定理对各个基带信号进行取样、量化和编码，最后合并成一个数据流进行传送。

接收端将根据所接收到的数据流，分解出与原来子带相应的子带码流，然后分别进行解码，即将频谱搬移到原子带所在的位置，最后经过带通滤波器和相加器，这样可以获得重建的图像信号，子带编码工作原理如图 7.3 所示。

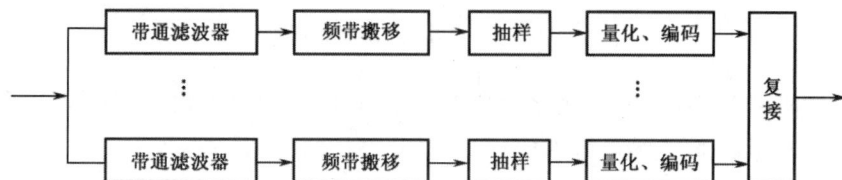

（a）编码器

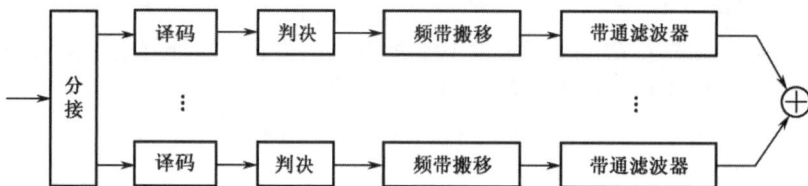

（b）解码器

图 7.3　题 7.4 图

子带编码的特点如下。

（1）在子带编码器中，由于编码、传输及解码都是以一个子带为基础进行的，所以在此过程中引入的噪声在解码后仍被限制在该子带内，不会扩展到其他子带。

（2）根据人眼的视觉特性，为不同的子带分配不同的码率，从而在压缩图像数据量的条件下，又能保证图像的主观质量，因此在具有相同压缩比的情况下，采用子带编码的图像质量要略高于未进行子带划分而直接使用预测编码或变换编码的图像质量。

（3）采用子带的划分技术，也可以使各子带的取样频率大幅下降。假设将输入信号分成彼此面积相同的 N 个子带，则每个子带的取样频带将下降为原始图像信号抽样频率的 $1/N$，这样可以采用并行处理手段以减少硬件实现的难度。

7.5　试述 H.263 与 H.261 的区别。

【答】H.263 标准是一种甚低码率通信的视频编码方案。所谓甚低编码技术是指压缩编码后的码率低于 64 kbit/s 的各种压缩编码方案，它以 H.263 为基础，其编码原理和数据结构与 H.261 相似，但存在以下区别。

（1）H.263 能支持更多图像格式。H.263 所支持的图像格式如表 7.1 所示。

表 7.1　题 7.5 表

图像格式	亮度像素数（行）	亮度行数/行	色度像素数（列）	色度行数/行
QCIF	176	144	88	72
Sub-QCIF	128	96	64	48
CIF	352	288	176	144
4CIF	704	576	352	288
16 CIF	1408	1152	704	576

（2）H.261 标准要求对 16 像素×16 像素的宏块进行运动估值，而在 H.263 标准中，不仅可以以 16 像素×16 像素的宏块为单位进行运动估值，同时还可以根据需要采用 8 像素×8 像素子块进行运动估值。在 H.261 中，运动估值精度范围为(−16, 15)；而在 H.263 中，运动估值精度范围为(−16.0, 15.5)，采用了半像素精度。

（3）在 H.261 中对运动矢量采用一维预测与 VLC 相结合的编码，而在 H.263 中则采用更复杂的二维预测与 VLC 相结合的编码方式。

（4）在 H.263 标准中，没有对每秒帧数进行限制，这样可以通过减小帧数来达到数据压缩的目的。在 H.263 中，取消了 H.261 中的环路滤波器，并且改进了运动估值的方法，从而提高了预测质量。同时还精简了部分附加信息以提高编码效率。采用哈夫曼编码、算术编码来进一步提高压缩比。

7.6　已知四个符号 X_1、X_2、X_3、X_4，它们出现的概率分别为 3/8、1/4、1/4、1/8，试求其哈夫曼编码和编码效率。

【解】按照哈夫曼编码过程，其编码结果如 7.4 图所示。

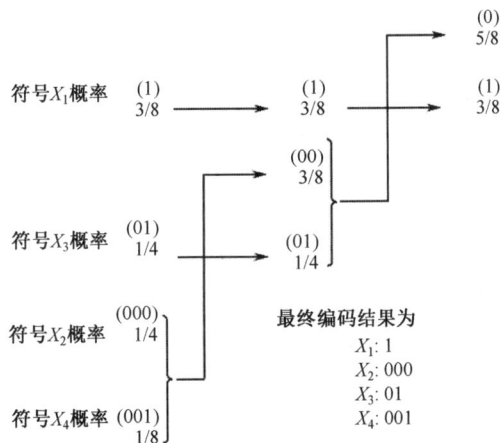

图 7.4　题 7.6 图

（1）构建哈夫曼树。

第一步：按概率排从大到小排列各符号，合并概率最小的两个节点 X4（1/8）和 X3（1/4）得到新节点概率为 1/8+1/4=3/8。

第二步：再次按概率从大到小排列，合并概率最小的两个节点 X2（1/4）和{X3, X4}（3/8），得到概率为 1/4+3/8=5/8。

第三步：继续按概率从大到小排列，最后合并 X1（3/8）和{ X2, X3, X4}（5/8），得到根节点概率为 3/8+5/8=1。

（2）分配编码。根据哈夫曼树结构，从根节点开始，上分支标 0，下分支标 1。

（3）计算平均码长。

平均码长= 3/8×1+1/4×2+1/4×3+1/8×3=2

（4）计算信息熵。

$$H = -\sum (p_i \times \log_2 p_i)$$

$$= -(3/8) \times \log_2(3/8) - (1/4) \times \log_2(1/4) - (1/4) \times \log_2(1/4) - (1/8) \times \log_2(1/8)$$

$$\approx 1.9056$$

根据教材中的式（7.7）求出编码效率：

$$\eta = H/L = 1.9056/2 = 95.28\%$$

7.7　简述数字图像压缩的必要性和可能性。

【答】数字图像的数据量大与信道容量有限的矛盾说明了数据压缩的必要性，而通常一幅图像中的各像素之间存在一定的相关性。特别是在活动图像中，由于两幅相邻图像之间的时间间隔很短，所以这两幅图像信息中包含了大量的相关信息，这些就是图像信息中的冗余。图像数据间有大量的冗余信息，通过去除冗余达到压缩的目的，从而解决图像数据量巨大而不便存储和传输的问题。一般针对不同类型的冗余，采取不同的压缩方法。

7.8　设信息源 $x=\{a,b,c,d\}$，且 $p(a)=1/8$，$p(b)=5/8$，$p(c)=1/8$，$p(d)=1/8$，计算各符号的自信息量和信息源熵。

【解】符号 a,b,c,d 的自信息量分别为

$$I(a) = I(c) = I(d) = -\log_2 p(a) = \log_2^{1/8} = 3 \text{ bit}$$

$$I(b) = -\log_2 p(b) = -\log_2^{5/8} = 0.6781 \text{ bit}$$

信息源熵为

$$H = -\sum_{K=1}^{M} P_K \log_2 P_K = -\left(3 \times \frac{1}{8}\log_2 \frac{1}{8} + \frac{5}{8} \times \log_2 \frac{5}{8}\right) = 1.5488 \text{ 比特/符号}$$

7.9　设信息源 $x=\{a,b,c,d\}$，且 $p(a)=0.2$，$p(b)=0.2$，$p(c)=0.4$，$p(d)=0.2$，对 0.0624 进行算术解码。

【解】解码是编码的逆过程，信息源符号、概率和初始区间如表 7.2 所示。

表 7.2　题 7.9 表

符号	a	b	c	d
概率	0.2	0.2	0.4	0.2
初始区间	[0, 0.2)	[0.2, 0.4)	[0.4, 0.8)	[0.8, 1.0)

0.0624 在区间[0, 0.2)内，所以可得到第一个信息源符号 a，信息源符号 a 的上界和下界分别为 0 和 0.2，利用编码的可逆性，用 0.0624 减去 a 的下界 0，可得到 0.0624，再用 0.0624 除以 a 的范围 0.2，得到 0.312，0.312 落在区间[0.2, 0.4)内，所以得到第二个信息源符号 b。再用 0.312 减去 b 的下界，用结果除以 b 的范围 0.2，可得到 0.56，0.56 落在[0.4, 0.8)内，所以得到第三个信息源符号 c，以此类推，可得到第四个信息源符号 c。解码的整个过程如下。

$$\frac{0.0624-0}{1}=0.0624 \Rightarrow a$$

$$\frac{0.0624-0}{0.2}=0.312 \Rightarrow b$$

$$\frac{0.312-0.2}{0.2}=0.56 \Rightarrow c$$

$$\frac{0.56-0.4}{0.4}=0.4 \Rightarrow c$$

$$\frac{0.4-0.4}{0.4}=0 \Rightarrow 结束$$

根据以上计算，可得输入序列为 a，b，c，c。

7.10　在图像变换编码中，为什么要对图像进行分块？简述 DCT 编码的原理及基本过程。

【答】在图像变换编码中，对图像进行分块的原因有以下三点。

（1）小块图像的变换计算容易。

（2）距离较远的像素间的相关性比距离较近的像素间的相关性小。

（3）可以将传输误差所造成的图像损伤限制在子图像的范围之内，从而避免误码的扩散。

DCT 编码的原理框图，如图 7.5 所示。

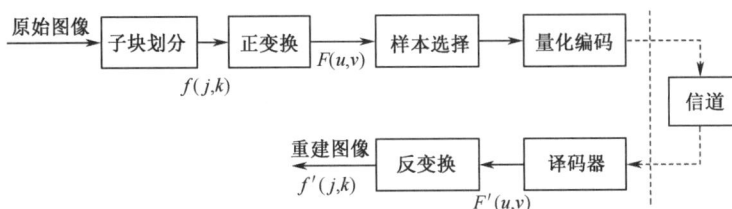

图 7.5　题 7.10 图

变换编码首先将一幅 $N \times N$ 大小的图像分割成 $(N/n)^2$ 个子图像。其次对子图像进行变换操作，解除子图像像素间的相关性，达到用少量的变换系数包含尽可能多的图像信息的目的。接下来的量化步骤是有选择地消除或粗量化带有很少信息的变换系数，因为它们对重建图像的质量影响很小。最后是编码，一般用变长码对量化后的系数进行编码。解码是编码的逆操作。

7.11　简要说明 JPEG 的基本编码系统的编码过程和实现步骤。

【答】JPEG 提供了两种基本的压缩编码技术，即基于差分预测编码（DPCM）的无损压缩编码技术和基于离散余弦变换（DCT）的有损编码技术。JPEG 编码方框图，如图 7.6 所示。

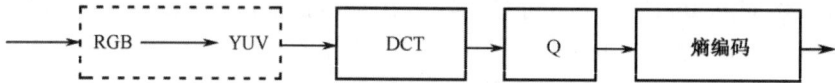

图 7.6　题 7.11 图

JPEG 压缩处理的第一步是将整个图像分为不重叠的 8 像素×8 像素子块（共有 Y、U、V 三个分量数字图像），接着对各个子块进行 DCT，然后将得到的系数归一化和量化，量化表可以采用推荐的量化表，也可以根据具体应用场合自行决定，或者在编码过程中根据需要进行调整。量化之后，对 DCT 量化系数进行熵编码，进一步压缩码率。

7.12　举例说明游程编码方法的适用场合。

【答】在图像中，游程编码可用于对连续重复出现的像素值进行编码，从而实现图像的有效压缩。其中，在网络传输中，通过游程编码将图像数据压缩后传输，可以降低带宽的占用率，提高图像传输的速度和效率。在图像存储中，通过游程编码将图像数据进行压缩后存储，可以节省存储空间，加快数据读取速度。在图像识别中，通过游程编码对图像中的目标物体进行编码，并提取物体的轮廓信息，有助于后续的图像识别和处理工作。在图像压缩中，可以与其他压缩算法（如 JPEG、PNG 等）结合使用，在不降低图像质量的情况下进一步提高压缩比，以适应不同场景的需求。

7.4　实　验　指　导

7.4.1　哈夫曼编码

1．实验内容

已知某符号集中各符号出现的概率，对符号进行哈夫曼编码。

2．实验原理

（1）首先将信息源符号按出现概率的大小顺序排列，并将两处概率最小的进行相加，形成一组新的概率，其次再将这组新的概率按大小顺序排列，如此重复，直到只有两个概率为止。

（2）分配码字。码字分配从最后一步开始反向进行，最后两个概率，一个赋予"0"码字，另一个赋予"1"码字。

3．实验方法及程序

设输入图像的灰度级 $\{y_1, y_2, y_3, y_4, y_5, y_6, y_7, y_8\}$ 出现的概率分别为 0.40、0.18、0.10、0.10、0.07、0.06、0.05、0.04，试进行哈夫曼编码。

```
function [h,l]=huffman(p)
if (length(find(p<0))~=0)
```

```
     error('Not a prob,negative component');
end
if (abs(sum(p)-1)>10e-10)
   error('Not a prob.vector,component do not add to 1')
end
n=length(p);
q=p;
m=zeros(n-1,n);
for i=1:n-1
   [q,l]=sort(q);
   m(i,:)=[l(1:n-i+1),zeros(1,i-1)];
   q=[q(1)+q(2),q(3:n),1];
end
for i=1:n-1
   c(i,:)=blanks(n*n);
end
c(n-1,n)='0';
c(n-1,2*n)='1';
for i=2:n-1
   c(n-i,1:n-1)=c(n-i+1,n*(find(m(n-i+1,:)==1))...
             -(n-2):n*(find(m(n-i+1,:)==1)));
   c(n-i,n)='0';
   c(n-i,n+1:2*n-1)=c(n-i,1:n-1);
   c(n-i,2*n)='1';
   for j=1:i-1
     c(n-i,(j+1)*n+1:(j+2)*n)=c(n-i+1,...
        n*(find(m(n-i+1,:)==j+1)-1)+1:n*find(m(n-i+1,:)==j+1));
   end
 end

   for i=1:n
     h(i,1:n)=c(1,n*(find(m(1,:)==i)-1)+1:find(m(1,:)==i)*n);
     ll(i)=length(find(abs(h(i,:))~=32));
   end
   l=sum(p.*ll);
```

实验结果如下：

```
p=[0.40 0.18 0.10 0.10 0.07 0.06 0.05 0.04]
p =
   0.4000    0.1800    0.1000    0.1000    0.0700    0.0600    0.0500    0.0400
>> [h,l]=huffman(p)
h =
      0
    110
   1111
```

```
       100
      1011
     1010
    11101
    11100
l =2.6100
```

4．实验分析

计算平均码字长度：

$$L = \sum_{K=1}^{M} l_K P_K = 0.40 \times 1 + 0.18 \times 3 + 0.10 \times 3 + 0.10 \times 4 + 0.07 \times 4 +$$

$$0.06 \times 4 + 0.05 \times 5 + 0.04 \times 5 = 2.61$$

实验结果的平均码字长度与计算结果一致。

5．思考题

（1）对参考程序给出功能注释。

（2）分析编码结果和教材中例 7.5 不一致的原因。

7.4.2 算术编码

1．实验内容

选一组信息源符号，已知各符号的概率，对序列进行算术编码，然后再解码。

2．实验原理

算术编码不是将单个信息源符号映射成一个码字，而是把整个信息源表示为 0～1 的区间，其长度等于该序列的概率。在该区间内选择一个具有代表性的小数，将其转化为二进制，作为实际的编码输出。解码是编码的逆过程。

3．实验方法及程序

分别用 a, b, c, d 代表 00, 01, 10, 11，假设信息源符号为 $X=\{a, b, c, d\}$，其中各符号的概率为 $P(X)=\{0.1, 0.4, 0.2, 0.3\}$。对消息序列 $cadacdb$ 进行算术编码，参考程序如下。

编码子程序：

```
function arcode=arenc(symbol,pr,seqin)
%算术编码
%输出为码串
%输入为 symbol：由字符组成的行向量
%pr：字符出现的概率
%seqin：待编码字符串
high_range=[]
for k=1:length(pr)
```

```
      high_range=[high_range sum(pr(1:k))]
end
low_range=[0 high_range(1:length(pr)-1)]
sbidx=zeros(size(seqin))
for i=1:length(seqin)
      sbidx(i)=find(symbol==seqin(i))
end

low=0
high=1
for i=1:length(seqin),
      range=high-low
      high=low+range*high_range(sbidx(i))
      low=low+range*low_range(sbidx(i))
end
arcode=low
```

解码子程序：

```
function symseq=ardec(symbol,pr,codeword,symlen)
%给定字符概率的算术编码
%输出为symseq：字符串
%输出为symbol：由字符组成的行向量
%pr:字符出现概率
%codeword:码字
%symlen:待解码字符串长度
format long
high_range=[]
for k=1:length(pr)
      high_range=[high_range sum(pr(1:k))]
end
low_range=[0 high_range(1:length(pr)-1)]
prmin=min(pr)
symseq=[]
for i=1:symlen,
 idx=max(find(low_range<=codeword));
 codeword=codeword-low_range(idx)
 if abs(codeword-pr(idx))<0.01*prmin
     idx=idx+1
     codeword=0
 end
 symseq=[symseq symbol(idx)]
 codeword=codeword/pr(idx)
 if abs(codeword)<0.01*prmin
     i=symlen+1;
```

```
  end
end
```

调用程序：

```
clear all
format long
symbol=['abcd']
pr=[0.1 0.4 0.2 0.3]
seqin=['cadacdb']
codeword=arenc(symbol,pr,seqin)
seqout=ardec(symbol,pr,codeword,7)
```

4．实验结果与分析

```
pr =
   0.10000000000000  0.40000000000000  0.20000000000000 0.30000000000000
codeword =
   0.51438760000000
seqout =
cadacdb
```

编码的结果为 0.51438760000000，解码的结果为 *cadacdb*。

5．思考题

（1）注释参考程序的功能。

（2）该实验可以应用到哪些实际问题中？

第 *8* 章 图 像 分 割

图像分割是图像分析、图像识别和图像理解的前提步骤，图像分割的准确度直接影响后续图像分析、图像识别和图像理解的结果。本章内容包括图像分割的知识结构、知识要点、补充内容、习题解答和实验指导。

8.1 知 识 结 构

图像分割主要包括边缘检测及连接、阈值分割、区域分割、二值图像处理等，其知识结构图如图 8.1 所示。

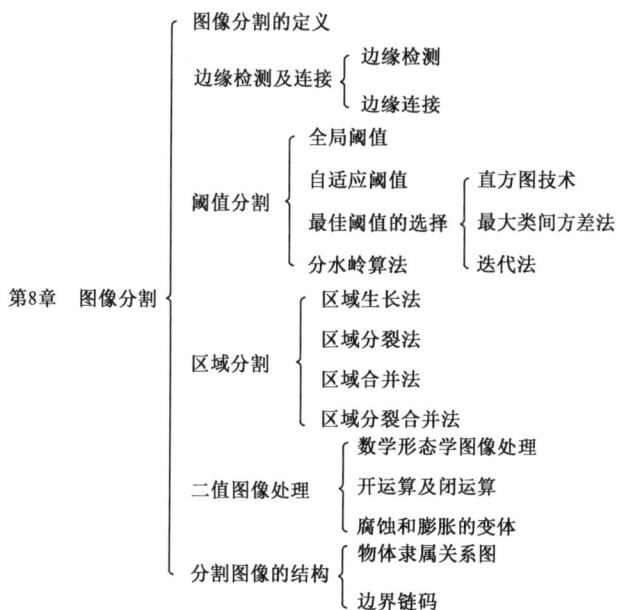

图 8.1 图像分割知识结构图

8.2　知　识　要　点

1. 图像分割

图像分割是指把图像分割成各具特性的区域，并提取出感兴趣目标的过程。

（1）图像分割是由图像处理过渡到图像分析的关键步骤。一方面，它是目标表达的基础，对特征测量有重要的影响；另一方面，它使得更高层的图像分析和图像理解成为可能。

（2）图像分割的应用。图像分割几乎出现在有关图像处理的所有领域中，并涉及各种类型的图像。图像分割在基于内容的图像检索和面向对象的图像压缩、工业自动化、在线产品检验、遥感图像、医学图像、交通图像、军事、体育和农业工程等方面都有广泛的应用。例如，在基于内容的图像检索和面向对象的图像压缩中，将图像分割成不同的对象区域等；在遥感图像中，对合成孔径雷达图像中的目标进行分割，将遥感云图中不同云系和背景分布进行分割等；在医学图像中，将脑部图像分割成灰质、白质、脑脊髓等脑组织和其他脑组织区域等；在交通图像中，将车辆目标从背景中分割出来等。在各种图像应用中，只要需要对图像目标进行提取、测量等，就都离不开图像分割，图像分割的准确性将直接影响后续任务的有效性。

（3）图像分割是图像分析和计算机视觉中的重点和难点之一。至今，提出的分割算法达上千种，这些分割算法都是针对某一类型图像和某一具体的应用问题而提出的，并没有一种适合所有图像的通用分割算法，通用方法和策略仍面临着巨大的困难。另外，还没有制定出选择适用分割算法的标准，这给图像分割技术的应用带来许多实际问题。

2. 边缘检测

边缘定义为图像局部特性的不连续性，具体到灰度图像中就是图像差别较大的两个区域的交界线，广泛存在于目标物体与背景之间、目标物体与目标物体之间。

（1）边缘点检测。边缘点检测就是要确定图像中有无边缘点，若有还要进一步确定其位置。具体实施时，一要根据实际应用环境及被检测的边缘类型确定检测算子和判断准则，二要依据沿着边缘走向的灰度值缓变或不变，而垂直于边缘走向的灰度值突变的特性。

（2）边缘类型。边缘类型主要表现为阶跃式、脉冲式和屋顶式。

（3）边缘检测方法。边缘检测有多种方法：用一阶微分算子检测边缘时，所选算子模板不同，对图像处理的效果也不同；用二阶微分算子（如拉普拉斯算子）检测边缘时，可能会把噪声当作边缘点检测出来，而真正的边缘点会因被噪声淹没而未检测出，此时可采用 LoG 算子。LoG 算子先采用高斯算子对原始图像进行平滑，然后施以拉普拉斯算子，从而解决了拉普拉斯算子对噪声敏感的问题。

3. Hough 变换

Hough 变换考虑像素间的整体关系，在预先知道区域形状的情况下，利用 Hough 变换方便地得到边界曲线而将不连续的边缘像素点连接起来。

（1）Hough 变换的优点。Hough 变换的主要优点在于受噪声和曲线间断的影响较小，是将边缘点连接成边缘线的全局最优方法。

（2）Hough 变换的基本思想。Hough 变换的基本思想是不同坐标系下点—线的对偶关系。Hough 变换把在图像空间中的检测问题转化为参数空间的简单累加统计问题。Hough 变换用于直线检测的基本策略为：由图像空间的边缘点计算参数空间中共线点的可能轨迹，并在一个累加器中对计算出的共线点计数。

（3）Hough 变换的作用。Hough 变换不仅可以检测直线，还可以检测圆形、椭圆形和抛物线形曲线等。

4. 阈值分割

（1）阈值分割。阈值分割的实质是利用图像的灰度直方图信息获得用于分割的阈值。它是用一个或几个阈值将图像的灰度级分为几个部分，认为属于同一部分的像素是同一个物体，该方法特别适用于目标和背景占据不同灰度级范围的图像。

（2）阈值分割步骤。阈值分割算法主要有以下两个步骤：一是确定需要的分割阈值，二是将分割阈值与像素值进行比较以划分像素。在这两步中，确定阈值是分割的关键。

（3）阈值分割适用情况。用阈值分割时，一般假设图像由具有单峰灰度分布的目标和背景组成，处于目标或背景内部相邻像素间的灰度值是高度相关的，但处于目标和背景交界处两边的像素在灰度值上有很大的差别。此时，图像的灰度直方图基本可以看作由分别对应目标和背景的两个单峰直方图混合构成的。进一步，如果这两个分布大小（数量）接近、均值相距足够远，且两部分的均方差也足够小，则直方图应为比较明显的双峰。类似地，如果图像中有多个单峰灰度分布的目标，则直方图有可能表现为比较明显的多峰，对这类图像用阈值分割可以取得较好的效果。

（4）阈值分割分类。阈值分割有单阈值分割和多阈值分割。单阈值分割可看作多阈值分割的特例，许多单阈值分割可以推广，以进行多阈值分割；反之，有时也可将多阈值分割问题转化为一系列单阈值分割问题来解决。

（5）阈值分割的主要方法。阈值分割主要有迭代法、最大类间方差法、动态阈值法、最大熵法、最小误差阈值法和聚类法等。

5. 区域分割

阈值分割没有或很少考虑空间关系，使得多阈值选择受到限制，基于区域的分割方法可以弥补这方面的不足，该方法利用图像的空间性质，认为分割出来的属于同一区域的像素应具有相似的性质。传统的区域分割法有区域生长法和区域分裂合并法。区域分割在没有先验知识可以利用时，对含有复杂场景或自然场景等先验知识不足的图像进行分割，也可以取得较好的性能。但是，区域分割是一种迭代的方法，空间和时间开销都比较大。

6. 区域生长法

区域生长法的基本思想是将具有相似性质的像素结合起来构成区域。相邻与相似性准则是区域生长的条件，具体步骤如下。

（1）选择或确定一组能正确代表所需区域的种子像素作为起点。

（2）按照生长准则将符合条件的相邻像素包括进来进行生长。

（3）根据生长过程停止的条件或规则判断生长的结束。

影响算法性能的因素有：种子点集的选择、生长准则和停止条件。

7. 区域分裂合并法

区域生长法通常需要人工交互或自动方式获得种子点，这给分割带来了一定的难度。区域分裂合并法不需要预先指定种子点，它按某种一致性准则分裂或合并区域，它的研究重点是分裂和合并规则的设计。区域分裂合并法可以先进行分裂运算，再进行合并运算；也可以分裂和合并同时进行，经过连续的分裂和合并，最后得到图像的精确分割结果。区域分裂合并法对分割复杂的场景图像比较有效。

首先将图像分解成互不重叠的区域，再按照相似性准则进行合并。可以利用图像四叉树表达方法的迭代区域分裂合并法。其主要步骤为

（1）对任意一个区域 R_i，如果 $T(R_i)$=False，就将该区域分裂为不重叠的 4 等份。

（2）将 $T(R_i \bigcup R_j)$=True 的任意两个相邻区域进行合并。

（3）当无法再继续合并或者分裂时，则停止操作。

其中，T 表示具有相同性质的逻辑谓词。最小分块的大小及判定区域为同一性质的准则的选择，对算法的最终性能都有很大的影响。

8. 形态学图像处理

形态学的应用几乎覆盖了图像处理的所有领域。形态学可以应用于二值图像，也可以应用于灰度图像。在二值图像中目标点灰度值为 1，这些目标点构成一个集合；背景点灰度值为 0，它们构成目标点集的补集。形态学的基本运算是膨胀和腐蚀，膨胀使物体扩张到其邻域内的最近像素，腐蚀则使物体缩小。腐蚀和膨胀不是可逆运算，它们的组合构成了新的运算，即开运算和闭运算。

形态学在二值图像中具有如下八种应用：①用于提取二值图像中目标的边界；②用于区域填充；③用于连通区域的提取；④对集合的细化；⑤对集合的粗化；⑥提取集合的骨架；⑦提取区域的凸壳；⑧对图像进行修剪。

8.3 补 充 内 容

8.3.1 Canny 算子

真实图像中的（灰度）边缘是比较复杂的，由于采样等原因，实际图像中的边缘是有坡度的，所以一般需要用位置、朝向、幅度、均值和斜率来描述。对边缘的检测可以借助边缘在上述五个方面的特点来进行。Canny 利用高斯噪声的模型，借助图像滤波的概念提出了判定边缘检测算子的三个准则：信噪比准则、定位精度准则和单边缘响应准则。

1．信噪比准则

信噪比（SNR）定义为

$$\mathrm{SNR} = \frac{\left| \int_{-W}^{+W} G(-x)h(x)\mathrm{d}x \right|}{\sigma \sqrt{\int_{-W}^{+W} h^2(x)\mathrm{d}x}}$$

式中，$G(x)$代表边缘函数；$h(x)$代表带宽为 W 的滤波器的脉冲响应；σ代表高斯噪声的均方差。信噪比越大，提取边缘时的失误概率越低。

2．定位精度准则

边缘定位精度（L）定义为

$$L = \frac{\left| \int_{-W}^{+W} G'(-x)h'(x)\mathrm{d}x \right|}{\sigma \sqrt{\int_{-W}^{+W} h'^2(x)\mathrm{d}x}}$$

式中，$G'(x)$ 和 $h'(x)$ 分别代表 $G(x)$ 和 $h(x)$ 的导数。L 越大表明定位精度越高，此时检测出的边缘在其真正的位置上。

3．单边缘响应准则

单边缘响应与如下定义的算子脉冲响应的导数的零交叉点平均距离有关。

$$D_{\mathrm{zca}}(f') = \pi \left\{ \frac{\int_{-\infty}^{+\infty} h'^2(x)\mathrm{d}x}{\int_{-W}^{+W} h''(x)\mathrm{d}x} \right\}^{\frac{1}{2}}$$

式中，$h''(x)$ 代表 $h(x)$ 的二阶导数。如果满足上式，则对每个边缘可以有唯一的响应，得到的边界为单像素宽。

以上面的指标和准则为基础，寻找最优滤波器的问题就转化为泛函的约束优化问题。Canny 利用变分法求出了这个带有约束的泛函最优化问题的解，发现这个问题的解可以由高斯函数的一阶导数去逼近。尽管高斯函数的性能要差一点，但是使用高斯函数的一阶导数会使计算变得比较简单。在二维情形下，可以使用二维高斯函数的导数作为滤波器函数。

在图像边缘检测中，抑制噪声和边缘精确定位是无法同时满足的，边缘检测算法通过平滑滤波去除图像噪声的同时，也增加了边缘定位的不确定性；反之，提高边缘检测算子对边缘敏感性的同时，也提高了它对噪声的敏感性。Canny 算子力图在抗噪声干扰和精确定位之间寻求最佳折中方案。用 Canny 算子检测图像边缘的步骤如下。

（1）用高斯滤波器平滑图像。

（2）计算滤波后图像梯度的幅值和方向。

（3）对梯度幅值应用非极大值抑制，其过程为找出图像梯度中的局部极大值点，把其他非局部极大值点置零，以得到细化的边缘。

（4）用双阈值算法检测和连接边缘，使用 T_1 和 T_2（$T_1 > T_2$）两个阈值，T_1 用来找到每条线段，T_2 用来在这些线段的两个方向上延伸寻找边缘的断裂处，并连接这些边缘。

【例 8.1】用 Canny 算子检测边缘。

用 Canny 算子检测边缘的 MATLAB 程序如下。

```
f=imread('peppers.bmp');
subplot(1,2,1),imshow(f);
xlabel('（a）原始图像');
[g,t]=edge(f,'canny');
subplot(1,2,2),imshow(g);
xlabel('（b）Canny算子分割图像');
```

检测结果如图 8.2 所示。

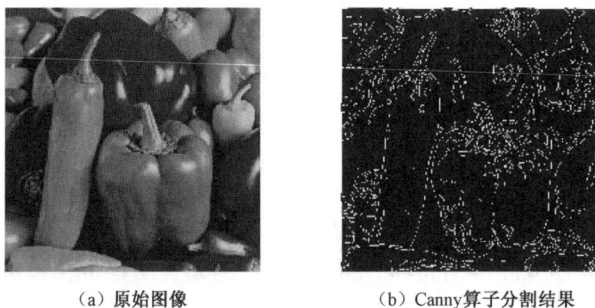

（a）原始图像　　　　　　　　（b）Canny算子分割结果

图 8.2　Canny 算子分割图像

8.3.2　阈值分割的其他方法

1. 聚类法

利用特征空间聚类的方法进行图像分割，可看作对阈值分割概念的推广。它将图像空间中的像素用对应的特征空间点表示，根据它们在特征空间的聚集对特征空间进行分割，然后将它们映射回原始图像空间，得到分割的结果。

一般的阈值分割可看作以像素的灰度为特征，以灰度直方图代表特征空间，用阈值将灰度直方图特征空间进行划分，把得到的特征类映射回图像空间，不同灰度的像素构成不同的区域。除像素灰度外，其他图像特征也可用于聚类。

在实际图像分割中，可能不具备任何有关模式的先验知识，既不知道它的分布，也不知道它该分成多少类，更不知道各类的参数，如均值和方差等。这时，聚类方法就显示出它解决此类问题的独特优越性。通常采用最基本的 K-均值聚类方法，其思想是以类内保持最大相似性及类间保持最大距离为目标，通过迭代优化获得最佳的图像分割阈值。

2. 最大熵法

熵是信息论中对不确定性的度量，是对数据中所包含信息量大小的度量。熵取最大值时，就表示获得的信息量为最大。

最大熵法的设计思想是，选择适当的阈值将图像分为两类，当这两类的平均熵之和为最大时，可从图像中获得最大信息量，以此来确定最佳阈值。

根据以上原理，获得最大熵方法的具体步骤如下。

（1）设灰度图像的灰度级为 $0,1,2,\cdots,255$，图像在各个灰度级出现的概率分别为 $p_0,p_1,$

p_2，…，p_{255}。

（2）给定一个初始阈值 $T=T_0$，将图像分成 C_1、C_2 两类。

（3）分别计算两个类的平均相对熵。

$$E_1 = -\sum_{i=0}^{T} \frac{p_i}{p_T} \log_2 \frac{p_i}{p_T}$$

$$E_2 = -\sum_{i=T+1}^{255} \frac{p_i}{1-p_T} \log_2 \frac{p_i}{1-p_T}$$

式中，$p_T = \sum_{i=0}^{T} p_i$。

（4）选择最佳阈值 $T=T^*$，使得图像按照该阈值分为 C_1、C_2 两类后，满足

$$[E_1 + E_2]|_{T=T^*} = \max\{E_1 + E_2\}$$

3. 最小误差阈值选择法

最小误差阈值是指使目标和背景分割错误最小的阈值，它利用数理统计知识做分割处理。设一幅图像只包含有目标和背景，目标的平均灰度高于背景的平均灰度。已知目标和背景的灰度分布概率分别为 $p_1(z)$ 和 $p_2(z)$，同时已知目标像素数与全部图像像素数之比为 θ。因此该图像总的灰度密度分布 $p(z)$ 为

$$p(z) = \theta p_1(z) + (1-\theta) p_2(z)$$

假定选用灰度阈值 z_t 进行分割，灰度小于 z_t 的像素点作为背景，反之则为目标，于是将目标误判为背景点的概率为

$$E_1(z_t) = \int_{-\infty}^{z_t} p_1(z)\mathrm{d}z$$

将背景点误判为目标的概率为

$$E_2(z_t) = \int_{z_t}^{+\infty} p_2(z)\mathrm{d}z$$

因此，总的误判概率为

$$E(z_t) = \theta E_1(z_t) + (1-\theta) E_2(z_t)$$

最佳阈值就是使 $E(z_t)$ 为最小的阈值 z_t。

8.3.3 分割算法评价及分类

图像分割评价通过对图像分割算法性能的研究来达到优化分割的目的，可以分为以下两种情况。

（1）掌握各算法在不同分割情况中的表现，以通过选择算法参数来适应分割具有不同内容的图像和分割在不同条件下采集到的图像的需要。

（2）比较多个算法分割给定图像的性能，以帮助读者在具体分割应用中选取合适的算法。

这两方面的内容是相互关联的。分割评价不仅可以提高现有算法的性能，对研究新的技术也具有指导意义。

为达到以上目的，对评价方法提出的基本要求如下。

（1）通用性，即它要适于评价不同类型的分割算法并适合各种应用领域的情况。

（2）采用定量的和客观的性能评价准则，这里的定量是指可以精确描述算法的性能，客观是指评判摆脱了人为的因素。

（3）选择通用的图像进行测试以使评价结果具有可比性，同时这些图像应尽可能反映客观世界的真实情况和实际应用的共同特点。

通过对大多数现有评价方法的归纳，把它们分为两大类：一类是直接的方法，可称为分析法；另一类是间接的方法，可称为实验法。分析法直接研究分割算法本身的原理特性，通过分析推理得到算法性能。实验法则根据分割图像的质量间接地评判算法的性能，具体就是用待评价的算法分割图像，然后借助一定的质量测度来判断分割结果的优劣，据此得出所用分割算法的性能。

8.4 习题解答

8.1 设一幅 7×7 大小的二值图像中心处有一个值为 0 的 3×3 大小的正方形区域，其余区域的值为 1，如图 8.3 所示。使用 Sobel 算子来计算这幅图的梯度，并画出梯度幅度图（需要给出梯度幅度图中所有像素的值）。

【答】（1）由水平模板

$$\boldsymbol{W}_x=\frac{1}{4}\begin{pmatrix}-1 & 0 & 1\\ -2 & 0 & 2\\ -1 & 0 & 1\end{pmatrix}$$

可得水平梯度为

$$\boldsymbol{G}_x=\begin{pmatrix}1 & 1 & 1 & 1 & 1 & 1 & 1\\ 1 & -\frac{1}{4} & -\frac{1}{4} & 0 & \frac{1}{4} & \frac{1}{4} & 1\\ 1 & -\frac{3}{4} & -\frac{3}{4} & 0 & \frac{3}{4} & \frac{3}{4} & 1\\ 1 & -1 & -1 & 0 & 1 & 1 & 1\\ 1 & -\frac{3}{4} & -\frac{3}{4} & 0 & \frac{3}{4} & \frac{3}{4} & 1\\ 1 & -\frac{1}{4} & -\frac{1}{4} & 0 & \frac{1}{4} & \frac{1}{4} & 1\\ 1 & 1 & 1 & 1 & 1 & 1 & 1\end{pmatrix}$$

1	1	1	1	1	1	1
1	1	1	1	1	1	1
1	1	0	0	0	1	1
1	1	0	0	0	1	1
1	1	0	0	0	1	1
1	1	1	1	1	1	1
1	1	1	1	1	1	1

图 8.3　7×7 大小的二值图像

（2）由垂直模板

$$\boldsymbol{W}_y=\frac{1}{4}\begin{pmatrix}-1 & -2 & -1\\ 0 & 0 & 0\\ 1 & 2 & 1\end{pmatrix}$$

可得垂直梯度为

$$
\boldsymbol{G}_y = \begin{pmatrix}
1 & 1 & 1 & 1 & 1 & 1 & 1 \\
1 & -\dfrac{1}{4} & -\dfrac{3}{4} & -1 & -\dfrac{3}{4} & -\dfrac{1}{4} & 1 \\
1 & -\dfrac{1}{4} & -\dfrac{3}{4} & -1 & -\dfrac{3}{4} & -\dfrac{1}{4} & 1 \\
1 & 0 & 0 & 0 & 0 & 0 & 1 \\
1 & \dfrac{1}{4} & \dfrac{3}{4} & 1 & \dfrac{3}{4} & \dfrac{1}{4} & 1 \\
1 & \dfrac{1}{4} & \dfrac{3}{4} & 1 & \dfrac{3}{4} & \dfrac{1}{4} & 1 \\
1 & 1 & 1 & 1 & 1 & 1 & 1
\end{pmatrix}
$$

当用梯度计算公式 $\boldsymbol{G}(x,y) = \left(G_x{}^2 + G_y{}^2\right)^{\frac{1}{2}}$ 时，计算得到的梯度为

$$
\boldsymbol{G}(x,y) = \begin{pmatrix}
\sqrt{2} & \sqrt{2} & \sqrt{2} & \sqrt{2} & \sqrt{2} & \sqrt{2} & \sqrt{2} \\
\sqrt{2} & \dfrac{\sqrt{2}}{4} & \dfrac{\sqrt{10}}{4} & 1 & \dfrac{\sqrt{10}}{4} & \dfrac{\sqrt{2}}{4} & \sqrt{2} \\
\sqrt{2} & \dfrac{\sqrt{10}}{4} & \dfrac{3\sqrt{2}}{4} & 1 & \dfrac{3\sqrt{2}}{4} & \dfrac{\sqrt{10}}{4} & \sqrt{2} \\
\sqrt{2} & 1 & 1 & 0 & 1 & 1 & \sqrt{2} \\
\sqrt{2} & \dfrac{\sqrt{10}}{4} & \dfrac{3\sqrt{2}}{4} & 1 & \dfrac{3\sqrt{2}}{4} & \dfrac{\sqrt{10}}{4} & \sqrt{2} \\
\sqrt{2} & \dfrac{\sqrt{2}}{4} & \dfrac{\sqrt{10}}{4} & 1 & \dfrac{\sqrt{10}}{4} & \dfrac{\sqrt{2}}{4} & \sqrt{2} \\
\sqrt{2} & \sqrt{2} & \sqrt{2} & \sqrt{2} & \sqrt{2} & \sqrt{2} & \sqrt{2}
\end{pmatrix}
$$

当用梯度计算公式 $\boldsymbol{G}(x,y) \approx |G_x| + |G_y|$ 时，计算得到的梯度为

$$
\boldsymbol{G}(x,y) = \begin{pmatrix}
2 & 2 & 2 & 2 & 2 & 2 & 2 \\
2 & \dfrac{1}{2} & 1 & 1 & 1 & \dfrac{1}{2} & 2 \\
2 & 1 & \dfrac{3}{2} & 1 & \dfrac{3}{2} & 1 & 2 \\
2 & 1 & 1 & 0 & 1 & 1 & 2 \\
2 & 1 & \dfrac{3}{2} & 1 & \dfrac{3}{2} & 1 & 2 \\
2 & \dfrac{1}{2} & 1 & 1 & 1 & \dfrac{1}{2} & 2 \\
2 & 2 & 2 & 2 & 2 & 2 & 2
\end{pmatrix}
$$

当用梯度计算公式 $G(x,y) \approx \max\{|G_x|, |G_y|\}$ 时，计算得到的梯度为

$$G(x,y) = \begin{pmatrix} 1 & 1 & 1 & 1 & 1 & 1 & 1 \\ 1 & \frac{1}{4} & \frac{3}{4} & 1 & \frac{3}{4} & \frac{1}{4} & 1 \\ 1 & \frac{3}{4} & \frac{3}{4} & 1 & \frac{3}{4} & \frac{3}{4} & 1 \\ 1 & 1 & 1 & 0 & 1 & 1 & 1 \\ 1 & \frac{3}{4} & \frac{3}{4} & 1 & \frac{3}{4} & \frac{3}{4} & 1 \\ 1 & \frac{1}{4} & \frac{3}{4} & 1 & \frac{3}{4} & \frac{1}{4} & 1 \\ 1 & 1 & 1 & 1 & 1 & 1 & 1 \end{pmatrix}$$

8.2 噪声对利用直方图取阈值进行图像分割的算法会有哪些影响？

【答】由于噪声会使图像中某些像素的灰度值增大或减小，此时的直方图会变得不平滑。同时，噪声可能会填满直方图中的谷，甚至产生新的峰，或者噪声会使直方图的峰值变低，甚至被淹没。此时的直方图就不能够真实反映图像的分布情况，对于那些利用直方图来取阈值的图像分割算法来说，所取的阈值也就必然会存在偏差，造成分割的不准确。

8.3 试求图 8.4 的 4 连通和 8 连通区域数量。

```
1   0   1   1   0   0   0   0   1
1   0   0   0   0   0   1   1   1
0   1   0   0   0   1   1   1   1
0   0   1   0   0   1   1   0   1
0   0   0   1   1   1   0   0   0
0   1   1   0   0   1   1   1   0
0   0   0   0   0   1   1   1   0
0   1   0   1   1   0   1   0   1
0   1   1   1   1   0   0   0   0
```

图 8.4 习题 8.3 图

【答】可用如下的 MATLAB 程序实现。

```
A=[1 0 1 1 0 0 0 0 1;
   1 0 0 0 0 0 1 1 1;
   0 1 0 0 0 1 1 1 1;
   0 0 1 0 0 1 1 0 1;
   0 0 0 1 1 1 0 0 0;
   0 1 1 0 0 1 1 1 0;
   0 0 0 0 0 1 1 1 0;
   0 1 0 1 1 0 1 0 1;
   0 1 1 1 1 0 0 0 0];
L4=bwlabel(A,4)
L8=bwlabel(A,8)
```

其实验结果如下。

```
L₄ =
     1     0     5     5     0     0     0     0     7
     1     0     0     0     0     0     7     7     7
     0     2     0     0     0     7     7     7     7
     0     0     6     0     0     7     7     0     7
     0     0     0     7     7     7     0     0     0
     0     3     3     0     0     7     7     7     0
     0     0     0     0     0     7     7     7     0
     0     4     0     4     4     0     7     0     8
     0     4     4     4     4     0     0     0     0
L₈ =
     1     0     2     2     0     0     0     0     1
     1     0     0     0     0     0     1     1     1
     0     1     0     0     0     1     1     1     1
     0     0     1     0     0     1     1     0     1
     0     0     0     1     1     1     0     0     0
     0     1     1     0     0     1     1     1     0
     0     0     0     0     0     1     1     1     0
     0     1     0     1     1     0     1     0     1
     0     1     1     1     1     0     0     0     0
```

从实验结果可以看出：图 8.4 的 4 连通区域有 8 个，8 连通区域有 2 个。

8.4 选择一幅灰度图像，用迭代阈值法进行分割，试写出 MATLAB 程序，并给出分割结果。

【答】采用迭代阈值法进行分割的 MATLAB 程序如下。

```
I=imread('geopicture.jpg');
subplot(1,2,1), imshow(I);
I = double(I);
T = (min(I(:))+max(I(:)))/2;
done = false;
i=0;
while ~done
        r1 = find(I<=T);
        r2 = find(I>T);
        Tnew = (mean(I(r1))+mean(I(r2)))/2;
        done = abs(Tnew -T)<1;
        T = Tnew;
        i=i+1;
end
T
I(r1) = 0;
I(r2) = 1;
subplot(1,2,2), imshow(I);
```

程序运行后，得到阈值 T=108.8331，原始图像及分割结果如图 8.5 所示。

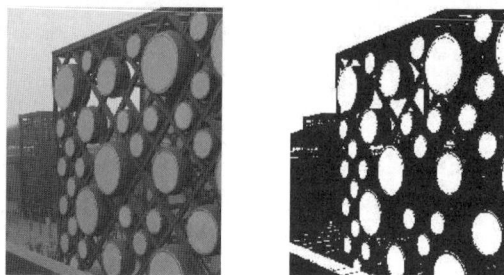

（a）原始图像   （b）分割后图像

图 8.5   原始图像及分割结果图

8.5   选择一幅彩色图像，用最大类间方差法进行分割，不用函数 graythresh，根据最大类间方差法原理写出 MATLAB 程序，并给出分割结果。

【答】用最大类间方差法进行分割的 MATLAB 程序如下。

```
I=imread('rabbits.jpg');
figure,imshow(I);
G=rgb2gray(I);
G=im2double(G);
figure,imshow(G);
[M,N]=size(G);
number_all=M*N;
gray_all=0;
var_m=0;
for i=1:M
    for j=1:N
        gray_all=gray_all+G(i,j);
    end
end
gray_ave=gray_all*255/number_all;    %计算整幅图像的灰度均值
for t=0:255        %以 t 将图像分成两部分，分别统计像素的占比和均值
    gray_A=0;
    gray_B=0;
    number_A=0;
    number_B=0;
    for i=1:M
        for j=1:N
            if (G(i,j)*255>=t)
                number_A=number_A+1;
                gray_A=gray_A+G(i,j);
            elseif (G(i,j)*255<t)
                number_B=number_B+1;
                gray_B=gray_B+G(i,j);
```

```
            end
        end
    end
    PA=number_A/number_all;
    PB=number_B/number_all;
    A_ave=gray_A*255/number_A;
    B_ave=gray_B*255/number_B;
    var_t=PA*((A_ave-gray_ave)^2)+PB*((B_ave-gray_ave)^2);
                            %计算二类的类间方差
    if (var_t>var_m)
        var_m=var_t;
        K=t;                %将类间方差达到最大值时的灰度赋值 K
    end
end
K
BW1=im2bw(G,K/255);
figure,imshow(BW1);
T1=graythresh(G);
T=T1*255
BW2=im2bw(G,T1);
figure,imshow(BW2);
```

上述程序运行后,计算得到的阈值 K=139,而由系统提供的函数 T=graythresh(G)*255=138,
K 与 T 基本相等。可见,该程序能够达到系统提供的函数 graythresh 的功能,原始图像及运行结果如图 8.6 所示。

（a）原始图像

（b）灰度图像

（c）由程序计算阈值分割的结果

（d）由系统函数计算阈值分割的结果

图 8.6　原始图像及运行结果图

8.6　一幅图像背景部分的均值为 25、方差为 625,在背景上分布着一些互不重叠的均值为 150、方差为 400 的小目标。设所有目标合起来约占图像总面积的 20%,给出一个阈值分割算法将这些目标分割出来。

【答】用教材 8.3.4 节"最佳阈值的选择"中的式（8.50）来计算最佳阈值 T。根据题意，将 $\mu_1=25$，$\sigma_1^2=625$，$\sigma_1=25$，$w_1=0.8$，$\mu_2=150$，$\sigma_2^2=400$，$\sigma_2=20$，$w_2=0.2$，代入教材中式（8.50）中，得到一个变量 T 的一元二次方程 $AT^2+BT+C=0$。其中，$A=\sigma_1^2-\sigma_2^2=225$，$B=2(\mu_1\times\sigma_2^2-\mu_2\times\sigma_1^2)=-167500$，$C=\sigma_1^2\times\mu_2^2-\sigma_2^2\times\mu_1^2+2\sigma_1^2\times\sigma_2^2\ln(\sigma_2\times w_1/\sigma_1\times w_2)=14394075$，得到这个一元二次方程的两个解，分别为 645 和 99。根据题意，只有第二个解 99 是合理的，所以最佳阈值 T 选为 99。以阈值 $T=99$，将原始图像进行二值化处理，可以将这些目标分割出来。

8.7　对于题 8.6，给出一种区域生长的分割方法。

【答】可以采用以下步骤：

（1）从左向右，从上向下，扫描图像。

（2）如扫描到灰度值大于 150 且小于 160 的像素，则取为种子点，进行区域生长，生长准则为将相邻的灰度值与已有区域的平均灰度值的差小于 60（目标区域的 $\sigma=20$，$3\sigma=60$）的像素扩展进来。

（3）如果不能再生长，则标记已生长的区域。

（4）如果扫描到图像右下角，则结束；否则回到（1），继续进行。

该方法没有利用已知所有目标合起来约占图像总面积 20%的条件，但利用了背景部分的均值为 25、方差为 625 的条件。注意：灰度值大于 100 的像素有很大可能是目标像素，选种子像素点是要尽量保证其为目标像素。

8.8　用 Hough 变换检测其他几何形状（如椭圆）。写出 MATLAB 程序，并给出结果。

【答】Hough 变换可以用于直线检测，利用 Hough 变换思想也可以检测其他类型的图形。只要图像形状有一定规律，即可用一个方程式确定，那么就可以变换到参数平面。图像平面空间中所有在同一个形状（满足形状方程）中的点，在参数平面都将交汇于一点。这样，通过 Hough 变换，就可以将图像空间中对某个形状的检测问题转化为参数空间中对点的检测问题。这里主要考虑检测椭圆与圆，圆是一种特殊的椭圆，所以可以按照检测椭圆的方式检测圆，椭圆中的未知数为长轴 a、短轴 b 及中心点的坐标，而 a 的值可以根据椭圆的性质求出，此时将每个点的参数变换空间（未知数 b 与转换角度）列出，并计算出累积点，累积点最多的那个就是椭圆方程对应的参数域方程，根据变换就可以得到原始图像中椭圆的方程，然后标记出来。

形状在图形的边缘部分，需要先进行边缘检测，这里使用 Sobel 算子检测边缘，使用闭运算连接边缘点，使用 bwlabel 函数得到所有的连通域，再对每个连通域进行椭圆检测。设椭圆的中心点坐标为 (x_0,y_0)，长轴长度为 a，短轴长度为 b，中心点距离椭圆上的点的最大距离为长轴 a 的长度，根据这个性质先求出 a 及中心点的坐标。当求出 a、x_0 和 y_0 的值后，再求短轴 b 及角度 θ 的值，可以根据椭圆方程式得到 $b=\dfrac{y-y_0}{1-\sqrt{(x-x_0)^2/a^2}}$。

同时将角度 θ 作为自变量，令其变换范围为 $0°\sim180°$，将 (b,θ) 坐标系下的点数累加，即出现相同的 b 将此位置加 1，直至将连通域内所有的点都遍历完成，最大值就是求出的 b 和 θ。MATLAB 程序如下。

```
I = imread('geoshape.bmp');
figure,imshow(I);
```

```matlab
[m,n,L] = size(I);
if L>1
    I = rgb2gray(I);                        %如果是彩色图像，则转换为灰度图像
end
BW1 = edge(I,'sobel');                      %用 Sobel 算子进行边缘检测
se = strel('square',2);
BW=imclose(BW1,se);                         %用结构元素进行闭运算
figure,imshow(BW);
hough_ellipse=zeros(m,n,3);
[Limage, num] = bwlabel(BW,8);              %进行连通区域标记
for N=1:num                                 %对每个连通区域进行处理
    [rows,cols] = find(Limage==N);
    pointL=length(rows);
    if pointL<20
        continue;
    end
    max_distan=zeros(m,n);
    distant=zeros(1,pointL);
    for i=1:m
        for j=1:n
            for k=1:pointL
                distant(k)=sqrt((i-rows(k))^2+(j-cols(k))^2);
            end
            max_distan(i,j)=max(distant);
        end
    end
    min_distan=min(min(max_distan));
    [center_yy,center_xx] = find(min_distan==max_distan);
    center_y=(min(center_yy)+max(center_yy))/2; %椭圆中心点
    center_x=(min(center_xx)+max(center_xx))/2;
    a=min_distan                                %椭圆长轴
    hough_ellipse(round(center_y),round(center_x),1) = 255;
    hough_space = zeros(round(a+1),180);        %Hough 变换
    for k=1:pointL
        for w=1:180
            G=w*pi/180;
XX=((cols(k)-center_x)*cos(G)+(rows(k)-center_y)*sin(G))^2/(a^2);
YY=(-(cols(k)-center_x)*sin(G)+(rows(k)-center_y)*cos(G))^2;
            B=round(sqrt(abs(YY/(1-XX)))+1);
            if(B>0&&B<=a)
                hough_space(B,w)=hough_space(B,w)+1;
            end
        end
```

```
        end
      max_para = max(max(max(hough_space)));
      [bb,ww] = find(hough_space>=max_para);
      if(max_para<=pointL*0.33*0.25)
         disp('No ellipse');
         return ;
      end
      b=max(bb);
      W=min(ww);
      theta=W*pi/180;
     for k=1:pointL
 XXX=((cols(k)-center_x)*cos(theta)+(rows(k)-center_y)*sin(theta))^2/(a^2);
 YYY=(-(cols(k)-center_x)*sin(theta)+(rows(k)-
center_y)*cos(theta))^2/(b^2);
             if((XXX+YYY)<=1)
             %if((XXX+YYY)<=1.1&&(XXX+YYY)>=0.99)
                 hough_ellipse(rows(k),cols(k),2) = 255;
             end
      end
end
figure,imshow(hough_ellipse);
```

程序运行结果如图 8.7 所示。

（a）原始图像　　　　　　（b）边缘图　　　　（c）检测到的椭圆（4 个，绿色标出）

图 8.7　Hough 变换检测椭圆

8.9　选择一幅灰度图像，将其转换成二值图像，试用 3×3 方形模板和 3×4 矩形模板分别对它进行膨胀和腐蚀操作，写出 MATLAB 程序，并给出结果。

【答】MATLAB 程序如下。

```
I=imread('geopicture.jpg');
figure, imshow(I);
T=graythresh(I);
BW1 = im2bw(I,T);
figure, imshow(BW1);
SE1 = strel('square',3);
SE2 = strel('rectangle',[3,4]);
BW2 = imerode(BW1,SE1);
figure,imshow(BW2);
BW3 = imdilate(BW1,SE1);
```

```
figure,imshow(BW3);
BW4 = imerode(BW1,SE2);
figure, imshow(BW4);
BW5 = imdilate(BW1,SE2);
figure, imshow(BW5);
```

运行结果如图 8.8 所示。

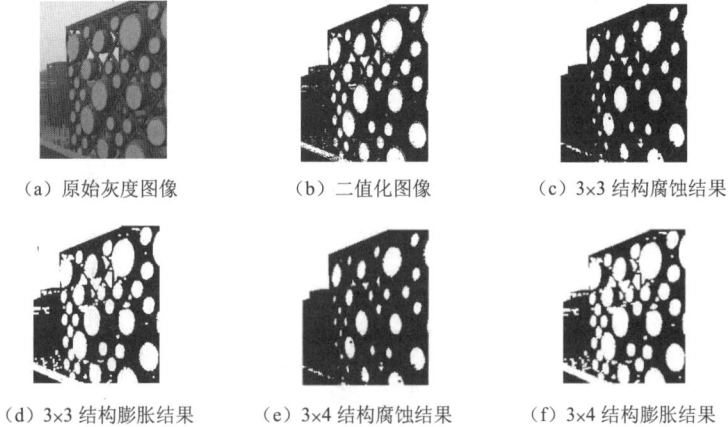

（a）原始灰度图像   （b）二值化图像   （c）3×3 结构腐蚀结果

（d）3×3 结构膨胀结果 （e）3×4 结构腐蚀结果 （f）3×4 结构膨胀结果

图 8.8　原始图像及运行结果图

8.10　选择一幅灰度图像，将其转换成二值图像，试用形态学运算，提取图像中物体的边界。

【答】类似教材中例 8.10 的方法，MATLAB 程序如下。

```
I=imread('geograph.jpg');
I=im2bw(I);
figure,imshow(I);
se=strel('square',3);
Ie=imerode(I,se);
Iout1=I-Ie;
figure,imshow(Iout1);
Iout2=bwperim(I,4);
figure,imshow(Iout2);
```

图 8.9（a）是几何图形二值图像，图 8.9（b）是用教材中式（8.57）直接提取的边界，图 8.9（c）是用 bwperim 函数提取的边界。从结果可以看出，这两种方法都可以提取很好的图像边界轮廓。

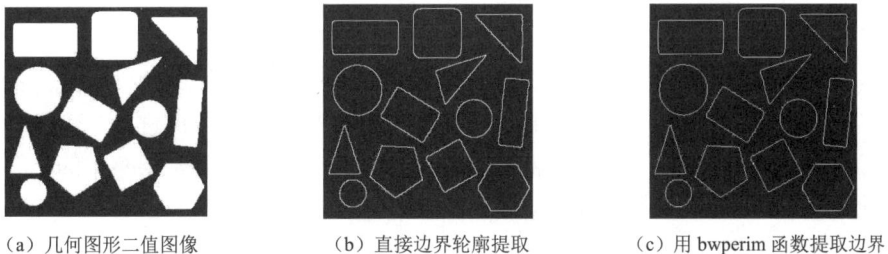

（a）几何图形二值图像 （b）直接边界轮廓提取 （c）用 bwperim 函数提取边界

图 8.9　边界轮廓提取

8.11 选择一幅灰度图像，将其转换成二值图像，试用形态学运算，对图像中物体内部的孔洞进行填充。

【答】类似教材中例 8.11 的方法，MATLAB 程序如下。

```
I=imread('fruits.jpg');
figure,imshow(I);
BW1=im2bw(I,0.8); ;
BW2=not(BW1);
figure,imshow(BW2);
BW3=bwfill(BW2,'holes');
figure,imshow(BW3);
```

图 8.10（a）是一幅水果灰度图像，图 8.10（b）是将图 8.10（a）采用阈值为 0.8 进行二值化再取反的结果，取反的目的是使水果变成白色（对应值为 1）。但是二值化的结果不理想，部分水果内部存在小的孔洞，需要进行区域填充，得到完整的水果区域，如图 8.10（c）所示，可以发现图 8.10（c）中，每个水果区域都得到了很好的填充。

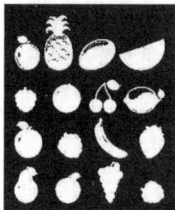

（a）灰度图像　　　　（b）二值化后取反的图像　　　　（c）区域填充的结果

图 8.10　区域填充原图和结果图

8.5　实　验　指　导

8.5.1　用 MATLAB 生成 LoG 算子的图像

1. 实验内容

用 MATLAB 生成一幅 LoG 算子的图像，并对结果进行分析。

2. 实验原理

拉普拉斯算子是二阶导数算子，它是一个标量，具有各向同性的性质。因为拉普拉斯算子是二阶导数算子，所以对噪声很敏感，一般要先进行平滑滤波，再进行二阶微分。常用的平滑函数为高斯函数，高斯平滑滤波器对去除服从正态分布的噪声是很有效的。二维高斯函数及其一阶偏导数、二阶偏导数如下式所示。

$$h(x,y) = \frac{1}{2\pi\sigma^2}e^{-\frac{x^2+y^2}{2\sigma^2}}$$

$$\frac{\partial h(x,y)}{\partial x} = -\frac{x}{2\pi\sigma^4}e^{-\frac{x^2+y^2}{2\sigma^2}}, \quad \frac{\partial h(x,y)}{\partial y} = -\frac{y}{2\pi\sigma^4}e^{-\frac{x^2+y^2}{2\sigma^2}}$$

$$\frac{\partial^2 h(x,y)}{\partial x^2} = \frac{1}{2\pi\sigma^4}\left(\frac{x^2}{\sigma^2}-1\right)e^{-\frac{x^2+y^2}{2\sigma^2}}, \quad \frac{\partial^2 h(x,y)}{\partial y^2} = \frac{1}{2\pi\sigma^4}\left(\frac{y^2}{\sigma^2}-1\right)e^{-\frac{x^2+y^2}{2\sigma^2}}$$

式中，σ 为高斯分布的标准方差，它决定了高斯滤波器的宽度，用该函数对图像进行平滑滤波，结果为

$$g(x,y)=h(x,y)\otimes f(x,y)$$

式中，$\otimes$ 为卷积符号，图像平滑后再应用拉普拉斯算子，结果为

$$\nabla^2 g(x,y) = \nabla^2(h(x,y)\otimes f(x,y))$$

利用线性系统中卷积和微分可以交换次序的性质，得到 LoG 算子为

$$\nabla^2 h(x,y) = \nabla^2\left(\frac{1}{2\pi\sigma^2}e^{-\frac{x^2+y^2}{2\sigma^2}}\right) = \frac{1}{\pi\sigma^4}\left[\frac{x^2+y^2}{2\sigma^2}-1\right]e^{-\frac{x^2+y^2}{2\sigma^2}}$$

这种边缘检测方法也称为 Marr 边缘检测方法。

3. 实验方法及程序

给定变量 x, y 包括原点在内的一个范围，按照 LoG 算子的表达式用 MATLAB 程序语言进行实现。其参考程序设计如下。

```
clear;
x=-2:0.06:2
y=-2:0.06:2
sigma=0.6
y=y';
for i=1:(4/0.06+1)
      xx(i,:)=x;
      yy(:,i)=y;
end
r=1/(pi*sigma^4)*((xx.^2+yy.^2)/(2*sigma^2-1)).*exp(-(xx.^2+yy.^2)/(2*sigma^2));
colormap(jet(16));
mesh(xx,yy,r);
```

实验结果如图 8.11 所示。

4. 思考题

（1）对参考程序给出功能注释。

（2）对实验得到的图像进行分析。

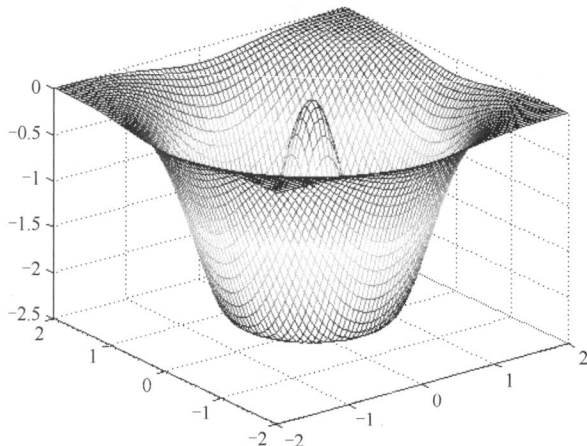

图 8.11　LoG 算子的图像

8.5.2　用分水岭算法分割图像

1. 实验内容

用分水岭算法对一幅彩色图像进行分割，并对结果进行分析。

2. 实验原理

分水岭（watershed）算法是一种借鉴形态学理论的分割方法，该方法将一幅图像看作一个拓扑地形图。其中，灰度值 $f(x, y)$ 对应地形高度值；高灰度值对应山峰；低灰度值对应山谷。水总是朝地势低的地方流动，直到流到某一局部低洼处才停下来，这个低洼处被称为吸水盆地，最终所有水会分聚在不同的吸水盆地中，吸水盆地之间的山脊称为分水岭。水从分水岭流下时，朝不同的吸水盆地流去的可能性是相等的。将这种想法应用于图像分割，就是要在灰度图像中找出不同的吸水盆地和分水岭，由这些不同的吸水盆地和分水岭组成的区域即为要分割的目标。

分水岭算法可以看作一种自适应的多阈值分割算法，在图像梯度图上进行阈值选择时，经常遇到如何恰当选择阈值的问题。若阈值选得太高，则许多边缘会丢失或边缘出现破碎现象；若阈值选得太低，则容易产生虚假边缘，而且边缘变厚将导致定位不精确。分水岭算法可以避免这个缺点。

MATLAB 图像处理工具箱中的 watershed 函数可用于实现分水岭算法，该函数的调用语法为

```
L=watertshed( f )
```

其中，f 为输入图像；L 为输出的标记矩阵，其元素为整数值，第一个吸水盆地被标记为 1，第二个吸水盆地被标记为 2，以此类推；分水岭被标记为 0。

3. 实验方法及程序

将一幅 RGB 图像转换成灰度图像，然后用分水岭算法对图像进行分割。利用 MATLAB

工具进行实验编程，其参考程序设计如下。

```
f=imread('rice.bmp');
f=rgb2gray(f);
subplot(2,2,1);
imshow(f);
xlabel('(a)原始图像');
subplot(2,2,2);
f=double(f);
hv=fspecial('prewitt');
hh=hv.';
gv=abs(imfilter(f,hv,'replicate'));
gh=abs(imfilter(f,hh,'replicate'));
g=sqrt(gv.^2+gh.^2);
subplot(2,2,2);
L=watershed(g);
wr=L==0;
imshow(wr);
xlabel ('(b)分水岭');
f(wr)=255;
subplot(2,2,3);
imshow(uint8(f));
xlabel ('(c)分割结果');
rm=imregionalmin(g);
subplot(2,2,4);
imshow(rm);
xlabel ('(d)局部极小值');
```

实验结果如图 8.12 所示。

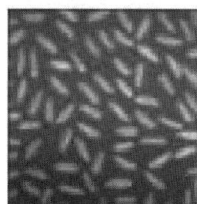
（a）原始图像

（b）分水岭

（c）分割结果

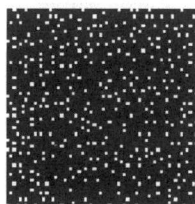
（d）局部极小值

图 8.12　图像及其分水岭算法分割结果

4. 思考题

（1）对参考程序给出功能注释。
（2）对实验结果进行分析。

8.5.3　用自适应阈值法分割图像

1. 实验内容

选择一幅图像，用自适应阈值法进行分割，并对分割结果进行分析。

2. 实验原理

当背景照明高度不均匀时，采用全局阈值法进行图像分割就会失效，这就需要采用可变阈值法，即自适应阈值法对图像进行分割。该方法是基于局部统计的可变阈值法，即在(x, y)的邻域中以一个或多个指定像素的特性在图像的每个点(x, y)处计算阈值，主要根据图像中每个点的邻域中像素的均值和标准差确定该邻域的局部阈值。局部阈值法的一种特殊情况是移动平均阈值法，该方法沿着一幅图像的扫描线计算移动平均阈值，对于文本图像处理的效果很好。本次实验内容采用移动平均阈值法对污染的文本图像进行分割。

3. 实验方法及程序

以函数 movingthresh 实现移动平均阈值法，该函数中使用 MATLAB 库函数 filter。其参考程序设计如下。

```
function g=movingthresh(f,n,K)
[M,N,c]=size(f);
if c>1
    f=rgb2gray(f);
end
f=double(f);
if (n<1)||(rem(n,1)~=0)
    error('n must be an integer>=1.')
end
if K<0 || K>1
    error('K must be a fraction in the range [0,1].')
end
f(2:2:end,:)=fliplr(f(2:2:end,:));
f=f';
f=f(:)';
maf=ones(1,n)/n;
ma=filter(maf,1,f);
g=f>K*ma;
g=reshape(g,N,M)';
g(2:2:end,:)=fliplr(g(2:2:end,:));
```

下面分别对两类被污染的文本图像采用移动平均阈值法进行分割。

一类是对被斑点阴影污染的文本图像进行分割，MATLAB 程序如下。

```
I=imread('staintext.jpg');
figure,imshow(I);
T=graythresh(I);
g1=im2bw(I,T);
figure,imshow(g1);
g2=movingthresh(I,20,0.5);
figure,imshow(g2);
```

运行结果如图 8.13 所示。

（a）被斑点阴影污染的文本图像 （b）最大类间方差的全局阈值法分割结果　　（c）移动平均阈值法分割结果

图 8.13　被斑点阴影污染的文本图像的分割结果

另一类是对被正弦阴影污染的文本图像进行分割，MATLAB 程序如下。

```
I=imread('sineshadow.jpg');
figure,imshow(I);
T=graythresh(I);
g1=im2bw(I,T);
figure,imshow(g1);
g2=movingthresh(I,20,0.5);
figure,imshow(g2);
```

运行结果如图 8.14 所示。

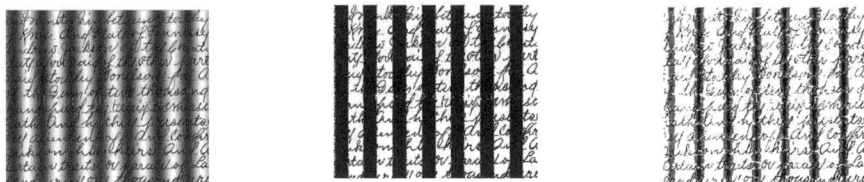

（a）被正弦阴影污染的文本图像　　（b）最大类间方差的全局阈值法分割结果　　（c）移动平均阈值法分割结果

图 8.14　被正弦阴影污染的文本图像的分割结果

从图 8.13 和图 8.14 可以看出，对于被斑点阴影污染和被正弦阴影污染的文本图像，采用移动平均阈值法分割图像的效果明显优于采用最大类间方差的全局阈值法分割图像的效果。

4．思考题

（1）对参考程序给出功能注释。

（2）说明库函数 filter 的功能。

（3）对分割结果进行分析。

8.5.4　用区域分裂合并法分割图像

1. 实验内容

选择一幅灰度图像，用区域分裂合并法进行分割，并对分割结果进行分析。

2. 实验原理

区域分裂合并法是按照某种一致性准则分裂或合并区域的。当一个区域不满足一致性准则时，会被分裂成几个小区域；当相邻区域性质相似时，会合并成一个大区域。它的研究重点是分裂和合并规则的设计。区域分裂合并法可以先进行分裂运算，再进行合并运算；也可以分裂和合并运算同时进行，经过连续的分裂和合并，最后得到图像的精确分割结果。具体实现时，区域分裂合并法通常是基于四叉树数据表示方式进行的。具体算法如下。

（1）设整幅图像为初始区域。

（2）对每个区域 R，如果 $T(R)$=False，则把该区域分裂成 4 个子区域。

（3）重复步骤（2），直到没有区域可以分裂。

（4）对图像中任意两个相邻的区域 R_1 和 R_2，如果 $T(R_1 \bigcup R_2)$=True，则把这两个区域合并成一个区域。

（5）重复步骤（4），直到没有相邻区域可以合并，算法结束。

其中，T 表示具有相同性质的逻辑谓词。

3. 实验方法及程序

对一幅灰度图像用区域分裂合并法进行分割。利用 MATLAB 工具进行实验编程，其参考程序设计如下。

```
I = imread('coins.png');
figure,imshow(I);
[G,I1,I2]=splitmerge(I,4,@predicate);          %4 代表分割中允许最小的块
figure,imshow(G);
```

调用函数 splitmerge。

```
function [g,f1,f2]= splitmerge( f,mindim,fun )
Q = 2^nextpow2(max(size(f)));
[M,N] = size(f);
f1= padarray(f,[Q-M,Q-N],'post');
S = qtdecomp(f1,@split_test,mindim,fun);
f2=full(S);
f2=f2(1:M,1:N);
Lmax = full(max(S(:)));
g = zeros(size(f1));
for K = 1:Lmax
```

```
      [vals,r,c] = qtgetblk(f1,S,K);
      if ~isempty(vals)
          for I = 1:length(c)
              xlow = r(I);
              ylow = c(I);
              xhigh = xlow + K - 1;
              yhigh = ylow + K - 1;
              region = f1(xlow:xhigh,ylow:yhigh);
              flag = feval(fun, region);
              if flag
                  g(xlow:xhigh,ylow:yhigh) = 1;
              end
          end
      end
  end
  g = g(1:M,1:N);
  end
```

调用函数 predicate。

```
function flag = predicate( region )
sd = std2(region);
m = mean2(region);
flag = (sd > 10) & (m > 0) & (m < 255);
end
```

调用函数 split_test。

```
function v = split_test( B,mindim,fun )
k = size(B,3);
v(1:k) = false;
for I = 1:k
   quadregion = B(:, :, I);
   if size(quadregion,1) <= mindim
      v(I) = false;
      continue
   end
   flag = feval(fun,quadregion);
   if flag
      v(I) = true;
   end
end
end
```

程序运行后，得到的结果如图 8.15 所示。该程序将分割中允许最小的块设置为 4，如果设置为其他值，如 2、8 等，得到的分割结果将会不同。

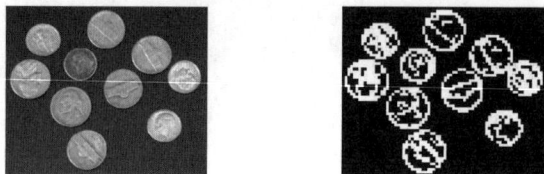

（a）原始图像　　　　　　　　（b）分割结果

图 8.15　用区域分裂合并法分割图像

教材中的例 8.6 给出了采用区域生长法分割同一幅图像的结果，比较这两种方法，可以看出：

（1）教材中例 8.6 的区域生长法依赖种子点的选择，分割算法仅将种子点所在的硬币分割出来，而本题采用区域分裂合并法，不需要选择种子点便能将图像中的所有硬币都分割出来。

（2）用教材中例 8.6 的区域生长法分割出来的硬币效果比较好，而本题采用区域分裂合并法分割出来的硬币不清晰，距离近的硬币之间有粘连，需要后续做进一步的形态学处理。

4．思考题

（1）对参考程序给出功能注释。

（2）说明程序中用到的函数的功能。

（3）对分割结果进行分析。

第9章 彩色图像处理

本章主要介绍彩色图像处理的基本技术。自然界中大多数图像都具有丰富的色彩，彩色图像提供了比灰度图像更丰富的信息，人眼对彩色图像的视觉感受比对灰度图像的视觉感受丰富得多。应用彩色图像处理技术，可以得到更好的图像处理结果。本章内容包括彩色图像处理的知识结构、知识要点、补充内容、习题解答和实验指导。

9.1 知 识 结 构

彩色图像处理主要包括彩色图像基础、彩色模型、伪彩色处理、全彩色图像处理、彩色图像分割，其知识结构图如图 9.1 所示。

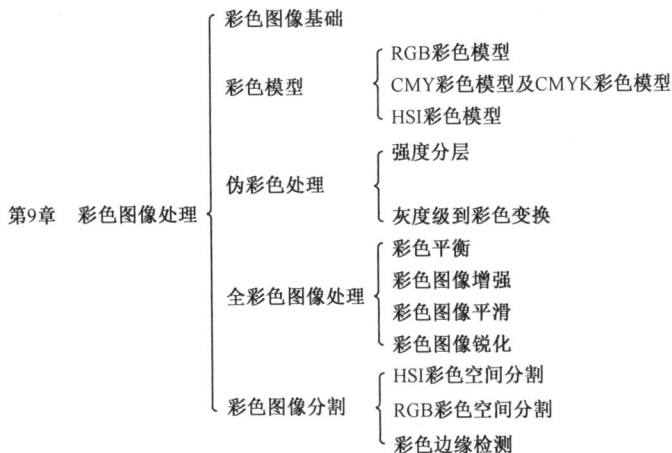

图 9.1 彩色图像处理知识结构图

9.2 知识要点

1. 颜色

颜色是人的视觉系统对可见光的感知结果，感知到的颜色由光波的波长决定；人的视觉系统能感觉的波长范围为 380～780 nm。

颜色和彩色严格来说并不等同，颜色可分为无彩色和有彩色两大类。无彩色是指白色、黑色和各种深浅程度不同的灰色。以白色为一端，通过一系列从浅到深排列的各种灰色，到达另一端的黑色，这样可以组成一个黑白系列。彩色是指除去上述黑白系列以外的各种颜色，人们通常所说的颜色一般是指彩色。

颜色根据色调、饱和度和亮度三个特性加以区分。亮度与物体的反射率成正比，如果无彩色就只有亮度一个维度的变化；色调是与混合光谱中的主要光波长相联系的；饱和度与一定色调的纯度有关，纯光谱是完全饱和的，随着白光的加入，饱和度逐渐减少。色调和饱和度合起来称为色度。

2. 彩色模型

为了正确使用颜色，需要建立彩色模型。彩色模型是一种表示颜色的数学方法，一种颜色可用三个基本量来描述，所以建立彩色模型就是建立一个三维坐标系统，其中每个空间点都代表某种颜色。常用的彩色空间模型有 RGB 彩色模型和 HSI 彩色模型等。

RGB 彩色模型是与显示系统相关的彩色模型，计算机显示器使用 RGB 彩色模型来显示颜色；RGB 彩色模型是一种混合型彩色模型，由三种基色按照一定比例混合得到。RGB 彩色模型基于笛卡儿坐标系，三个轴分别为 R、G、B。

HSI 彩色模型是面向颜色处理的，用色调、饱和度和亮度来描述颜色，其中用色调和饱和度描述色彩，用亮度描述光的强度。这个彩色模型有两个特点：其一，I 分量与图像的颜色信息无关；其二，H 和 S 分量与人感受颜色的方式紧密相连。这些特点使得 HSI 彩色模型成为非常适合借助人的视觉系统来感知彩色特性的图像处理算法。

3. 伪彩色处理

伪彩色处理是将灰度图像或者单色图像的各个灰度级匹配到彩色空间中的一点，从而使单色图像映射成彩色图像，提高人眼对图像细节的分辨能力，以达到图像增强的目的。因为这里的原图并没有颜色，所以人工赋予的颜色常称为伪彩色。这个赋色过程实际是一种着色过程。本章主要介绍两种方法：强度分层和灰度级到彩色变换。

4. 全彩色图像处理

（1）全彩色图像处理的三种操作方式。

全彩色图像处理有三种操作方式，第一种是对全彩色图像的 R、G、B 三个分量分别进行类似灰度图像的处理，然后合成；第二种是转换到适合彩色处理的 HSI 彩色空间，只对某个分量进行处理；第三种是采取直接彩色向量处理方法。对于全彩色图像处理而言，这三种操作方式有时可以得到近似相同的效果，但很多情况下它们并不等效。

（2）彩色图像增强。

在彩色图像的增强中，一种方法是在 RGB 彩色模型中直接处理，对 *R*、*G*、*B* 分量直接使用对灰度图像的增强方法。该方法可以增强图像中的可视细节亮度，但得到的增强图像中的色调有可能完全没有意义。

另一种方法是将 RGB 彩色模型转化为 HSI 彩色模型来处理，可以按照如下步骤进行：① 将 *R*、*G*、*B* 分量图像转化为 *H*、*S*、*I* 分量图像。② 利用对灰度图像增强的方法增强其中的 *I* 分量图像。③ 将结果转换为用 RGB 彩色模型来显示。该方法中，色调和饱和度没有发生改变，原始图像的彩色内容保持不变，但是亮度分量得到了增强，整个图像比原来更亮一些，达到了改善视觉效果的目的。

（3）彩色图像分割。

在彩色图像的分割中，可以在 HSI 彩色空间进行，也可以在 RGB 彩色空间进行，两种方法得到的效果不同，各有自己的优点，可以根据实际需要选择使用。在 HSI 彩色空间进行分割时，可以将饱和度分量作为模板图像，从色调分量图像中分离出感兴趣的特征区。这里由于强度没有彩色信息，因此分割时一般不使用强度分量。在 RGB 彩色空间进行分割时，假设目标在 RGB 图像中分割特殊彩色区域的对象，从特殊彩色区域的对象中选择部分有代表性的彩色点样品集，得到一个彩色"平均"估计，用向量表示；以欧氏距离作为相似性度量得到与样品平均值相似的彩色向量点集合，即为所得的分割结果。在对彩色图像的边缘检测中，可以在 RGB 彩色空间中对 *R*、*G*、*B* 分量直接使用对灰度图像的边缘检测方法检测得到边缘，再进行合成；也可以在 RGB 彩色空间中用彩色向量的梯度计算方法得到向量梯度进行边缘检测。采用这两种方法所得到的边缘图像的结果是不同的，一般来说，用彩色向量梯度边缘检测方法得到的边缘细节更多，但同时计算量也更大。

9.3 补 充 内 容

9.3.1 颜色科学发展简史

最近 100 多年来，为满足各种不同用途的需求，人们已经开发了许多不同名称的彩色空间，几乎所有的彩色空间都是从 RGB 彩色空间导出的，现有的彩色空间还没有一个完全符合人类视觉感知特性、颜色本身的物理特性或发光物体和光反射物体的特性，随着科学和技术的进步，人们还在继续开发新的彩色空间。

1. Isaac Newton（1643—1727 年）的色圆

Newton 于 1666 年开始研究颜色，提出了白光包含所有可见光谱的波长，并用棱镜演示了这个事实。同时，他把红色和紫色首尾相接形成色圆（Color Circle），也称牛顿色圆（Newton Color Circle），如图 9.2 所示。

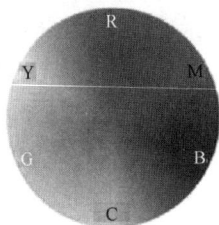

图 9.2　牛顿色圆

在色圆中，圆周表示色调，圆的半径表示饱和度，R 表示红色，G 表示绿色，B 表示蓝色，C 表示青色，M 表示品红，Y 表示黄色，牛顿色圆为揭示三原色原理奠定了基础。

2．Thomas Young（1773—1829 年）的假设

在 1802 年，Young 认为人的眼睛有三种不同类型的颜色感知接收器，大体上相当于红、绿和蓝三种基色的接收器。Hermann von Helmholtz（1821—1894 年）认为 Young 的看法非常重要，使用三种基色相加可产生范围很宽的颜色，他把这个想法用于定量研究，因此有时人们把他们的想法称为 Young-Helmholtz 理论。1965 年前后进行的详细的生理学实验证明，在眼睛中的确存在三种不同类型的视锥体，证实了 Thomas Young 的假设。

3．James Clerk Maxwell（1831—1879 年）的色度学

19 世纪 60 年代，Maxwell 探索了三种基色的关系。他认为三种基色相加产生的色调不能覆盖整个感知色调的色域，而使用相减混色产生的色调却可以，并且他认为彩色表面的色调和饱和度对眼睛的敏感度比亮度的低。Maxwell 的工作被认为是现代色度学的基础。

4．颜色度量方法的确定

20 世纪 20 年代，科学家们对提出的理论进行了实验，实验结果表明：红、绿和蓝相加混色的确能产生某个色域里所有的可见颜色，但不能产生所有的光谱色（单一波长的颜色），尤其是在绿色范围内的光谱色；如果加入一定量的红光，那么所有颜色都可呈现，并用三色激励值表示 R、G、B 基色，但必须允许红色激励值为负值（用补色）。1931 年，国际照明委员会（CIE）定义了标准颜色体系，规定所有的激励值应该为正值，用 x 和 y 两个坐标表示所有可见的颜色，并绘制了 CIE 色度图（CIE Chromaticity Diagram），该图是用 x, y 平面表示的马蹄形曲线，该图为大多数定量的颜色度量方法奠定了基础。

9.3.2　颜色的特性

颜色的三个特性：色调（Hue）、饱和度（Saturation）、亮度（Intensity）。

色调是视觉系统对一个区域呈现的颜色的感觉，即对可见物体辐射或发射的光波波长的感觉。色调是最容易把颜色区分开的属性，色调用红（Red）、橙（Orange）、黄（Yellow）、绿（Green）、青（Cyan）、蓝（Blue）和紫（Violet）等术语来刻画。色调数目多于 1000 万种，然而普通人只能区分 200 种左右，颜色专业人士可辨认的色调数目为 300～400 种。在色圆中，圆周表示色调。圆周上的颜色具有相同的饱和度和亮度，但它们的色调不同。

饱和度表示颜色的纯洁性，用来区别颜色明暗的程度。当一种颜色掺入其他光成分越多时，就说该颜色越不饱和；完全饱和的颜色是指没有掺入白光时呈现的颜色；单一波长的光谱色是完全饱和的颜色。在色圆中，圆的半径表示饱和度。沿半径方向上的颜色具有相同的色调和亮度，但它们的饱和度不同，距离圆心越远，饱和度越高，如图 9.3 所示。

亮度可以认为是光的强度，其含义是单位面积上反射或发射的光的强度，亮度常用垂直轴表示。沿垂直轴上的颜色具有相同的色调和饱和度，但它们的亮度不同：底部的亮度值小，最小值为 0，表示黑色；顶部的亮度值大，最大值为 1，表示白色；中间部分表示灰色，由下向上，灰度值逐渐增大，如图 9.3 所示。

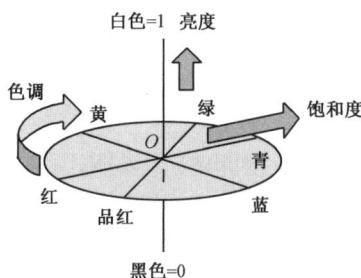

图 9.3　色调的表示

9.3.3　彩色模型的分类

彩色模型（Color Model）和彩色空间（Color Space）表示相同的含义，互为同义词。

1. 从与设备是否相关的角度分类

设备相关是指指定生成的颜色与生成颜色的设备有关。例如，RGB 彩色模型是与显示系统相关的彩色模型，计算机显示器使用 RGB 来显示颜色，用像素值（如 R=250，G=123，B=23）生成的颜色将随显示器的亮度和对比度的改变而改变。CMY（Cyan, Magenta, Yellow）或 CMYK（Cyan, Magenta, Yellow, Black）是与彩色打印系统相关的彩色模型。

设备无关是指指定生成的颜色与生成颜色的设备无关。例如，CIE La*b*彩色空间是与设备无关的彩色空间，它建立在 HSV（Hue, Saturation, Value）彩色模型的基础上，用该空间指定的颜色无论在什么设备上生成的颜色都相同。

2. 从颜色感知的角度分类

从颜色感知的角度可以将彩色模型（彩色空间）分为混合型彩色空间、非线性亮度-色度型彩色空间和色调-饱和度-强度型彩色空间三类。

混合型彩色空间是指按三种基色的比例合成颜色，如 RGB、CMY(K) 和 XYZ。

非线性亮度-色度型彩色空间是指用一个分量亮度表示非色的感知，用两个独立的分量表示色彩的感知。例如，La*b*、Lu*v*、XYZ、YUV 和 YIQ 等就是这类彩色空间。当需要黑白图像时，使用这样的系统就非常方便。其中，La*b*、Lu*v*和 XYZ 等是由国际照明委员会（CIE）定义的彩色空间，是与设备无关的彩色模型。用作颜色的基本度量方法，在科学计算中得到广泛应用。对不能直接相互转换的两个彩色空间，可利用这类彩色空间作为过渡性彩色空间。YUV 和 YIQ 是广播电视需求的推动而开发的彩色空间，是与设备相关的彩色模型，其主要目的是通过压缩色度信息来有效播送彩色电视图像。

色调-饱和度-强度型彩色空间是指用色调和饱和度描述色彩感知的彩色空间，可使颜色的解释更直观，而且对消除光亮度的影响很有用，如 HSI 彩色空间和 HSV 彩色空间等。

9.3.4　常用的彩色模型

1. RGB、CMY 和 CMYK 彩色模型

RGB 彩色模型是使用不同数量的红、绿和蓝三种基色相加产生颜色。在数字图像处理中，实际中最通用的面向硬件的模型就是 RGB 彩色模型，该彩色模型用于彩色监视器和一大类彩色视频摄像机。

青（Cyan）、品红（Magenta）、黄（Yellow）是光的二次色，它们是颜料的原色。CMY 彩色模型是使用白光中减去不同数量的青、品红和黄三种颜色产生的颜色。大多数在纸上沉积彩色颜料的设备，如彩色打印机和复印机，要求输入 CMY 数据或在内部进行 RGB 彩色模型到 CMY 彩色模型的转换。转换就是执行以下操作。

$$\begin{pmatrix} C \\ M \\ Y \end{pmatrix} = \begin{pmatrix} 1 \\ 1 \\ 1 \end{pmatrix} - \begin{pmatrix} R \\ G \\ B \end{pmatrix} \tag{9.1}$$

这里假定所有的彩色值范围都归一化为[0,1]。式（9.1）显示了从涂覆青色颜料的表面反射的光不包含红色，即式（9.1）中 $C=1-R$。与此相似，纯品红色不反射绿色，纯黄色不反射蓝色。在图像处理中，这一模型主要用于产生硬复制输出。

等量的颜料原色（青、品红、黄）可以产生黑色。实际上，为打印组合这些颜色产生的黑色是不纯的，因此，为了产生真正的在打印中起主要作用的颜色——黑色，需要加入第 4 种颜色——黑色，于是就提出了 CMYK 彩色模型。CMYK 彩色模型是将黑色分量加到 CMY 彩色空间形成的。当说到"四色打印"时，就是指在 CMY 彩色模型三种原色基础上再加上黑色。

2. HSI 和 HSV 彩色模型

在这类彩色模型中，指定颜色方式非常直观，很容易选择所需要的色调，并且已经把亮度从颜色信息中分离出来了。这些特点使得这类彩色模型成为非常适合借助人类视觉系统来感知彩色特性的图像处理算法。

在 HSI（Hue, Saturation, Intensity）彩色模型中，色调 H 用角度值（0°～360°）表示，如红、黄、绿、青、蓝、品红的角度值分别为 0°、60°、120°、180°、240° 和 300°。饱和度 S 分为低、中、高三种，低（0%～20%），产生灰色而不管色调；中（40%～60%），产生柔和的色调；高（80%～100%），产生鲜艳的颜色。强度 I 的取值范围为 0%（最暗黑）～100%（最亮）。

HSV（Hue, Saturation, Value）彩色模型是 A. R. Smith 根据颜色的直观特性于 1978 年创建的，也称六角锥体模型（Hexcone Model），如图 9.4 所示。在该彩色模型下，色调用角度度

量，变化范围为 0°～360°，红色为 0°，按逆时针方向计算；绿色为 120°；蓝色为 240°。饱和度的取值范围为 0.0～1.0；亮度值的取值范围为 0.0（黑色）～1.0（白色）。

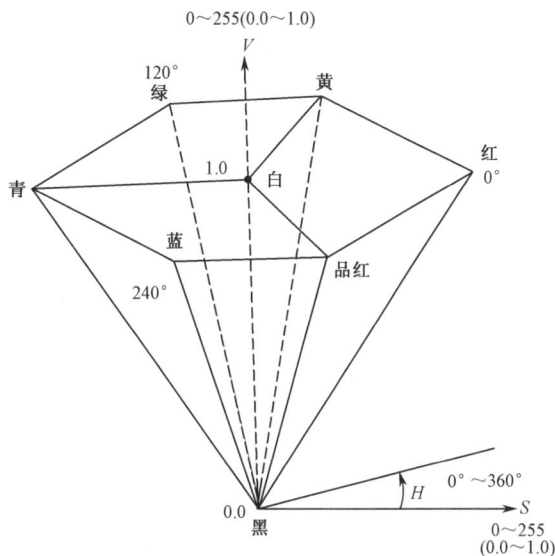

图 9.4　HSV 彩色模型

RGB 彩色空间转换成 HSV 彩色空间的公式如下。

$$H = \begin{cases} \arccos \dfrac{(R-G)+(R-B)}{2\sqrt{(R-G)^2+(R-B)(G-B)}}, & B \leqslant G \\[3mm] 2\pi - \arccos \dfrac{(R-G)+(R-B)}{2\sqrt{(R-G)^2+(R-B)(G-B)}}, & B > G \end{cases}$$

$$S = \frac{\max(R,G,B) - \min(R,G,B)}{\max(R,G,B)}$$

$$V = \frac{\max(R,G,B)}{255}$$

HSV 彩色空间中两个像素点 $p(h_p, s_p, v_p)$ 和 $c(h_c, s_c, v_c)$ 之间的距离按照如下公式计算。

$$d(p(h_p,s_p,v_p),c(h_c,s_c,v_c)) = \sqrt{(v_p-v_c)^2 + (s_p \cos h_p - s_c \cos h_c)^2 + (s_p \sin h_p - s_c \sin h_c)^2}$$

9.3.5　彩色平衡

1. 彩色平衡原理

彩色平衡算法一般用来修正曝光不足的图像及在人造光和特殊自然光下采集的图像。在很多图像中，都可能出现一些像素值接近 255 或接近 0 的像素点，这些像素点的比例很小，实际只包含较少的信息量。因此，可以去除这些最暗及最亮的灰度级。然后再对余下的灰度级进行重新分配，这样做既有对图像白平衡的作用，同时也可以对图像对比度进行增强。对于 HSV 彩色空间来讲，仅对 V 通道进行处理后，将处理前和处理后的比值分别与 R、G、B

三通道相乘得到平衡结果。图 9.5 是白平衡算法流程图（s_1 和 s_2 是希望消除的灰度级的比例，s_1 为左边的灰度级比例，s_2 为右边的灰度级比例）。

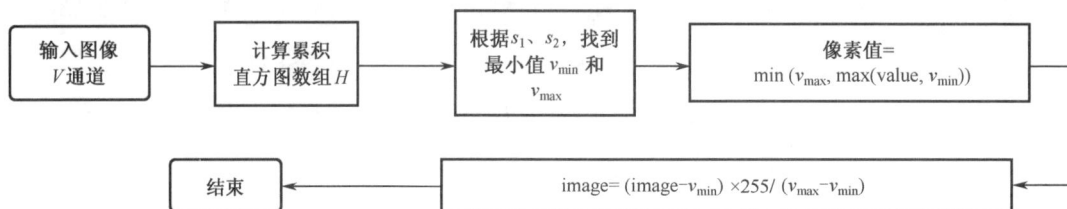

图 9.5　白平衡算法流程图

图 9.5 中，累积直方图存储的是小于等于当前灰度值的像素数。若设总像素数为 N，则 $v_{\min}$ 指的是满足 $H(X) > N \times s_1/100$ 的最小值。$v_{\max}$ 指的是满足 $H(X) < N \times (1 - s_2/100)$ 的最大值。

2．白平衡算法的实现

【例 9.1】特殊光照下图像的白平衡算法实现。

对于特殊光照下的彩色图像，可以将 RGB 原始图像转换到 HSI 彩色空间，然后对 I 分量进行白平衡处理，最后再转回 RGB 彩色空间显示。

```
IMG=imread('darkflower.png');
figure, imshow(IMG);
m=size(IMG,1);
n=size(IMG,2);
R = mat2gray(im2double(IMG(:,:,1)));
G = mat2gray(im2double(IMG(:,:,2)));
B = mat2gray(im2double(IMG(:,:,3)));
%转换到 HSI 彩色空间
temp1 = min(min(R,G),B);
temp2 = R+G+B;
temp2(temp2==0)=eps;
I = (R+G+B)/3;
S = 1-3.*temp1./temp2;
temp1 = 0.5*((R-G)+(R-B));
temp2 = sqrt((R-G).^2+(R-B).*(G-B));
theta = acos(temp1./(temp2+eps));
H=theta;
H(B>G)=2*pi-H(B>G);
H=H/(2*pi);
H(S==0)=0;
I2 = I.*255;
%对 I 分量进行白平衡处理
I3=simplestColorBalance(I2,1,1);
%转回 RGB 彩色空间显示
```

```
lamda = double(I3)./(I3+eps);
A = min(1,lamda);
I4 = I3/max(max(I3));
HSI = cat(3,H,S,I4);
h=HSI(:,:,1)*2*pi;
s=HSI(:,:,2);
i=HSI(:,:,3);
r=zeros(size(HSI,1),size(HSI,2));
g=zeros(size(HSI,1),size(HSI,2));
b=zeros(size(HSI,1),size(HSI,2));
%当 H 在[0,2pi/3]
ind=find((h>=0)&(h<2*pi/3));
b(ind)=i(ind).*(1.0-s(ind));
r(ind)=i(ind).*(1.0+s(ind).*cos(h(ind))./cos(pi/3.0-h(ind)));
g(ind)=3.0*i(ind)-(r(ind)+b(ind));
%当 H 在[2pi/3,4pi/3]
ind=find((h>2*pi/3)&(h<4*pi/3));
h(ind)=h(ind)-pi*2/3;
r(ind)=i(ind).*(1.0-s(ind));
g(ind)=i(ind).*(1.0+s(ind).*cos(h(ind))./cos(pi/3.0-h(ind)));
b(ind)=3.0*i(ind)-(r(ind)+g(ind));
%当 H 在[4pi/3,2pi]
ind=find((h>=4*pi/3)&(h<2*pi));
h(ind)=h(ind)-pi*4/3;
g(ind)=i(ind).*(1.0-s(ind));
b(ind)=i(ind).*(1.0+s(ind).*cos(h(ind))./cos(pi/3.0-h(ind)));
r(ind)=3.0*i(ind)-(g(ind)+b(ind));
r = im2uint8(r.*A);
g = im2uint8(g.*A);
b = im2uint8(b.*A);
rgb=cat(3,r,g,b);
figure,imshow(rgb);
```

在程序中，需要调用白平衡函数 simplestColorBalance。

```
function img = simplestColorBalance(I,s1,s2)
%对图像进行白平衡，s1 为直方图左边的阈值百分比，s2 为直方图右边的阈值百分比
[m,n] = size(I);
Max = max(I(:));
N = m*n;
images = round(reshape(I,[1 N]));%将二维模板变为一维
%初始化累计直方图矩阵
histo = zeros(1,Max+1);
for i=1:N
    histo(images(i)+1) = histo(images(i)+1) + 1;
```

```
end
for i=2:Max+1
    histo(i) = histo(i) + histo(i - 1);
end
%找到左边的最小值和右边的最大值
vmin = 1;
while histo(vmin) < N * s1 / 100
    vmin = vmin + 1;
end
vmin = vmin - 1;
vmax = Max+1;
while histo(vmax) > N * (1 - s2 / 100)
    vmax = vmax - 1;
end
vmax = vmax - 1;
%将像素值量化到[vmin,vmax]之间
images = double(max(vmin,min(vmax,images)));
images = round((images - vmin)*255/(vmax - vmin));
img = reshape(images,[m n]);
end
```

运行结果如图 9.6 所示。

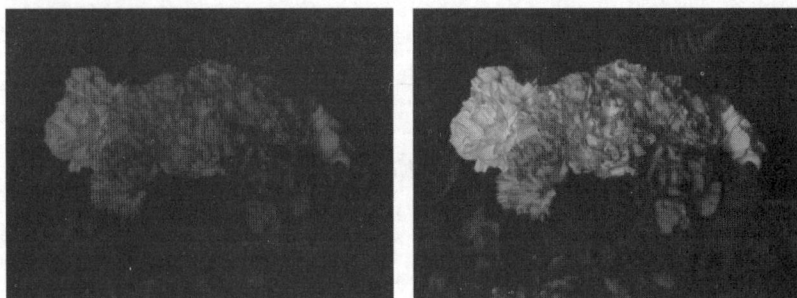

（a）特殊光照下的图像   （b）白平衡后的图像

图 9.6　特殊光照下彩色图像的白平衡处理结果

【例 9.2】模糊自适应增强与白平衡算法相结合。

将第 5 章讨论的模糊自适应增强算法与本章讨论的白平衡算法相结合进行彩色图像增强处理。

```
I1=imread('palace.png');
I2=FuzzyHSI(I1,2,1,1);
figure,imshow(I1);
figure,imshow(I2,[0 255]);
```

在程序中，主要调用模糊自适应增强算法与白平衡算法相结合的函数 FuzzyHSI。

```
function rgb=FuzzyHSI(img,alpha,s1,s2)
%img 为输入图像；alpha 为量化系数，一般取 2；s1，s2 为白平衡系数，一般取 1
```

该函数首先将 img 由 RGB 彩色空间转换到 HSI 彩色空间，然后对 I 分量进行模糊自适应增强算法、白平衡算法处理。

```
I1 = I.*255;
I2 = AdaptFuzzyHE(I1);
I3=(I2-min(min(I2)))*255/(max(max(I2))-min(min(I2)));
I4 = simplestColorBalance(I3,s1,s2);
```

最后，将 (H, S, I_4) 转换回到 RGB 彩色空间进行显示。运行结果如图 9.7 所示。

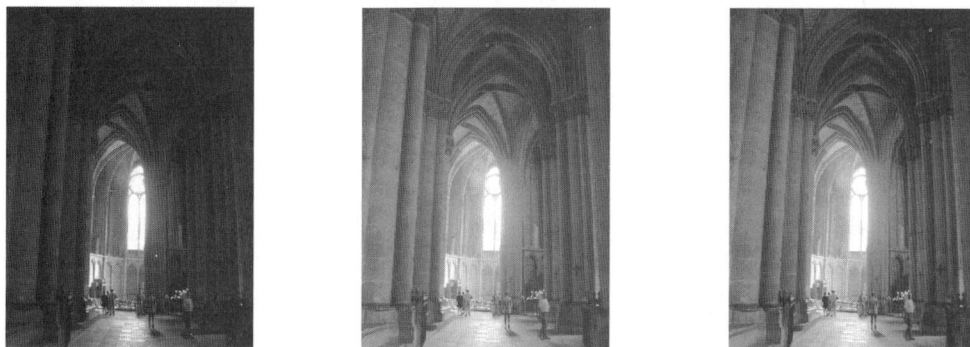

（a）原始图像　　　　　（b）模糊自适应增强算法的结果　　（c）模糊自适应增强算法与白平衡算法的结果

图 9.7　模糊自适应增强算法与白平衡算法相结合的结果

9.4　习 题 解 答

9.1　什么是三原色原理？

【答】三原色原理的基本内容是：任何颜色都可以用三种不同的基本颜色按照不同比例混合得到，即

$$C=aC_1+bC_2+cC_3$$

式中，a、b、$c \geq 0$ 为三种原色的权值或者比例，C_1、C_2、C_3 为三原色（又称为三基色）。

9.2　在 RGB 彩色系统中，每个 RGB 分量图像是一幅 8 位图像，共有多少不同的彩色级？

【答】RGB 彩色图像，其中每幅红、绿、蓝图像都是一幅 8 位图像，在这种条件下，每个 RGB 彩色像素有 24 位深度（3 个图像平面乘以每平面比特数，即 3×8）。在 24 位 RGB 图像中，颜色总数是 $2^{24}=16777216$ 个。

9.3　（1）存储一幅 512 像素×512 像素的 256 个灰度级的图像需要多少位？

　　　（2）一幅 384 像素×256 像素的 24 位全彩色图像的容量为多少位？

【解】（1）512×512×8=2097152（位）

　　　（2）384×256×24=2359296（位）

9.4　为什么从 RGB 彩色空间向 HSI 彩色空间转换时分两段计算 H，而从 HSI 彩色空间向 RGB 彩色空间转换时分三段计算 H？

【答】在 HSI 彩色空间中，H 是代表某种颜色的矢量与红色分量 R 的夹角，它的取值范围是 0°～360°。

当从 RGB 彩色空间向 HSI 彩色空间转换时，按照教材中的式（9.17），反余弦函数的取值范围为 $0°\sim180°$，当 $G\geq B$ 时，得到的 H 值为 $0°\sim180°$；当 $G<B$ 时，H 值为 $180°\sim360°$，由教材中式（9.16）的第 2 个式子计算得到。

当从 HSI 彩色空间向 RGB 彩色空间转换时，由于 H 角在 HSI 彩色空间中可分成 3 个对应和对称的部分，所以计算时分成 3 段可以利用对称性来简化表达和计算。

9.5 一幅 512 像素×512 像素的 RGB 彩色图像，均分成四块，左上角为绿色，右上角为红色，左下角为蓝色，右下角为绿色，试编写 MATLAB 程序，生成该幅图像。

【答】程序如下。

```
clear
rgb_R=zeros(512,512);
rgb_R(1:256,257:512)=1;
rgb_G=zeros(512,512);
rgb_G(1:256,1:256)=1;
rgb_G(257:512,257:512)=1;
rgb_B=zeros(512,512);
rgb_B(257:512,1:256)=1;
rgb=cat(3,rgb_R,rgb_G,rgb_B);
figure, imshow(rgb), title('RGB彩色图像');
```

程序运行结果如图 9.8 所示。

9.6 将习题 9.5 的图像转换到 HSI 彩色空间，请用 MATLAB 程序实现如下问题，并简述观察结果。

（1）用 25×25 平均模板模糊 H 分量图像，并转换回到 RGB 彩色空间，你会看到什么结果？

（2）用 25×25 平均模板模糊 S 分量图像，并转换回到 RGB 彩色空间，你会看到什么结果？

【答】（1）用 25×25 平均模板模糊 H 分量图像，得到的 H_1 分量图像的色彩被模糊，转换回到 RGB 彩色空间后，可以看到图像色彩变得较为柔和，如图 9.9 所示。

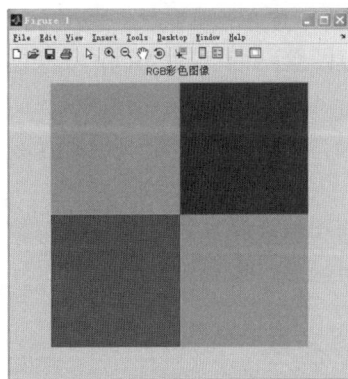

图 9.8 生成的彩色图像

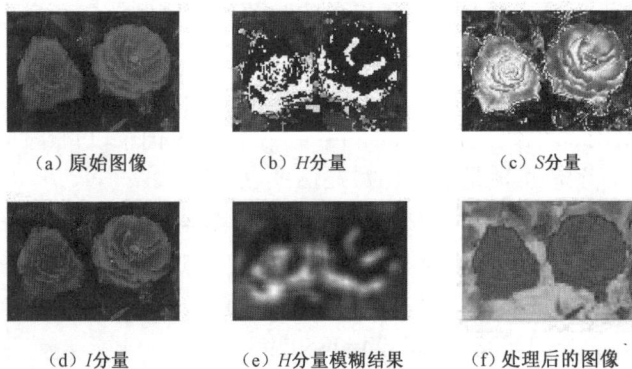

(a) 原始图像　　(b) H 分量　　(c) S 分量

(d) I 分量　　(e) H 分量模糊结果　　(f) 处理后的图像

图 9.9 结果图

（2）用 25×25 平均模板模糊 S 分量图像，得到的 S_1 分量图像被模糊，转换回到 RGB 彩色空间，可以看到图像的饱和度减弱，如图 9.10 所示。

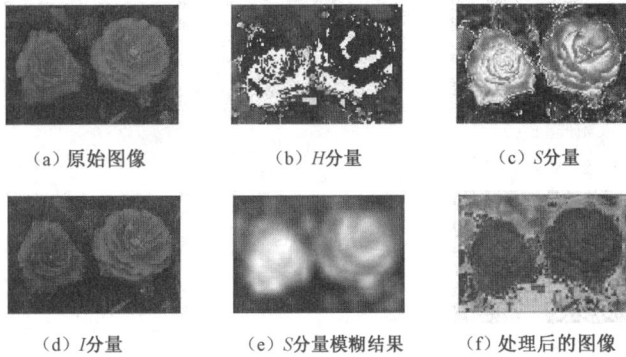

(a) 原始图像　　　　(b) H 分量　　　　(c) S 分量

(d) I 分量　　　　(e) S 分量模糊结果　　　　(f) 处理后的图像

图 9.10　结果图

其中，问题（1）的程序如下。

```
rgb=imread('flower673.jpg');
rgb1=im2double(rgb);
r=rgb1(:,:,1);
g=rgb1(:,:,2);
b=rgb1(:,:,3);
I=(r+g+b)/3;
tmp1=min(min(r,g),b);
tmp2=r+g+b;
tmp2(tmp2==0)=eps;
S=1-3.*tmp1./tmp2;
tmp1=0.5*((r-g)+(r-b));
tmp2=sqrt((r-g).^2+(r-b).*(g-b));
theta=acos(tmp1./(tmp2+eps));
H=theta;
H(b>g)=2*pi-H(b>g);
H=H/(2*pi);
H(S==0)=0;
subplot(231),imshow(rgb), title('图像');
subplot(232),imshow(H), title('H分量');
subplot(233), imshow(S), title('S分量');
subplot(234), imshow(I), title('I分量');
H1=filter2(fspecial('average',25),H)/255;
S1=filter2(fspecial('average',25),S)/255;
subplot(235), imshow(mat2gray(H1)), title('H分量模糊结果');
hsi=cat(3,H1,S,I);
H=hsi(:,:,1)*2*pi;
S=hsi(:,:,2);
I=hsi(:,:,3);
R=zeros(size(hsi,1),size(hsi,2));
G=zeros(size(hsi,1),size(hsi,2));
B=zeros(size(hsi,1),size(hsi,2));
```

```
ind=find((H>=0)&(H<2*pi/3));
B(ind)=I(ind).*(1.0-S(ind));
R(ind)=I(ind).*(1.0+S(ind).*cos(H(ind))./cos(pi/3.0-H(ind)));
G(ind)=1.0-(R(ind)+B(ind));
ind=find((H>2*pi/3)&(H<4*pi/3));
H(ind)=H(ind)-pi*2/3;
R(ind)=I(ind).*(1.0-S(ind));
G(ind)=I(ind).*(1.0+S(ind).*cos(H(ind))./cos(pi/3.0-H(ind)));
B(ind)=1.0-(R(ind)+G(ind));
ind=find((H>=4*pi/3)&(H<2*pi));
H(ind)=H(ind)-pi*4/3;
G(ind)=I(ind).*(1.0-S(ind));
B(ind)=I(ind).*(1.0+S(ind).*cos(H(ind))./cos(pi/3.0-H(ind)));
R(ind)=1.0-(G(ind)+B(ind));
RGB=cat(3,R,G,B);
subplot(236),imshow(RGB), title('处理后的图像');
```

问题（2）的程序只需把以上程序中的 hsi=cat(3,H1,S,I)改为 hsi=cat(3,H,S1,I)。

9.7   以流程图的形式给出一个过程来确定一个彩色向量 z 是否在一个立方体内部，立方体宽度为 w，中心在平均彩色向量 a 处，不允许计算距离。

【答】设 $z=(z_1,z_2,z_3)$，$a=(a_1,a_2,a_3)$。

如果$|z_1-a_1|<w/2$、$|z_2-a_2|<w/2$ 且$|z_3-a_3|<w/2$，则说明 z 在此立方体的内部。

流程图如图 9.11 所示。

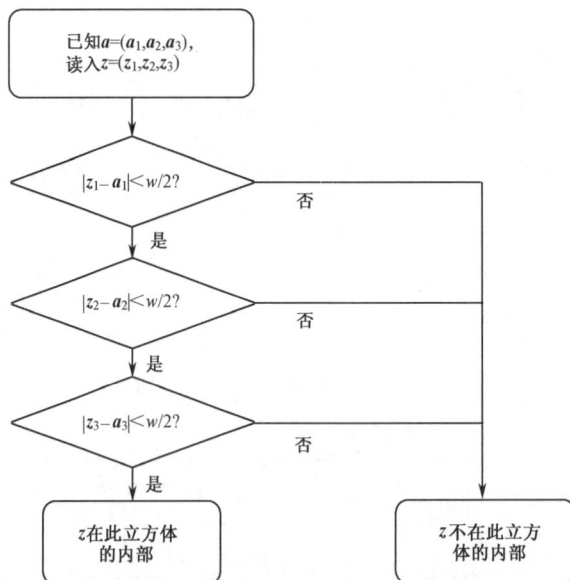

图 9.11   流程图

9.8   参考 9.5.3 节，也许会想到，在任何点定义 RGB 图像梯度的逻辑方法是，计算每个分量图像的梯度向量，然后把三个单独的梯度向量求和形成彩色图像梯度向量。遗憾的是，有时这个方法会导致错误结果。特别是对于明确定义了边缘，并有 0 梯度的彩色图像，如果用这个方法容易产生错误。给出一幅符合这样要求的图像的例子（提示：置一个彩色平面为恒定值，简化你的分析）。

【答】取教材中【例 9.1】生成的一幅 128 像素×128 像素的 RGB 彩色图像，该图像左上角为红色，左下角为蓝色，右上角为绿色，右下角为黑色。从运行程序后产生的结果图可以看出，用各个颜色分量图像梯度的混合检测边缘和用彩色空间的向量梯度检测边缘有差别，如图 9.12 所示，进而得出前一方法容易产生错误。

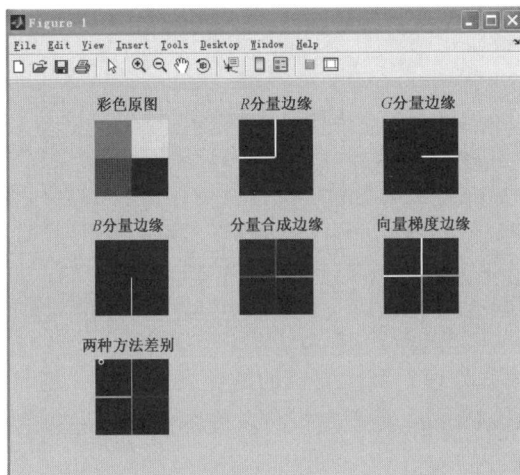

图 9.12　彩色图像边缘检测

运行程序如下。

```
clear
rgb_R=zeros(128,128);
rgb_R(1:64,1:64)=1;
rgb_G=zeros(128,128);
rgb_G(1:64,65:128)=1;
rgb_B=zeros(128,128);
rgb_B(65:128,1:64)=1;
rgb=cat(3,rgb_R,rgb_G,rgb_B);
sob=fspecial('sobel');
Rx=imfilter(double(rgb(:,:,1)),sob,'replicate');
Ry=imfilter(double(rgb(:,:,1)),sob','replicate');
Gx=imfilter(double(rgb(:,:,2)),sob,'replicate');
Gy=imfilter(double(rgb(:,:,2)),sob','replicate');
Bx=imfilter(double(rgb(:,:,3)),sob,'replicate');
By=imfilter(double(rgb(:,:,3)),sob','replicate');
r_gradiant=mat2gray(max(Rx,Ry));
g_gradiant=mat2gray(max(Gx,Gy));
b_gradiant=mat2gray(max(Bx,By));
rgb_gradiant=rgb2gray(cat(3,r_gradiant,g_gradiant,b_gradiant));
```

```
gxx=Rx.^2+Gx.^2+Bx.^2;
gyy=Ry.^2+Gy.^2+By.^2;
gxy=Rx.*Ry+Gx.*Gy+Bx.*By;
theta=0.5*(atan(2*gxy./(gxx-gyy+eps)));
G1=0.5*((gxx+gyy)+(gxx-gyy).*cos(2*theta)+2*gxy.*sin(2*theta));
theta=theta+pi/2;
G2=0.5*((gxx+gyy)+(gxx-gyy).*cos(2*theta)+2*gxy.*sin(2*theta));
G1=G1.^0.5;
G2=G2.^0.5;
rgb_vectorgradiant=mat2gray(max(G1,G2));
diff=abs(rgb_vectorgradiant-rgb_gradiant);
subplot(331), imshow(rgb), title('彩色原图');
subplot(332),imshow(r_gradiant), title('R 分量边缘');
subplot(333), imshow(g_gradiant), title('G 分量边缘');
subplot(334), imshow(b_gradiant), title('B 分量边缘');
subplot(335), imshow(rgb_gradiant), title('分量合成边缘');
subplot(336), imshow(rgb_vectorgradiant), title('向量梯度边缘');
subplot(337), imshow(diff), title('两种方法差别');
```

9.9　什么是伪彩色增强处理？其主要目的是什么？

【答】伪彩色（Pseudocoloring）处理是指将灰度图像转化为彩色图像，或者将单色图像变换成给定彩色分布的图像。

由于人类可以辨别上千种颜色和强度，而只能辨别 20 多种灰度，所以将灰度图像转化成彩色表示可以提高人类对图像细节的辨别力。因此，伪彩色处理的主要目的是提高人类对图像细节的分辨能力，以达到图像增强的目的。

9.10　试设计运用频率域法实现彩色图像高频加强滤波的算法，写出主要步骤。

【答】解题思路为先将图像转换到频率域，在频率域对图像进行高频加强滤波，再对滤波后的结果进行逆变换。

具体步骤如下。

（1）将从彩色图像中得到的 R、G、B 三个颜色分量，对每个颜色分量进行（2）～（8）步的处理。

（2）对颜色分量进行参数填充。

（3）得到使用填充颜色分量的傅里叶变换 F。

（4）得到与填充后参数相同的高通滤波函数。

（5）由高通滤波函数得到高频加强滤波函数 H。

（6）$G=H \times F$。

（7）获得 G 的傅里叶逆变换的实部 g。

（8）将 g 修剪为原始大小。

（9）用 cat 函数将三个处理后的分量连接成 RGB 彩色图像。

9.11　打开一幅 RGB 彩色图像，用 MATLAB 编程，将绿色和蓝色通道进行互换，观察通道互换后的效果，并对结果进行说明。若将所有蓝色加倍，结果又将如何？

【答】根据题意，这里选择一幅向日葵彩色图像，取出红色、绿色、蓝色三个分量，将绿色和蓝色分量互换之后合成一幅新的彩色图像；然后将蓝色分量加倍，合成一幅新的彩色图像。实现的程序如下。

```
rgb=imread('sunflower.jpg');
figure,imshow(rgb);
fR=rgb(:,:,1);
fG=rgb(:,:,2);
fB=rgb(:,:,3);
rgb1=cat(3,fR,fB,fG);
figure,imshow(rgb1);
fB1=2*fB;
fB2=floor(fB1);
ind1=find(fB2<0);
fB2(ind1)=0;
ind2=find(fB2>255);
fB2(ind2)=255;
rgb2=cat(3,fR,fG,fB2);
figure,imshow(rgb2);
```

程序运行结果如图 9.13 所示。

| （a）原始图像 | （b）绿色和蓝色互换结果 | （c）蓝色分量加倍结果 |

图 9.13　彩色图像分量变换结果

从图 9.13（b）可以看出，绿色和蓝色分量互换之后，向日葵的叶子由绿色变成蓝色，向日葵的花蕊由黄色变成紫红色，天空中部分蓝色变成绿色。从图 9.13（c）可以看出，蓝色分量加倍之后，整幅图像在保持原有色调的基础上，更多呈现蓝色色调。

9.5　实　验　指　导

9.5.1　灰度级到彩色转换

1. 实验内容

对一幅灰度图像进行到彩色转换。

2. 实验原理

对任何输入像素的灰度级执行三个独立的变换，接着把三个变换结果分别送入彩色电视监视器的红、绿、蓝通道。这种方法产生一幅合成图像，其彩色内容受变换函数特性的调制。三个变换都是基于平滑的非线性函数，这种方法在技术上有相当大的灵活性。

3. 实验方法及程序

实验方法主要由如下两步组成。

（1）确定红、绿、蓝三个变换器的变换函数。

（2）合成彩色。

其参考程序设计如下。

```
clear all;
a=imread('boat.bmp');
c=zeros(size(a));
pos=find((a>=60)&(a<105));
c(pos)=a(pos);
b(:,:,3)=c;
c=zeros(size(a));
pos=find((a>=105)&(a<150));
c(pos)=a(pos);
b(:,:,2)=c;
c=zeros(size(a));
pos=find(a>=150);
c(pos)=a(pos);
b(:,:,1)=c;
b=uint8(b);
figure,imshow(a,[]);
figure,imshow(b,[]);
```

4. 实验结果与分析

实验结果如图 9.14 所示。

（a）原始图像　　　　（b）灰度到彩色变换后的图像

图 9.14　灰度到彩色变换处理的结果

从实验结果可以看出：灰度图像变换成伪彩色图像，图像内容的层次变得较清晰，改善了图像的视觉效果。

5. 思考题

（1）对参考程序给出功能注释。
（2）写出变换的变换函数。
（3）选择另一个变换函数进行实验。

9.5.2 彩色图像的两种平滑滤波

1. 实验内容

对一幅彩色图像采用如下两种方法实现平滑滤波，并对结果进行比较。

（1）彩色图像用传统的邻域平均单独平滑 R、G、B 三个分量图像，再对平滑后的分量图像进行合成。

（2）将 RGB 彩色图像转换到 HSI 彩色空间，仅对强度分量 I 进行平滑处理，而保持色度和饱和度分量不变，再将其转换到 RGB 彩色空间进行显示。

2. 实验原理

令 S_{xy} 表示在 RGB 彩色图像中定义的一个中心在 (x, y) 邻域的坐标集中，在该邻域中 RGB 分量的平均值为

$$\overline{c}(x, y) = \frac{1}{K} \sum_{(x,y) \in S_{xy}} c(x, y)$$

式中，

$$\overline{c}(x, y) = \begin{pmatrix} \dfrac{1}{K} \sum\limits_{(x,y) \in S_{xy}} R(x, y) \\[2mm] \dfrac{1}{K} \sum\limits_{(x,y) \in S_{xy}} G(x, y) \\[2mm] \dfrac{1}{K} \sum\limits_{(x,y) \in S_{xy}} B(x, y) \end{pmatrix}$$

可以看出，如标量图像那样，该向量分量可以用传统的灰度邻域处理单独的平滑 RGB 图像的每个平面得到。

3. 实验方法及程序

实验方法如下。

（1）彩色图像用传统的邻域平均单独平滑 R、G、B 三个分量图像，再对平滑后的分量图像进行合成。

（2）将 RGB 彩色图像转换到 HSI 彩色空间，仅对强度分量 I 进行平滑处理，而保持色度和饱和度分量不变，再将其转换到 RGB 彩色空间进行显示。

（3）计算两种平滑滤波结果的差。

其参考程序设计如下。

```matlab
rgb1=imread('flower673.jpg');
rgb=im2double(rgb1);
fR=rgb(:,:,1);
fG=rgb(:,:,2);
fB=rgb(:,:,3);
w=fspecial('average');
fR_filtered=imfilter(fR,w);
fG_filtered=imfilter(fG,w);
fB_filtered=imfilter(fB,w);
rgb_filtered=cat(3,fR_filtered,fG_filtered,fB_filtered);
I1=(fR+fG+fB)/3;
tmp1=min(min(fR,fG),fB);
tmp2=fR+fG+fB;
tmp2(tmp2==0)=eps;
S=1-3.*tmp1./tmp2;
tmp1=0.5*((fR-fG)+(fR-fB));
tmp2=sqrt((fR-fG).^2+(fR-fB).*(fG-fB));
theta=acos(tmp1./(tmp2+eps));
H1=theta;
H1(fB>fG)=2*pi-H1(fB>fG);
H1=H1/(2*pi);
H1(S==0)=0;
w=fspecial('average');
I=imfilter(I1,w);
H=H1*2*pi;
R=zeros(size(rgb1,1),size(rgb1,2));
G=zeros(size(rgb1,1),size(rgb1,2));
B=zeros(size(rgb1,1),size(rgb1,2));
ind=find((H>=0)&(H<2*pi/3));
B(ind)=I(ind).*(1.0-S(ind));
R(ind)=I(ind).*(1.0+S(ind).*cos(H(ind))./cos(pi/3.0-H(ind)));
G(ind)=1.0-(R(ind)+B(ind));
ind=find((H>2*pi/3)&(H<4*pi/3));
H(ind)=H(ind)-pi*2/3;
R(ind)=I(ind).*(1.0-S(ind));
G(ind)=I(ind).*(1.0+S(ind).*cos(H(ind))./cos(pi/3.0-H(ind)));
B(ind)=1.0-(R(ind)+G(ind));
ind=find((H>=4*pi/3)&(H<2*pi));
H(ind)=H(ind)-pi*4/3;
G(ind)=I(ind).*(1.0-S(ind));
B(ind)=I(ind).*(1.0+S(ind).*cos(H(ind))./cos(pi/3.0-H(ind)));
```

```
R(ind)=1.0-(G(ind)+B(ind));
hsi_rgb=cat(3,R,G,B);
diff=(abs(hsi_rgb-rgb_filtered));
```

4. 实验结果与分析

实验结果如图 9.15 所示。

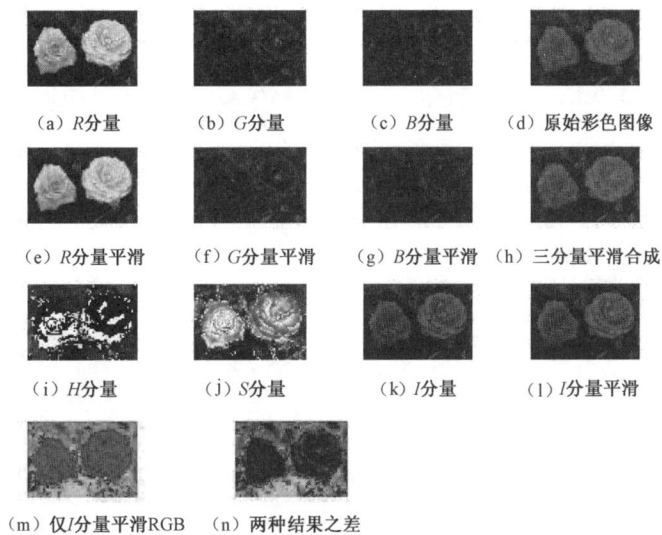

（a）*R*分量　（b）*G*分量　（c）*B*分量　（d）原始彩色图像

（e）*R*分量平滑　（f）*G*分量平滑　（g）*B*分量平滑　（h）三分量平滑合成

（i）*H*分量　（j）*S*分量　（k）*I*分量　（l）*I*分量平滑

（m）仅*I*分量平滑RGB　（n）两种结果之差

图 9.15　彩色图像的平滑滤波

从实验结果可以看出，用两种方法对图像进行平滑所得的结果不完全相同。

5. 思考题

（1）对参考程序给出功能注释。
（2）对实验结果进行详细分析。

9.5.3　彩色图像的两种锐化滤波

1. 实验内容

对一幅彩色图像采用如下两种方法实现锐化滤波，并对结果进行比较。

（1）彩色图像用传统的拉普拉斯算子分别锐化 *R*、*G*、*B* 三个分量图像，再对锐化后的分量图像进行合成。

（2）将 RGB 图像转换到 HSI 彩色模型，仅对强度分量 *I* 进行锐化处理，而保持色度和饱和度分量不变，再将其转换到 RGB 彩色空间进行显示。

2. 实验原理

在 RGB 彩色模型中，向量 *c* 的拉普拉斯变换为

$$\nabla^2[\boldsymbol{c}(x,y)] = \begin{pmatrix} \nabla^2 R(x,y) \\ \nabla^2 G(x,y) \\ \nabla^2 B(x,y) \end{pmatrix}$$

可以通过分别计算每个分量图像的拉普拉斯算子去计算全彩色图像的拉普拉斯变换。

3. 实验方法及程序

实验方法如下。

（1）彩色图像用传统的拉普拉斯算子分别锐化 R、G、B 三个分量图像，再对锐化后的分量图像进行合成。

（2）将 RGB 图像转换到 HSI 彩色模型，仅对强度分量 I 进行锐化处理，而保持色度和饱和度分量不变，再将其转换到 RGB 彩色空间进行显示。

（3）计算两种锐化滤波结果的差。

其参考程序设计如下。

```
rgb1=imread('flower673.jpg');
rgb=im2double(rgb1);
fR=rgb(:,:,1);
fG=rgb(:,:,2);
fB=rgb(:,:,3);
lapMatrix=[1 1 1;1 -8 1;1 1 1];
fR_filtered=imfilter(fR,lapMatrix,'replicate');
fG_filtered=imfilter(fG,lapMatrix,'replicate');
fB_filtered=imfilter(fB,lapMatrix,'replicate');
rgb_tmp=cat(3,fR_filtered,fG_filtered,fB_filtered);
rgb_filtered=imsubtract(rgb,rgb_tmp);
I1=(fR+fG+fB)/3;
tmp1=min(min(fR,fG),fB);
tmp2=fR+fG+fB;
tmp2(tmp2==0)=eps;
S=1-3.*tmp1./tmp2;
tmp1=0.5*((fR-fG)+(fR-fB));
tmp2=sqrt((fR-fG).^2+(fR-fB).*(fG-fB));
theta=acos(tmp1./(tmp2+eps));
H1=theta;
H1(fB>fG)=2*pi-H1(fB>fG);
H1=H1/(2*pi);
H1(S==0)=0;
lapMatrix=[1 1 1;1 -8 1;1 1 1];
I=imfilter(I1,lapMatrix,'replicate');
```

4．实验结果与分析

实验结果如图 9.16 所示。

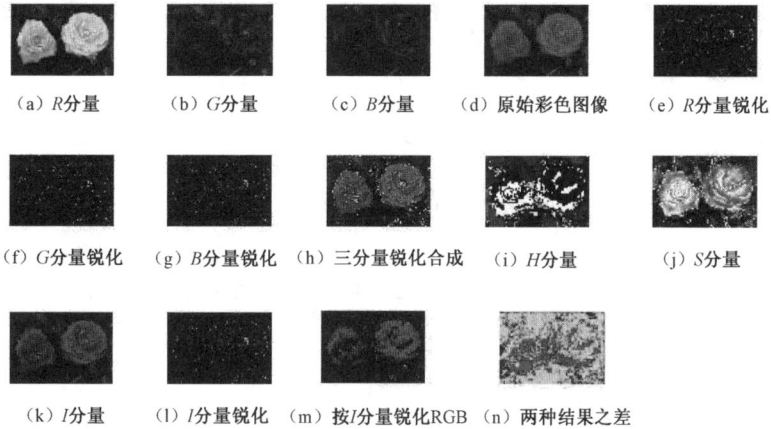

（a）R分量　（b）G分量　（c）B分量　（d）原始彩色图像　（e）R分量锐化

（f）G分量锐化　（g）B分量锐化　（h）三分量锐化合成　（i）H分量　（j）S分量

（k）I分量　（l）I分量锐化　（m）按I分量锐化RGB　（n）两种结果之差

图 9.16　彩色图像的锐化

从实验结果可以看出，用两种方法对图像进行锐化所得的结果不完全相同。

5．思考题

（1）对参考程序给出功能注释。

（2）对实验结果进行详细分析。

9.5.4　彩色图像的边缘检测

1．实验内容

对一幅彩色图像，通过计算向量梯度的幅值进行边缘检测。

2．实验原理

设 r, g, b 是 RGB 彩色空间沿 R, G, B 轴的单位向量，可定义向量为

$$u = \frac{\partial R}{\partial x} r + \frac{\partial G}{\partial x} g + \frac{\partial B}{\partial x} b$$

$$v = \frac{\partial R}{\partial y} r + \frac{\partial G}{\partial y} g + \frac{\partial B}{\partial y} b$$

将 g_{xx}, g_{yy}, g_{xy} 定义为这些向量的点乘，如下所示。

$$g_{xx} = u \cdot u = u^{\mathrm{T}} u = \left| \frac{\partial R}{\partial x} \right|^2 + \left| \frac{\partial G}{\partial x} \right|^2 + \left| \frac{\partial B}{\partial x} \right|^2$$

$$g_{yy} = \boldsymbol{v} \cdot \boldsymbol{v} = \boldsymbol{v}^{\mathrm{T}}\boldsymbol{v} = \left|\frac{\partial R}{\partial y}\right|^2 + \left|\frac{\partial G}{\partial y}\right|^2 + \left|\frac{\partial B}{\partial y}\right|^2$$

$$g_{xy} = \boldsymbol{u} \cdot \boldsymbol{v} = \boldsymbol{u}^{\mathrm{T}}\boldsymbol{v} = \frac{\partial R}{\partial x}\frac{\partial R}{\partial y} + \frac{\partial G}{\partial x}\frac{\partial G}{\partial y} + \frac{\partial B}{\partial x}\frac{\partial B}{\partial y}$$

利用该表示法，$c(x,y)$ 的最大变化率方向可以由角度给出。

$$\theta = \frac{1}{2}\arctan\left[\frac{2g_{xy}}{g_{xx} - g_{yy}}\right]$$

(x,y) 点在 θ 方向上变化率的幅值由下式给出。

$$F(\theta) = \left\{\frac{1}{2}[(g_{xx} + g_{yy}) + (g_{xx} - g_{yy})\cos 2\theta + 2g_{xy}\sin 2\theta]\right\}^{\frac{1}{2}}$$

3. 实验方法及程序

实验方法如下。

（1）彩色图像向量梯度的计算。

（2）根据彩色图像向量梯度的幅值检测边缘。

其参考程序设计如下。

```
rgb=imread('flower673.jpg');
sob=fspecial('sobel');
Rx=imfilter(double(rgb(:,:,1)),sob,'replicate');
Ry=imfilter(double(rgb(:,:,1)),sob','replicate');
Gx=imfilter(double(rgb(:,:,2)),sob,'replicate');
Gy=imfilter(double(rgb(:,:,2)),sob','replicate');
Bx=imfilter(double(rgb(:,:,3)),sob,'replicate');
By=imfilter(double(rgb(:,:,3)),sob','replicate');
gxx=Rx.^2+Gx.^2+Bx.^2;
gyy=Ry.^2+Gy.^2+By.^2;
gxy=Rx.*Ry+Gx.*Gy+Bx.*By;
theta=0.5*(atan(2*gxy./(gxx-gyy+eps)));
G1=0.5*((gxx+gyy)+(gxx-gyy).*cos(2*theta)+2*gxy.*sin(2*theta));
theta=theta+pi/2;
G2=0.5*((gxx+gyy)+(gxx-gyy).*cos(2*theta)+2*gxy.*sin(2*theta));
G1=G1.^0.5;
G2=G2.^0.5;
rgb_gradiant=mat2gray(max(G1,G2));
```

4. 实验结果与分析

实验结果如图 9.17 所示，可以看出，花的边缘细节都能够较好地提取出来。

（a）彩色图像　　　　　　　　　　（b）向量梯度边缘

图 9.17　利用梯度进行彩色图像的边缘检测

5. 思考题

（1）对参考程序给出功能注释。

（2）对实验结果进行详细分析。

第10章 图像表示及描述

在图像识别和图像分析中,需要对给定的图像及其已分割的图像区域用更为简单明确的数值、符号来表征,这些数值、符号是按照一定的概念和公式从原始图像中产生的,它们反映原始图像或图像区域基本的重要信息和主要特性,通常称为图像特征,而产生特征的过程称为图像特征提取,用这些特征表示图像称为图像描述。图像表示及描述是图像识别和分析的基础。本章内容包括图像表示及描述的知识结构、知识要点、补充内容、习题解答和实验指导。

10.1 知 识 结 构

图像表示及描述主要包括颜色特征、纹理特征、边界特征、区域特征,其知识结构图如图 10.1 所示。

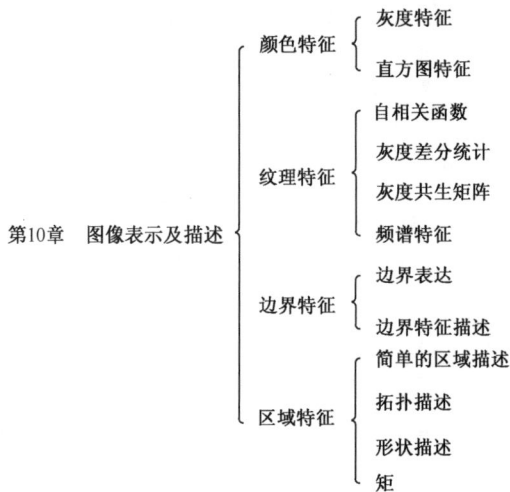

图 10.1 图像表示及描述知识结构图

10.2　知识要点

1. 颜色特征

颜色是图像的基本特征之一，应用非常广泛。颜色特征常用颜色直方图描述，它是直接根据图像或图像区域中全部像素点的灰度值或彩色值进行统计计算得到的，反映图像颜色的全局特征，对图像本身的尺度、方向和视角的依赖性较小，具有较高的稳定性。一般根据颜色直方图可以推导计算出其他不同的颜色特征，如图像的颜色均值、方差、能量、熵和颜色矩（颜色 1～3 阶的三个中心矩）等。

2. 纹理特征

许多图像在较大的区域内灰度分布在宏观上呈现周期性或结构性，这种灰度分布宏观上的规律性称为图像纹理。

1）纹理特征分类

描述纹理的方法可以分为统计法、模型法、几何法和频谱法。

对于灰度分布在宏观上呈现周期性的纹理可以认为区域内灰度函数的基本部分是周期函数，它叠加一个噪声，周期函数的周期是图像纹理最基本的特征，周期长的纹理显得粗糙，反之则显得细致；灰度分布在宏观上呈现结构性的纹理，可以认为区域内存在一些基本的纹理单元——纹理基元（Texel），区域纹理是由这些纹理基元按照一定的结构规律重复形成的，纹理基元的大小和重复的方向是图像纹理最基本的特征，纹理基元尺寸大的纹理显得粗糙，反之则显得细致；利用傅里叶频谱分析纹理时，将图像划分成若干个子区域，对每个子区域的图像进行傅里叶变换，粗纹理区域的频谱能量主要集中在低频率域上，细纹理区域的能量将集中在高频率域上。使用极坐标以不同的半径在圆域或环域中对功率谱积分，所得的积分值可以反映纹理的粗细程度。利用在不同方向的扇形域中对功率谱积分，可以分析纹理的方向性。

2）纹理特征方法

常用的描述纹理的统计方法还有灰度共生矩阵法、灰度差分统计法、等灰度行程长度法和纹理谱法等；常用的描述纹理的结构方法还有纹理基元参数法等；常用的描述纹理的频谱方法还有小波变换得到的纹理特征、Gabor 函数滤波提取的纹理特征等。

3. 边界特征

边界特征主要借助区域的外部特征即区域的边界来描述区域。当希望关注区域的形状特征时，一般会采用这种描述方式，可以选定某种预定的方案对边界进行表达，再对边界特征进行描述。

当一个目标物体区域边界上的点已被确定时，就可以利用这些边界点来区别不同区域的形状。这样既可以节省存储信息，又可以准确地确定物体。教材中主要介绍了链码、多边形近似和标记图等边界表达形式。对边界特征进行描述的方法比较多，教材中主要介绍了一些简单的特征描述、形状数和傅里叶描述子。其中，一些简单的边界特征描述包括边界长度、边界直径、离心率和曲率等。

1）链码及形状数

从闭合边界点集中可以得到边界的 4 链码和 8 链码，使用 8 链码反映边界的信息更全面。在使用链码时，起点不同会造成同一曲线链码的多样性。为此可将每个链码看作一个由多位数字构成的自然数，然后将值最小的链码定义为该曲线的归一化链码。闭合边界的归一化链码满足平移不变性和唯一性。利用链码的一阶差分，将链码进行旋转归一化处理，并且将值最小的差分码定义为曲线的形状数，每个形状数序列的长度定义为该形状数的阶。闭合边界的形状数满足平移不变性、旋转不变性和唯一性，可以用来描述目标物体的边界。

2）傅里叶描述子

设边界点集为 $\{(x_i, y_i), i=0,1,2,\cdots, N-1\}$，把每对坐标看作一个复数，即

$$s(n)=x(n)+jy(n), n=0, 1, 2, \cdots, N-1$$

从而将关于点集边界描述的二维问题简化为一维问题。

对于闭合曲线，函数 $s(n)$ 是周期为 N 的周期函数的采样，其傅里叶级数为

$$s(n) = \frac{1}{N}\sum_{k=0}^{N-1}a(k)\exp\left(\frac{j2\pi kn}{N}\right), \quad 0\leq n\leq N-1$$

而傅里叶级数的系数为

$$a(k) = \sum_{k=0}^{N-1}s(n)\exp\left(\frac{-j2\pi kn}{N}\right), \quad 0\leq k\leq N-1$$

式中，$a(k)$ 为复系数，称为该边界曲线的傅里叶描述子。

可以只使用傅里叶描述子的前 M 个点来重建边界，此时将后面的 $N-M$ 个系数全置为 0，重建公式为

$$\hat{s}(n) = \sum_{k=0}^{M-1}a(k)\exp\left(\frac{j2\pi kn}{N}\right), \quad k=0, 1, 2, \cdots, N-1$$

傅里叶变换的高频分量对应一些细节，而低频分量对应总体形状，因此用一些低频分量的傅里叶系数足以近似描述边界形状。傅里叶描述子的优点是仅使用少数低价系数就得到了高质量的边界形状表示。

4. 区域特征

区域特征主要描述构成区域内部所有像素的整体特性。教材主要介绍了简单的区域描述、拓扑描述、形状描述和矩。简单的区域描述包括区域面积、区域重心、区域灰度或颜色特性。区域面积用来描述区域的大小，即统计属于该区域的像素点数。区域重心是一个点，其横纵坐标值分别为该区域中所有像素点横纵坐标值的平均值。区域灰度或颜色特性主要包括区域灰度或颜色的最大值、最小值、中值、平均值、方差及高阶矩等统计量，它们大多可以借助灰度或颜色直方图得到。除撕裂或扭接外，在任何变形下都不改变的图形性质称为拓扑特性，这里主要介绍的拓扑描述有孔、连接部分和欧拉数。区域的形状描述用于反映区域的几何特性。如果区域的灰度分布是已知的，则可以用矩来描述区域，它以灰度分布的各阶矩来描述区域及其灰度分布特性。

10.3　补　充　内　容

10.3.1　颜色累加直方图

设图像 f 的像素总数为 N，灰度等级数为 L，灰度为 k 的像素全图共有 N_k 个，那么

$$h_k = \sum_{i=0}^{k} \frac{N_i}{N}, \quad k=0, 1, \cdots, L-1$$

称为 f 的灰度累加直方图。

颜色累加直方图是颜色特征的另一种表示方法，一般情况下它比颜色直方图的描述能力更好一些。

10.3.2　颜色主色特征

根据视觉心理学理论，人眼在观察一幅图像时，视觉系统善于抓住具有代表性的彩色特征，而忽略次要的彩色细节。图像的主色是指在图像中占有量较大，且在图像内容表达中起到较重要作用的颜色。一幅图像主色的数目一般在几种到几十种之间。确定了图像主色之后，将所有像素归并到颜色距离最近的主色，得到图像的主色图，以图像主色图的颜色特征作为图像的颜色特征。这样得到的颜色特征既能反映图像的颜色特征，又能大大降低特征向量的维数。

10.3.3　颜色–空间描述

颜色直方图是图像的全局统计特征，完全不同的两幅图像可能具有相同的颜色直方图，可见颜色直方图仅包含图像的颜色信息，而不包括图像的空间分布信息。为此提取图像的颜色及其空间分布信息显得十分必要，这就是颜色–空间描述。

1. 分块颜色特征

人为地将图像划分成适当的分块，然后为每个分块提取相应的局部颜色特征，如分块的颜色直方图或分块的颜色矩。

2. 颜色关联图

Jing Huang 等提出颜色关联图，它类似灰度共生矩阵，以颜色和距离确定一个表，颜色对 (c_i,c_j) 表的第 k 个项表示与颜色 c_i 距离为 k 的颜色 c_j 在图像中出现的概率。

设 I 为 $n \times n$ 图像，被量化成 m 个颜色值 $c_1, c_2, \cdots, c_m$。对于一个像素点 $p=(x, y) \in I$，记 $I_c=\{p \mid I(p)=c\}$。对于任意两个像素点 $p_1 = (x_1, y_1)$，$p_2 = (x_2, y_2)$，定义 $|p_1 - p_2|=\max\{|x_1 - x_2|, |y_1 - y_2|\}$。将 $\{1, 2, \cdots, n\}$ 记为 $[n]$。对于预先给定的距离 $d \in [n]$，$i, j \in [m]$，$k \in [d]$，图像 I 的颜色关联

图定义为

$$\gamma_{c_i,c_j}^{(k)} = \Pr_{p_1 \in I_{c_i}, p_2 \in I} \left[p_2 \in I_{c_j} \int \big| |p_1 - p_2| = k \right]$$

式中，P_r 表示求概率运算。对于给定图像颜色值为 c_i 的像素，$\gamma_{c_i,c_j}^{(k)}$ 得到了与给定图像颜色值为 c_j 的像素距离为 k 的概率。

若 $c_i=c_j$，则颜色关联图变为颜色自关联图，颜色自关联图只捕获相同颜色之间的空间联系，更易于计算。

3. 空间颜色直方图

Cinque 提出了空间颜色直方图（Spatial-Chromatic Histograms，SCH），用于描述相同的颜色值在图像中的分布情况。

设 A_i 是像素值为颜色级 i 的像素点的集合，该集合的像素点数为 $|A_i|$，$c(i)=(x_i,y_i)$ 表示该集合的重心，$\sigma(i)$ 为集合点对 c_i 的标准偏差，$x_i, y_i, \sigma(i)$ 定义为

$$\overline{x}_i = \frac{1}{|A_i|} \sum_{(x,y)\in A_i} x, \quad \overline{y}_i = \frac{1}{|A_i|} \sum_{(x,y)\in A_i} y$$

$$\sigma(i) = \sqrt{\frac{\sum_{(x,y)\in A_i} ((x-\overline{x}_i)^2 + (y-\overline{y}_i)^2)}{|A_i|}}$$

图像 I 的空间颜色直方图定义为 $(h^I(i), c^I(i), \sigma^I(i), \cdots, h^I(k), c^I(k), \sigma^I(k))$，其中，$k$ 是颜色级的数目，$h^I(i)$、$c^I(i)$、$\sigma^I(i)$ 分别为颜色级为 i 的颜色直方图、重心和空间分布（$i=0,1,2,\cdots,k-1$）。

图像 Q 和 I 之间的相似性度量定义为

$$f_s(Q,I) = \sum_{i=0}^{k-1} \min(h^Q(i), h^I(i)) \times \left[\frac{\sqrt{2} - \sqrt{(\overline{x}_i^Q - \overline{x}_i^I)^2 + (\overline{y}_i^Q - \overline{y}_i^I)^2}}{\sqrt{2}} + \frac{\min(\sigma^M(i), \sigma^I(i))}{\max(\sigma^M(i), \sigma^I(i))} \right]$$

10.3.4 灰度-梯度共生矩阵纹理描述

梯度是灰度的变化率，也与灰度的空间分布有关，特别是与图像中的边缘及目标的轮廓密切联系，所以在图像纹理特征的描述中起着重要作用。与灰度值和梯度值直方图类似，可以通过计算图像的灰度-梯度共生矩阵来反映图像中具有特定空间联系的像素对的灰度-梯度分布，并以此进一步构建纹理描述符。可以定义灰度-梯度共生矩阵为 $\{Q(i,j); i=1,2,\cdots,N, j=1,2,\cdots,N\}$，其中每个元素表示具有灰度为 i、梯度为 j 的像素点数。这里梯度值可用梯度算子计算，同时要归一化到与灰度值相当的范围。

借助图像的灰度-梯度共生矩阵可以得到以下 15 个纹理描述。

（1）小梯度优势

$$W_1 = \frac{1}{Q} \sum_{i=1}^{N} \sum_{j=1}^{N} \frac{Q(i,j)}{j^2}$$

$$Q = \sum_{i=1}^{N} \sum_{j=1}^{N} Q(i,j)$$

式中，

（2）大梯度优势

$$W_2 = \frac{1}{Q}\sum_{i=1}^{N}\sum_{j=1}^{N}j^2 Q(i,j)$$

（3）灰度分布不均匀性

$$W_3 = \frac{1}{Q}\sum_{i=1}^{N}\left[\sum_{j=1}^{N}Q(i,j)\right]^2$$

（4）梯度分布不均匀性

$$W_4 = \frac{1}{Q}\sum_{j=1}^{N}\left[\sum_{i=1}^{N}Q(i,j)\right]^2$$

（5）能量

$$W_5 = \sum_{i=1}^{N}\sum_{j=1}^{N}Q^2(i,j)$$

（6）灰度均值

$$W_6 = \sum_{i=1}^{N}i\left[\sum_{j=1}^{N}Q(i,j)\right]$$

（7）梯度均值

$$W_7 = \sum_{j=1}^{N}j\left[\sum_{i=1}^{N}Q(i,j)\right]$$

（8）灰度均方差（标准差）

$$W_8 = \sqrt{\sum_{i=1}^{N}(i-W_6)^2\left[\sum_{j=1}^{N}Q(i,j)\right]}$$

（9）梯度均方差（标准差）

$$W_9 = \sqrt{\sum_{j=1}^{N}(j-W_7)^2\left[\sum_{i=1}^{N}Q(i,j)\right]}$$

（10）相关性

$$W_{10} = \frac{1}{W_6 W_7}\sum_{i=1}^{N}\sum_{j=1}^{N}(i-W_6)(j-W_7)Q(i,j)$$

（11）灰度熵

$$W_{11} = -\left\{\sum_{i=1}^{N}\left[\sum_{j=1}^{N}Q(i,j)\right]\log_2\left[\sum_{j=1}^{N}Q(i,j)\right]\right\}$$

（12）梯度熵

$$W_{12} = -\left\{\sum_{j=1}^{N}\left[\sum_{i=1}^{N}Q(i,j)\right]\log_2\left[\sum_{i=1}^{N}Q(i,j)\right]\right\}$$

（13）混合熵

$$W_{13} = -\sum_{i=1}^{N}\sum_{j=1}^{N}Q(i,j)\log_2 Q(i,j)$$

（14）差分矩

$$W_{14} = \sum_{i=1}^{N} \sum_{j=1}^{N} (i-j)^2 \boldsymbol{Q}(i,j)$$

（15）逆差分矩（均匀性）

$$W_{15} = \sum_{i=1}^{N} \sum_{j=1}^{N} \frac{1}{1+(i-j)^2} \boldsymbol{Q}(i,j)$$

10.3.5 纹理谱

Dong-Chen He 等提出纹理谱用于纹理分析，是图像纹理的另一特征表示方法。在这种表示方法中，一个给定像素及其邻域的局部纹理信息由对应的纹理模式表示，对整个图像所有纹理模式的统计将揭示图像的纹理特性。

考虑像素点(i,j)处的 3×3 邻域，如图 10.2 所示，其中 I_4 表示图像在该像素点的灰度值，$I_0, I_1, \cdots, I_8$ 分别表示图像及其邻域内其他 8 个像素的灰度值。

以邻域内像素点的灰度沿水平方向的变化情况来定义该像素点的纹理单元 TU，TU=$\{E_1, E_2, \cdots, E_8\}$，其中

$$E_k = \begin{cases} 0, & |I_k - I_{k-1}| \leqslant T_I \\ 1, & |I_k - I_{k-1}| > T_I \end{cases}, \quad k=1,2,\cdots,8$$

式中，T_I 为正的阈值常数。纹理单元的定义方法注重像素灰度的显著变化，这符合人类视觉系统对图像纹理的感知。

I_0	I_1	I_2
I_3	I_4	I_5
I_6	I_7	I_8

图 10.2　图像像素(i,j)处的 3×3 邻域

上述每个纹理单元的每个元素 E_k 都有两种可能的取值，则纹理基元共有 2^8=256 种可能值。定义这个像素的纹理模式为

$$r(i,j) = \sum_{k=1}^{8} E_k \times 2^{k-1}$$

式中，$r(i,j)$可以唯一地表示图像在该像素点处的纹理模式，即像素灰度在此 3×3 邻域中的变化状况。已知 $r(i,j)$的取值范围为 $R=\{0,1,2,\cdots,255\}$，统计图像中所有像素点纹理模式的概率分布，即可得到图像的纹理谱，该纹理谱中共有 256 个不同的值级。

对于图像的每个像素点(i,j)，它的纹理模式值为 $r(i,j)$，统计图像中的所有 $r(i,j) \in \mathbf{R} = \{0, 1, 2, \cdots, 255\}$（$i=0,1,\cdots,m$，$j=0,1,\cdots,n$），得到图像的归一化的纹理谱为

$$H_{nr}(r) = \frac{1}{mn} \sum_{i=1}^{m} \sum_{j=1}^{n} \delta(r(i,j) - r), \quad r \in \mathbf{R}$$

式中，$\delta(x)$是单位冲击函数。

10.4　习题解答

10.1　选择一幅灰度图像，计算该图像的灰度均值、方差和熵。

【答】选择如图 10.3 所示的一幅灰度图像进行计算。

图 10.3　灰度图像

执行如下程序。

```
I=imread('boat.bmp');
[m,n]=size(I);
h=imhist(I)/(m*n);
avh=0;enth=0;
for k=1:256
        avh=avh+k*h(k);
        if(h(k)~=0)
            enth=enth-h(k)*log2(h(k));
        end
end
avh
enth
vah=0;
for k=1:256
        vah=vah+(k-avh)*(k-avh)*h(k);
end
vah
```

其结果为：灰度均值 137.0321，方差 2.7386×10^3，熵 7.1281。

10.2　计算当距离为 1，角度分别为 0°、45°、90° 时，图 10.4 表示灰度图像的灰度共生矩阵。

【答】在图 10.4 中，灰度图像的距离为 1，角度分别为 0°、45°、90° 时的共生矩阵为

$$\begin{pmatrix} 8 & 2 & 2 \\ 2 & 4 & 0 \\ 2 & 0 & 4 \end{pmatrix} \quad \begin{pmatrix} 6 & 2 & 2 \\ 2 & 2 & 0 \\ 2 & 0 & 2 \end{pmatrix} \quad \begin{pmatrix} 8 & 2 & 2 \\ 2 & 4 & 0 \\ 2 & 0 & 4 \end{pmatrix}$$

10.3　图 10.5 给出了一幅二值图像，用 8 向链码对图像中的边界进行链码表述（起点是 S）。

（1）写出图 10.5 的 8 向链码（沿顺时针方向）。

（2）对该链码进行起点归一化，说明起点归一化链码与起点无关的原因。

（3）写出该链码的一阶差分码，并说明该一阶差分码与边界的旋转无关。

（4）写出该链码的形状数。

1	1	0	0
1	1	0	0
0	0	2	2
0	0	2	2

$S\triangledown$

1	1	0	0	0	0	0
1	0	1	1	1	1	1
1	0	0	0	0	0	1
1	1	0	0	0	1	0
0	0	1	1	0	1	0
0	0	0	0	1	0	0

图 10.4　习题 10.2 图　　　图 10.5　二值图像

【答】

（1）8 向链码为：07000065653434222。

（2）归一化 8 向链码为：000065653434222。

（3）一阶差分码为：67100067176171600。当 8 向链码旋转 45° 的整数倍时，同起点的封闭边界旋转前后的原链码将发生改变，但链码的数串中相邻两个数码的差值是不变的。因此，其一阶差分码不变，即一阶差分码与边界的旋转无关。

（4）形状数就是归一化的差分码，即 00067176171600671。

10.4　试说明哪些类型的形状边界的傅里叶描述子中只有实数项。

【答】边界的傅里叶描述子为

$$s(n) = \frac{1}{N}\sum_{k=0}^{N-1} S(k)\mathrm{e}^{-\mathrm{j}2\pi nk/N}$$

式中，边界序列为

$$S(k)=u(k)+\mathrm{j}v(k), \quad k=0, 1, \cdots, N-1$$

如果将 $s(n)$ 的表达式展开，则有

$$s(n) = \frac{1}{N}\sum_{k=0}^{N-1}[u(k)+\mathrm{j}v(k)][\cos(2\pi k/N)-\mathrm{j}\sin(2\pi nk/N)]$$

$$= \frac{1}{N}\sum_{k=0}^{N-1}\{[u(k)\cos(2\pi nk/N)+v(k)\sin(2\pi nk/N)]-\mathrm{j}[u(k)\sin(2\pi nk/N)-v(k)\cos(2\pi nk/N)]\}$$

由此可见，如果满足下式：

$$U(k)\sin(2\pi nk/N)=v(k)\cos(2\pi nk/N)$$

$$N=0, 1, \cdots, N-1; k=0, 1, \cdots, N-1$$

则傅里叶描述子中只有实数项，即边界应该关于原点对称，或者说圆周共轭对称（实部偶对称，虚部奇对称）。

10.5　求图 10.6 表示的灰度图像的面积和重心（1 表示目标）。

0	1	1	1	1	1	1	0
0	1	1	1	1	1	0	0
0	1	1	1	1	0	0	0
1	1	1	1	1	0	0	0
1	1	1	1	1	1	1	1
1	1	1	1	1	1	0	0
0	0	1	1	1	1	1	0
0	0	0	0	1	1	1	1

图 10.6　习题 10.5 图

【答】通过如下程序实现。

```
A=[0 1 1 1 1 1 1 0;
   0 1 1 1 1 1 0 0;
   0 1 1 1 1 0 0 0;
   1 1 1 1 1 0 0 0;
   1 1 1 1 1 1 1 1;
   1 1 1 1 1 1 0 0;
   0 0 1 1 1 1 1 0;
   0 0 0 0 1 1 1 1]
regionprops(A,'Area')
regionprops(A,'Centroid')
```
程序运行结果为：面积 43，重心(4.2791, 4.4419)。

10.6　设计程序，计算图像中图形的欧拉数。

【答】对包含图形的图像，先进行二值化，然后对二值化后的图像求反后计算欧拉数。程序如下。

```
I1=imread('characterA.jpg');
BW1=im2bw(I1,0.7);              %二值化
figure,imshow(I1);
figure,imshow(~BW1);
E1=bweuler(~BW1,8)             %二值化求反后，计算欧拉数
I2=imread('characterB.jpg');
BW2=im2bw(I2,0.7);
figure,imshow(I2);
figure,imshow(~BW2);
E2=bweuler(~BW2,8)
```
第一幅图像如图 10.7 所示，其中图 10.7（a）是原始图像，图 10.7（b）是二值化后取反的图像，计算得到的欧拉数 E_1=0。第二幅图像如图 10.8 所示，其中图 10.8（a）是原始图像，图 10.8（b）是二值化后取反的图像，计算得到的欧拉数 E_2=-1。

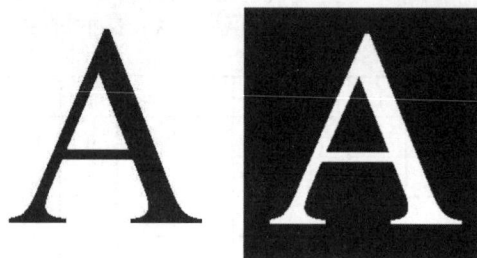

（a）原始图像　　　　（b）二值化后取反结果图

图 10.7　第一幅图像

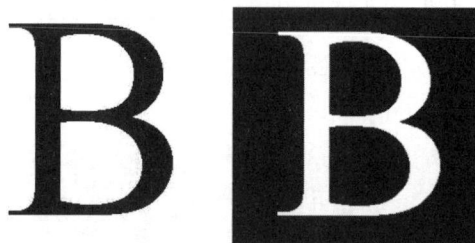

（a）原始图像　　　　（b）二值化后取反结果图

图 10.8　第二幅图像

10.5　实　验　指　导

10.5.1　彩色图像颜色值的三个中心矩计算

1. 实验内容

选择一幅彩色 RGB 图像，分别计算其三个分量的三个中心矩。

2. 实验原理

假如彩色图像第 i 个颜色分量的第 j 个像素的值为 p_{ij}，图像的像素点数为 N，则其第 i 个颜色分量的三个中心矩分别如下。

一阶中心矩：
$$e_i = \frac{1}{N}\sum_{j=1}^{N} p_{ij}$$

二阶中心矩：
$$\sigma_i = \left(\frac{1}{N}\sum_{j=1}^{N}\left(p_{ij} - e_i \right)^2 \right)^{\frac{1}{2}}$$

三阶中心矩：
$$s_i = \left(\frac{1}{N}\sum_{j=1}^{N}\left(p_{ij} - e_i \right)^3 \right)^{\frac{1}{3}}$$

3. 实验方法及程序

对如图 10.9 所示的 RGB 彩色图像，按照如下步骤计算其三个分量的三个中心矩。

（1）得到彩色图像的 R、G、B 分量。

（2）分别计算各个分量的三个中心矩。

图 10.9　RGB 彩色图像

其参考程序设计如下。

```
rgb=imread('horse743.jpg');
rgb1=double(rgb);
r=rgb1(:,:,1);
g=rgb1(:,:,2);
b=rgb1(:,:,3);
[m,n]=size(r);
er=mean(mean(r(:)))
dr1=0.0;sr1=0.0;
for i=1:m
    for j=1:n
        dr1=dr1+(r(i,j)-er)^2;
        sr1=sr1+(r(i,j)-er)^3;
    end
end
dr=sqrt(dr1/(m*n))
sr=(sr1/(m*n))^0.3333
eg=mean(mean(g(:)))
dg1=0.0;sg1=0.0;
for i=1:m
    for j=1:n
        dg1=dg1+(g(i,j)-eg)^2;
        sg1=sg1+(g(i,j)-eg)^3;
    end
end
dg=sqrt(dg1/(m*n))
sg=(sg1/(m*n))^0.3333
eb=mean(mean(b(:)))
```

```
db1=0.0;sb1=0.0;
for ·i=1:m
        for j=1:n
            db1=db1+(b(i,j)-eb)^2;
            sb1=sb1+(b(i,j)-eb)^3;
        end
end
db=sqrt(db1/(m*n))
sb=(sb1/(m*n))^0.3333
```

4．实验结果

R 分量的三个中心矩分别为 97.6763，42.8073，37.3360。

G 分量的三个中心矩分别为 126.5447，41.3254，17.4322+30.1861i。

B 分量的三个中心矩分别为 64.9757，39.6743，47.3436。

5．思考题

（1）对参考程序给出功能注释。

（2）将图像转换到 HSI 彩色空间，计算其 H 分量的三个中心矩。

10.5.2　纹理的统计特征计算

1．实验内容

选择两幅不同类型的纹理图像，分别计算其纹理的统计度量特征。

2．实验原理

统计法描述图像的纹理特征是最常用的方法，如用基于灰度共生矩阵、统计矩等的特征进行描述，这里采用基于灰度统计矩的特征方法。

设图像可能的灰度级数为 L，其灰度直方图为 $h(i)$，i=0, 1, $\cdots$, $L-1$，灰度均值为 m，则其 n 阶中心统计矩为

$$u_n = \sum_{i=0}^{L-1} (i-m)^n h(i) , \quad n=2, 3, \cdots$$

式中，u_2 也称方差，是对灰度对比度的度量，可以描述直方图的相对平滑程度；u_3 表示直方图的偏斜度；u_4 描述直方图的相对平坦性。常见的纹理统计度量如下。

（1）均值：$m = \sum_{i=0}^{L-1} ih(i)$。

（2）标准偏差：$\sigma = \sqrt{u_2}$。

（3）平滑度：$R=1-1/(1+u_2)$。

（4）三阶矩：u_3/L^2。

（5）一致性：$U = \sum_{i=0}^{L-1} h^2(i)$ 。

（6）熵：$e = \sum_{i=0}^{L-1} h(i)\log_2 h(i)$ 。

3. 实验方法及程序

对如图 10.10 所示的两幅纹理图像，按照如下步骤分别计算其纹理的统计度量特征。

（1）由图像灰度值计算得到灰度直方图和统计矩。

（2）由统计矩计算得到纹理的统计度量。

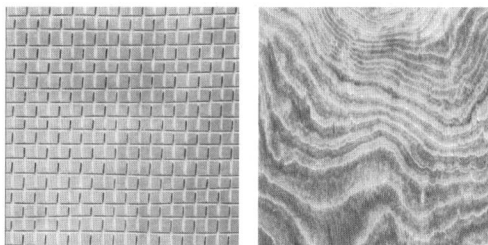

（a）纹理图像（一）　　　（b）纹理图像（二）

图 10.10　两幅纹理图像

其参考程序设计如下。

```
I1=imread('texture1.bmp');
I2=imread('texture2.bmp');
h=imhist(I1);
h=h/sum(h);
L=length(h);
L=L-1;
h=h(:);
i=0:L;
i=i./L;
m=i*h;
i=i-m;
nu=zeros(1,3);
nu(1)=m;
for j=2:3
    nu(j)=(i.^j)*h;
end
u1=nu(1)*L;
u2=nu(2)*L^2;
u3=nu(3)*L^3;
f1=u1
f2=u2.^0.5
f3=1-1/(1+u2)
```

```
f4=u3/(L^2)
f5=sum(h.^2)
f6=-sum(h.*log2(h+eps))
```

4．实验结果与分析

实验结果如下。

第一幅纹理图像的六个特征分别为 165.4306，42.9523，0.9995，−1.6568，0.0354，5.2682。
第二幅纹理图像的六个特征分别为 155.6999，40.8290，0.9994，−0.2558，0.0432，4.7520。

从实验结果可以看出：两幅图像的三阶矩分别为−1.6568、−0.2558，第二幅图像的三阶矩
比第一幅大得多，与第二幅图像偏斜度较大相吻合。两幅图像的熵分别为 5.2682、4.7520，
第一幅图像的熵较大，这与第一幅图像灰度分布有规律、熵比较大相吻合。

5．思考题

（1）对参考程序给出功能注释。
（2）进一步分析实验结果。

10.5.3　图像边界的傅里叶描述子

1．实验内容

对一幅灰度图像，得到它的边界图，计算边界的傅里叶描述子，然后利用傅里叶描述子
对图像的边界进行重构。

2．实验原理

傅里叶描述子是描述闭合边界的一种方法，它通过一系列傅里叶系数来表示闭合曲线的
形状特征，仅适用于单封闭曲线，而不能描述复合封闭曲线。采用傅里叶描述的优点是将二
维问题简化为一维问题。

设有一个 xy 平面内的 K 点数字边界。以任意点(x_0, y_0)为起点，坐标对(x_0, y_0), (x_1, y_1), (x_2, y_2), $\cdots$, (x_{K-1}, y_{K-1})为逆时针方向沿着边界遇到的点。这些坐标可以用下列形式表示：$x(k)=x_k$ 和
$y(k)=y_k$。用这个定义，边界可以表示成坐标的序列 $s(k)=[x(k), y(k)]$, $k=0, 1, 2, \cdots, K-1$。再有，
每对坐标对可以看成一个复数，即

$$s(k)=x(k)+\mathrm{j}y(k)$$

式中，$k=0, 1, 2, \cdots, K-1$，即对于复数序列，x 轴作为实轴，y 轴作为虚轴。尽管对序列进行了
重新解释，但边界本身的性质并未改变。

对离散 $s(k)$的傅里叶变换（DFT）为

$$a(u) = \frac{1}{K}\sum_{k=0}^{K-1}s(k)\mathrm{e}^{-\mathrm{j}2\pi uk/K}, \quad u=0, 1, 2, \cdots, K-1$$

复系数 $a(u)$称为边界的傅里叶描述子。可以使用部分或全部傅里叶描述子对边界进行
重构。

3. 实验方法及程序

对一幅灰度图像，按照如下步骤得到边界图，计算其傅里叶描述子，使用部分傅里叶描述子对边界进行重构。

（1）得到图像的边界图，并由此得到其 8 邻接边界点的坐标。

（2）得到边界点坐标的傅里叶描述子。

（3）使用部分傅里叶描述子对边界进行重构。

其主要程序设计如下。

```
gray_img = imread('rectangle.bmp');
figure(),imshow(gray_img,[]);
boundaries = bwboundaries(gray_img);
[m,n]=size(gray_img);
bound =boundaries;
bound =bound{1};
%将边界转换为图像
bim=bound2im(bound,m,n);
figure, imshow(bim,[]);
b64=zeros(64,2);
w=size(bound,1);
s=w/64;
for k=1:64
    b64(k,:)=bound(floor(s*k),:);
end
z=frdescp(b64);
z8=ifrdescp(z,8);
z8im=bound2im(z8,m,n);
figure,imshow(z8im);
z16=ifrdescp(z,16);
z16im=bound2im(z16,m,n);
figure,imshow(z16im);
z32=ifrdescp(z,32);
z32im=bound2im(z32,m,n);
figure,imshow(z32im);
z62=ifrdescp(z,62);
z62im=bound2im(z62,m,n);
figure,imshow(z62im);
```

其中，需要调用变换函数 frdescp、逆变换函数 ifrdescp 和通过画布显示边界点函数 bound2im。

变换函数 frdescp：

```
function z=frdescp(s)
[np,nc]=size(s);
if nc~=2
    error('s 必须是二维的');
```

```
end
if  (np/2)~=round(np/2)
    s(end+1,:)=s(end,:);
    np=np+1;
end
x=0:(np-1);
m=((-1).^x)';
s(:,1)=m.*s(:,1);
s(:,2)=m.*s(:,2);
s=s(:,1)+i*s(:,2);
z=fft(s);
```

逆变换函数 ifrdescp：

```
function s=ifrdescp(z,nd)
np=length(z);
if nargin==1||nd>np
    nd=np;
end
d=round((np-nd)/2);
z(1:d)=0;
z(np-d+1:np)=0;
zz=ifft(z);
s(:,1)=real(zz);
s(:,2)=imag(zz);
x=0:(np-1);
m=((-1).^x)';
s(:,1)=m.*s(:,1);
s(:,2)=m.*s(:,2);
```

通过画布显示边界点函数 bound2im：

```
function B=bound2im(b,M,N)
[np,nc]=size(b);
if np<nc
    b=b';
end
x=round(b(:,1));
y=round(b(:,2));
x=x-min(x)+1;
y=y-min(y)+1;
B=false(max(x),max(y));
C=max(x)-min(x)+1;
D=max(y)-min(y)+1;
if nargin==1
elseif nargin==3
    if C>M||D>N
```

```
        error('画布太小')
    end
    B=false(M,N);
    NR=round((M-C)/2);
    NC=round((N-D)/2);
    x=x+NR;
    y=y+NC;
else
    error('请设置参数')
end
B(sub2ind(size(B),x,y))=true;
```

4. 实验结果

实验图像及其边界图如图 10.11 所示。

<table>
<tr><td>（a）原始图像</td><td>（b）边界图</td><td>（c）8 项重构的边界</td></tr>
<tr><td>（d）16 项重构的边界</td><td>（e）32 项重构的边界</td><td>（f）62 项重构的边界</td></tr>
</table>

图 10.11　原始图像、边界及其部分项重构的边界图

5. 思考题

（1）对参考程序给出功能注释。

（2）该实验可以应用到哪些实际问题中？

10.5.4　图像区域基本特征计算

1. 实验内容

选择一幅二值图像，分别计算它的周长、面积和重心坐标。

2. 实验原理

将图像转换为二值图像后，区域中所有像素值为 1 的像素点数即为面积；所有像素值为 1 的像素点坐标的平均值即为重心点的坐标；提取图像的边界，边界上所有像素值为 1 的像素点数即为区域的周长。

3. 实验方法及程序

对如图 10.12 所示的大小为 343 像素×343 像素的二值图像，按照如下步骤计算其区域基本特征。

（1）得到二值图像的边界。

（2）计算图像的区域周长、面积和重心坐标。

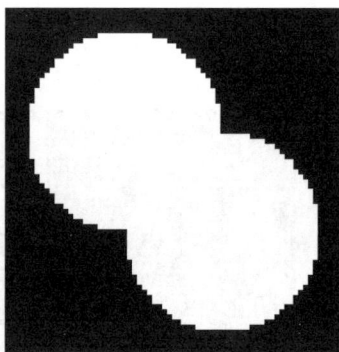

图 10.12　二值图像

其参考程序设计如下。

```
A=imread('binarymap.bmp');
A1=bwperim(A);
L=0;
[m,n]=size(A1);
for i=1:m*n
     if (A1(i)==1)
          L=L+1;
     end
end
L
[m,n]=size(A);
S=0;
for i=1:m*n
     if (A(i)==1)
     S=S+1;
     end
end
S
x=0;
```

```
y=0;
for i=1:m
    for j=1:n
        if (A(i,j)==1)
            x=i+x;
            y=j+y;
        end
    end
end
X=x/S
Y=y/S
```

4. 实验结果与分析

计算的结果如下。

图像区域的基本特征分别为：周长 2470 m，面积 62012 m²，重心坐标(171.5, 171.5)。
由于实验所选图像内容比较对称，所以计算得到的重心坐标正好位于图像的中心位置。

5. 思考题

（1）对参考程序给出功能注释。

（2）详细分析实验结果。

第*11*章 基于深度学习的数字图像处理

传统的数字图像处理技术通常依赖手工设计的图像特征，这需要使用人类专业知识和经验来进行设计，限制了其适应不同场景的能力。此外，传统方法的计算复杂度高，需要大量人力和时间投入。深度学习技术的出现改变了这种局面，深度学习研究在大量数据中如何自动获取多层特征表达，避免了手工设计特征的烦琐过程。通过多层神经网络的结构，深度学习模型能够更好地提取图像的高层次特征，提高处理效果，因此深度学习技术一经出现，就被运用到数字图像处理的方方面面。本章主要介绍基于深度学习的数字图像处理的知识结构、知识要点、习题解答和实验指导。

11.1　知　识　结　构

基于深度学习的图像处理技术主要包括图像分类、图像去噪、图像压缩和图像分割，其知识结构图如图 11.1 所示。

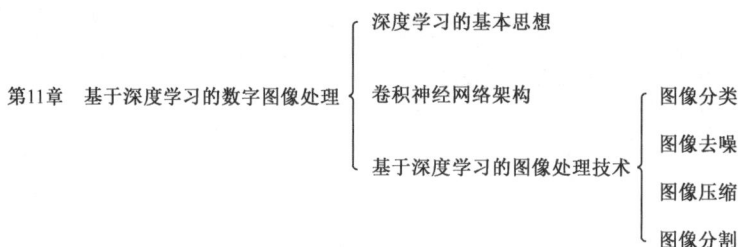

图 11.1　基于深度学习的数字图像处理知识结构图

11.2　知　识　要　点

1. 深度学习的基本思想

深度学习的概念起源于人工神经网络的研究，通过由多层次的神经元组成的网络结构，模拟人脑的信息处理方式。假设一个网络有四层隐藏层（H_1、H_2、H_3、H_4），输入为 I，输出为 O，可形象地表示为

$$I \Rightarrow H_1 \Rightarrow H_2 \Rightarrow H_3 \Rightarrow H_4 \Rightarrow O$$

以分类任务为例，对于每个输入数据 I，在经过四层隐藏层后到达输出层，通过调整网络中的参数，使输出 O 能够尽可能地接近输入数据的真实类别，这样就可以得到输入 I 的一系列层次特征 H_1、H_2、H_3、H_4。对于堆叠的多个层，其中一层的输出作为其下一层的输入，以实现对输入数据的分级表达，这就是深度学习的基本思想。

2．深度学习的优势

深度学习的主要优点是：①准确性高；②自动特征学习；③适应复杂数据；④泛化能力强；⑤多任务学习；⑥大规模并行计算。

深度学习的这些优势使其在许多领域取得了突破性的进展，如计算机视觉、自然语言处理等，随着深度学习技术的不断发展和改进，深度学习将会应用于更多领域，为人工智能带来更多的突破和进步。

3．卷积神经网络架构

卷积神经网络（CNN）主要由输入层、卷积层、池化层和全连接层等组成。

（1）输入层：在处理图像的 CNN 中，输入层一般代表一幅图像的像素矩阵。可以用三维矩阵代表一幅图像。三维矩阵的长和宽代表图像的大小，而三维矩阵的深度代表图像的色彩通道。例如，黑白图像的深度为 1，而在 RGB 彩色模型中，图像的深度为 3。

（2）卷积层：积层是 CNN 中的核心组件，用于从输入数据中提取特征表示。卷积层进行的处理就是卷积运算，根据设定好的步长逐步滑动卷积核与本层进行卷积计算。卷积核中的参数相当于传统神经网络中的权值参数，连接到对应的局部像素上，将卷积核中的每个参数都同与之对应的局部像素值相乘，再将所有乘积结果相加，得到卷积后的特征图。

（3）池化层：在连续的卷积层之间通常会插入一个池化层。池化层也称下采样层，它的作用是降低数据的空间尺寸，这样能够减少网络中参数的数量，使计算资源消耗变少，也能有效控制过拟合。

（4）全连接层：全连接层接收经过交替卷积、池化处理的数据。CNN 通常在最后接一层或多层全连接层，作用是整合卷积层或者池化层中具有类别区分性的局部信息。同样，全连接层的神经元也会加上非线性激活函数，并且在最后的输出层根据需求进行分类或者回归。

4．基于深度学习的图像处理技术

1）基于深度学习的图像分类

基于深度学习的图像分类包括卷积层、池化层、全连接层等，训练过程中主要以求解模型参数为目的，构建网络模型。一幅输入图像经过多个卷积池化层提取图像的特征，经过层层堆叠，网络提取到的特征越来越清晰，最终将所有特征图映射到标签，得出图像对应的各个标签的概率值，选取概率值最大的标签作为预测的结果。

图像分类的网络训练过程由以下几个部分组成：数据收集与预处理、构建网络模型、前向传播、反向传播与参数更新、循环训练、模型验证与评估。

2）基于深度学习的图像去噪

图像去噪是深度学习在图像恢复等低级计算机视觉任务中的一个经典应用，主要研究内容包括数据预处理、特征提取和去噪三部分。DnCNN 模型是目前最好且简单的图像去噪模型之一。

网络训练过程可以简单解释为：假设干净图像为 C，含噪图像为 I，添加的噪声为 n，通过网络恢复干净的图像为 C'，网络输出为 $R(I)$，则添加的噪声为 $n = I - C$，输出残差为 $R(I) = I - C'$。在 DnCNN 的训练过程中，优化的目标不再是干净图像 C 与网络输出 $R(I)$ 的误差，而是添加的噪声 n 与网络输出 $R(I)$ 的误差。

3）基于深度学习的图像压缩

深度学习图像压缩训练框架如图 11.2 所示，编码和解码部分采用了神经网络的方式。训练模型首先对训练数据进行预处理，通过编码模型（编码器）映射到编码空间，再经过量化、熵编码处理后得到便于传输和存储的码率，最后通过解码模型（解码器）重新转换到感知空间上得到重建图像。模型在这个过程中不断优化、更新参数，直至训练完毕。其中，损失函数一般选用率失真优化函数。

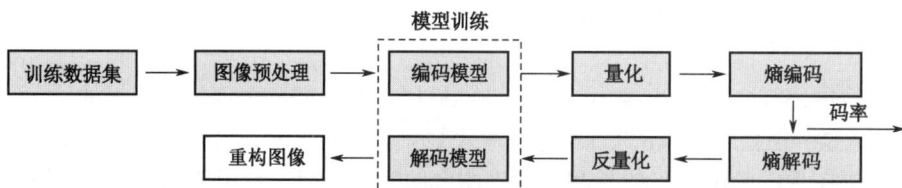

图 11.2　深度学习图像压缩训练框架

编码器：编码器由一系列卷积层、池化层和激活函数组成。卷积层用于提取输入图像的特征，通过逐渐减小空间维度和增加通道数，将输入图像压缩成低维的特征表示。

量化和反量化：量化的作用是将浮点数转化为整数或二进制，反量化的作用与之相反。量化是降低码字的重要途径，但也是导致信息损失的首要原因。

熵编码：对量化后的特征值，进一步进行熵编码来压缩，即对编码特征进行进一步压缩，常见的熵编码有算术编码。

熵解码：将压缩后的数据重新转换为原始的图像数据。

解码器：解码器是编码器的逆过程，由一系列反卷积层和激活函数组成。反卷积层（转置卷积层）用于将低维的特征表示映射回原始图像的空间维度和通道数。

模型训练好后，利用测试数据集中的图像测试压缩效果，经过模型后得到压缩图像和重构图像。

4）基于深度学习的图像分割

基于深度学习的图像分割模型主要由下采样、上采样、特征融合和像素点分类四部分组成。输入图像经过下采样提取图像特征，再通过上采样将特征图大小转化为与输入图像大小一致。在上采样的过程中，直接将特征图进行放大的效果较差，很多图像的细节无法体现，因此引入多尺度特征融合进行优化。最后在上采样的特征图上进行逐像素分类，并逐像素计算分类的损失。

5．转置卷积的步骤

（1）根据转置卷积的步长 s，在输入特征图元素间填充 $s-1$ 行、$s-1$ 列 0 元素。

（2）根据转置卷积的卷积核大小 k 和边缘填充 p，在输入特征图四周填充 $k-p-1$ 圈 0 元素。

（3）将卷积核参数上下、左右翻转。

（4）做常规卷积运算。

11.3　习 题 解 答

11.1　深度学习技术有哪些优点？

【答】深度学习的主要优点是：①准确性高；②自动特征学习；③适应复杂数据；④泛化能力强；⑤多任务学习；⑥大规模并行计算。

11.2　卷积神经网络的架构由哪些部分组成？每个部分的作用是什么？

【答】卷积神经网络架构一般由输入层、卷积层、池化层和全连接层等组成。其中，输入层的作用是在网络中输入数据，在图像处理任务中，输入层一般代表一幅图像的像素矩阵；卷积层的作用是从输入数据中提取特征；池化层的作用是降低数据的空间尺寸，减少网络中参数的数量，使计算资源消耗变少，也能有效控制过拟合；全连接层的作用是接收经过卷积、池化处理的数据，在最后的输出层中根据需求进行分类或者回归。

11.3　图像分类的训练步骤有哪些？

【答】图像分类关键任务主要有：数据收集与预处理、构建网络模型、前向传播、反向传播与参数更新、循环训练、模型验证与评估。

11.4　计算 32×32 的一幅图在经过卷积核大小为 5×5，padding 为 0，步长为 1 的卷积操作后的输出图像大小。

【答】由公式 $S_{out}=\dfrac{S_{in}-K_S+2\text{padding}}{\text{stride}}+1$ 得，输出图像大小为 $S_{out}=28$。

11.5　基于深度学习的压缩框架由哪几部分构成？

【答】基于深度学习的压缩框架包括：编码器、解码器、量化、熵编码、熵解码。

11.6　计算一个输入大小为 2×2 的特征图，通过转置卷积后得到的特征图的大小（假设转置卷积核大小 kernel_size =3，stride=1，padding=0）。

【答】首先在特征图元素间填充 $s-1$ 行、列 0 元素，此时 $s-1$ 等于 0，无须填充，然后在特征图四周填充 $k-p-1$ 行、列 0 元素，$k-p-1$ 等于 2，此时特征图大小为 4×4，最后经过一个 padding=0，stride=1 的卷积操作，该卷积操作不改变特征图的大小，所以最后输出的特征图大小为 4×4。

11.4   实验指导

11.4.1   基于深度学习的图像分类

1. 实验内容

使用 Deep Learning Toolbox 搭建一个简单的分类网络，实现对手写数据集进行分类。

2. 实验原理

输入一幅图像，经过卷积神经网络提取图像特征，将特征图映射到标签，得出图像对应各个标签的概率值，选取概率值最大的标签作为预测的结果。计算预测结果与真实结果之间的误差，通过调整网络参数来减小误差直至获得满意的结果。

3. 实验方法及程序

（1）加载图像数据。

```
digitDatasetPath = fullfile(matlabroot,'toolbox','nnet',
        'nndemos', ...'nndatasets','DigitDataset');
imds = imageDatastore(digitDatasetPath, ...
    'IncludeSubfolders',true, ...
    'LabelSource','foldernames');
figure;
perm = randperm(10000,20);
for i = 1:20
    subplot(4,5,i);
    imshow(imds.Files{perm(i)});
end
```

（2）划分训练集和验证集。

```
numTrainFiles = 750; %训练集中每个类别有 750 幅图像
[imdsTrain,imdsValidation] = splitEachLabel(imds,
numTrainFiles,'randomized');
```

（3）定义网络架构。

```
inputSize = [28 28 1];
numClasses = 10;
layers = [
    imageInputLayer(inputSize)                          %输入层
    convolution2dLayer([3 3],8,'Padding','same')        %卷积层 1
    batchNormalizationLayer                             %批归一化
    reluLayer                                           %激活层
```

```
    maxPooling2dLayer(2,'Stride',2)                     %池化层 1

    convolution2dLayer([3 3],16,'Padding','same')       %卷积层 2
    batchNormalizationLayer                             %批归一化
    reluLayer                                           %激活层
    maxPooling2dLayer(2,'Stride',2)                     %池化层 2

    convolution2dLayer([3 3],32,'Padding','same')       %卷积层 3
    batchNormalizationLayer                             %批归一化
    reluLayer                                           %激活层
    maxPooling2dLayer(2,'Stride',2)                     %池化层 3

    fullyConnectedLayer(numClasses)                     %全连接层
    softmaxLayer %softmax 层, 将数值缩放到 0~1 之内, 输出每个输出的概率
    classificationLayer ]; %分类层, 根据上一层输入的概率, 进行分类输出
```

（4）配置训练选项并开始训练。

```
options = trainingOptions('sgdm', ...
    'InitialLearnRate',0.01, ...
    'MaxEpochs',4, ...
    'Shuffle','every-epoch', ...
    'ValidationData',imdsValidation, ...
    'ValidationFrequency',30, ...
    'Verbose',false, ...
    'Plots','training-progress');
net = trainNetwork(imdsTrain,layers,options);
```

（5）测试网络。

```
YPred = classify(net,imdsValidation);
YValidation = imdsValidation.Labels;
accuracy = mean(YPred == YValidation)
```

（6）使用网络进行分类。

```
figure
test_index = randi(2500);
I = imread(imdsValidation.Files{test_index})
label = classify(net,I)
imshow(I);
title(string(label))
```

4．实验结果与分析

实验结果如图 11.3 和图 11.4 所示。

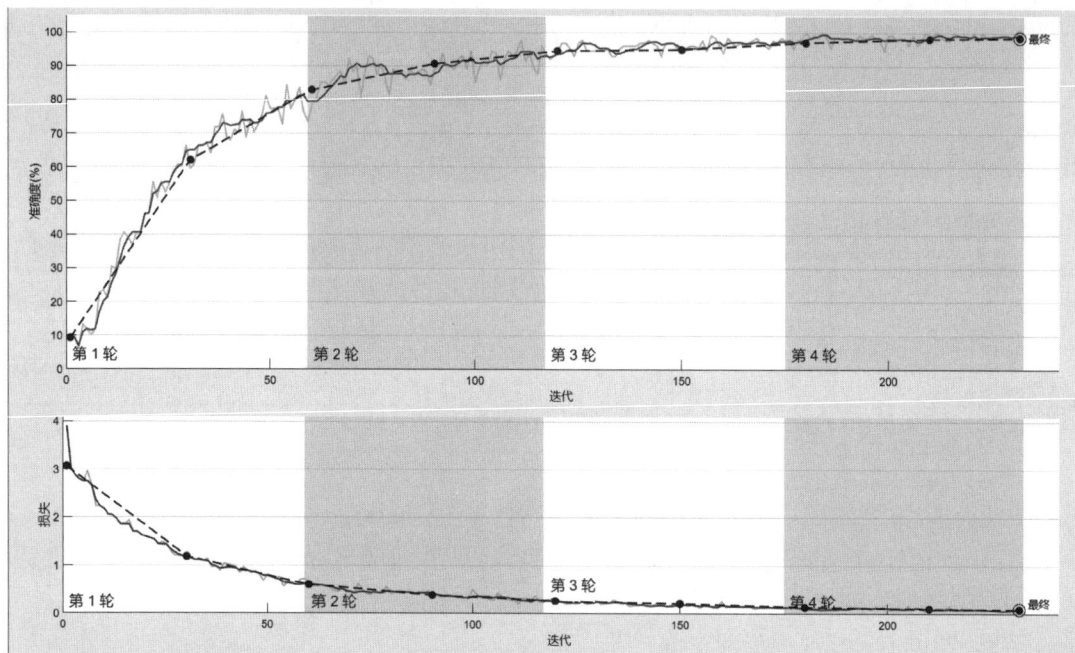

accuracy=0.9852

图 11.3　网络训练结果

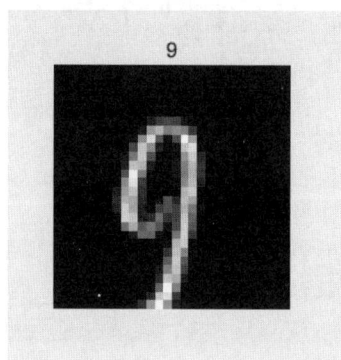

图 11.4　手写数字图像分类结果

　　从训练过程可以看出，随着迭代次数的增加，模型的损失在逐渐减小，准确率在不断增加，当迭代达到一定次数后逐渐平稳，最终准确率达到 98.52%，可以很好地达到分类的目的。

11.4.2　基于深度学习的图像去噪

1. 实验内容

搭建一个基于 CNN 的图像去噪网络，完成图像去噪任务并定量分析。实验内容包括：

（1）给图像添加噪不同强度的高斯噪声和"椒盐"噪声，并保存加噪后的图像。

（2）搭建基于 CNN 的图像去噪网络。

（3）利用搭建好的网络对加噪后用图像进行去噪处理。

（4）计算并比较去噪前后图像的峰值信噪比，对去噪效果进行评价。

2．实验原理

首先给干净图像添加不同的噪声，然后向网络输入一幅含噪图像，通过卷积神经网络提取特征，与原始无噪声图像进行损失函数的计算，并通过不断优化减小损失函数的数值，最后输出去噪后的图像。

3．实验方法及程序

（1）对干净图像添加噪声。

```
%添加高斯噪声
t=imread('原始图像');
imshow(t),title('原始图像');
%分别添加均值为 0、方差为 0.01 的高斯噪声
t1=imnoise(t,'gaussian',0,0.01);
t2=imnoise(t,'gaussian',0,0.02);
%分别添加均值为 0.2 和 0.4、方差为 0.01 的高斯噪声
t3=imnoise(t,'gaussian',0.2,0.01);
t4=imnoise(t,'gaussian',0.4,0.01);
%添加均值为 0.4、方差为 0.04 的高斯噪声
t5=imnoise(t,'gaussian',0.4,0.04);


%添加"椒盐"噪声
%添加噪声密度为 0.3 的"椒盐"噪声
t6=imnoise(t,'salt & pepper',0.3);
%保存图像
imwrite(t1,'gaussian0_0.01.jpg');
imwrite(t2,'gaussian0_0.04.jpg');
imwrite(t3,'gaussian0.2_0.01.jpg');
imwrite(t4,'gaussian0.4_0.01.jpg');
imwrite(t5,'gaussian0.4_0.04.jpg');
imwrite(t6,'salt&pepper0.3.jpg');
```

（2）搭建一个基于 CNN 的图像去噪网络。

```
%加载图像
cleanImage = imread('原始图像');
noisyImage = imread('加噪图像');
% 将图像转换为灰度图像
noisyImageGray = im2gray(noisyImage);
cleanImageGray = rgb2gray(cleanImage);
% 归一化图像像素值
noisyImageNorm = im2double(noisyImageGray);
cleanImageNorm = im2double(cleanImageGray);
% 创建网络结构
```

```
layers = [
    imageInputLayer([size(noisyImageNorm) 1])
    convolution2dLayer(5, 32, 'Padding', 'same')
    reluLayer()
    convolution2dLayer(5, 32, 'Padding', 'same')
    batchNormalizationLayer()
    reluLayer()
    convolution2dLayer(5, 32, 'Padding', 'same')
    batchNormalizationLayer()
    reluLayer()
    convolution2dLayer(5, 1, 'Padding', 'same')
    regressionLayer()
];
% 配置训练选项
options = trainingOptions('adam', ...
    'MaxEpochs', 20, ...
    'MiniBatchSize', 16, ...
    'Verbose', true, ...
    'Plots', 'training-progress');
% 将图像数据转换为适用于训练网络的格式
XTrain = noisyImageNorm;
YTrain = cleanImageNorm;
% 建立并训练网络
net = trainNetwork(XTrain, YTrain, layers, options);
```
（3）使用网络去噪。
```
% 使用网络进行去噪
denoisedImage = predict(net, noisyImageNorm);
% 显示原始图像和去噪图像
figure;
subplot(1,3,1);
imshow(cleanImageGray);
title('原始图像');
subplot(1,3,2);
imshow(noisyImageGray);
title('加噪图像');
subplot(1,3,3);
imshow(denoisedImage);
title('去噪图像');
```
（4）计算去噪前后图像的峰值信噪比。
```
PSNR = psnr(cleanImageGray,denoisedImage)
```
由图 11.5 可知，随着训练次数的增加，损失逐渐减小，去噪结果得到了一定的改善。

图 11.6 为去噪结果图，可直观地感受到，经过网络处理，加噪图像的噪声情况得到了改善，图像变得较为平滑。

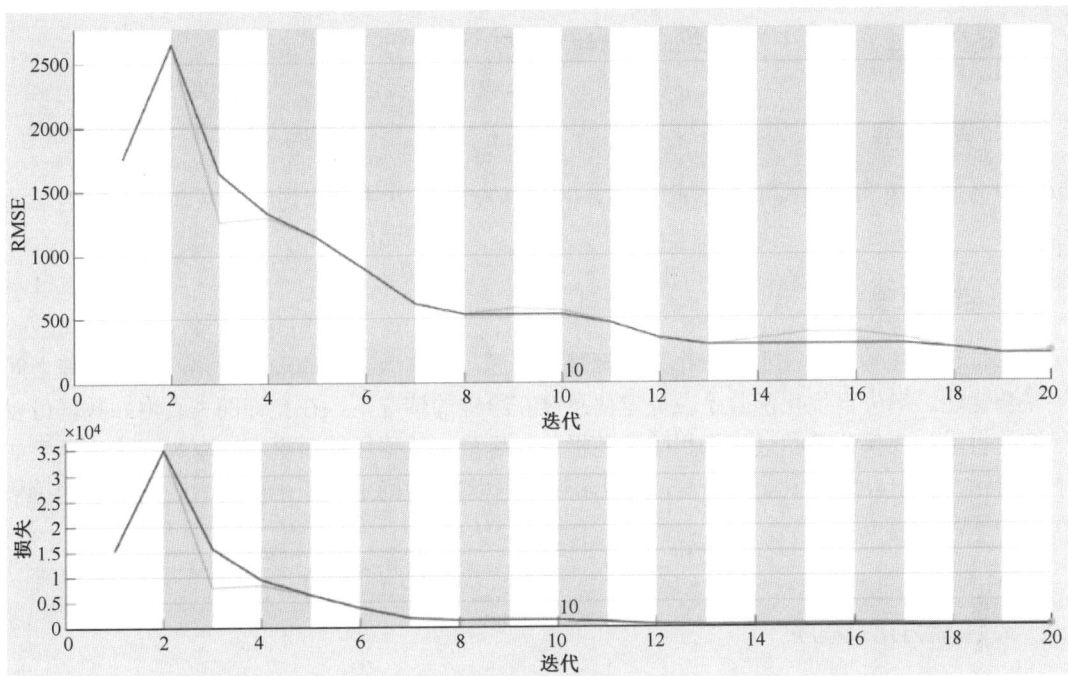

图 11.5　网络训练进度图

（a）原始图像　　　　　　　（b）加噪图像　　　　　　　（c）去噪图像

图 11.6　去噪结果图

表 11.1 为在不同分布的高斯噪声下图像去噪前后及添加"椒盐"噪声的图像去噪前后的 PSNR。经过模型去噪后，添加不同噪声图像的 PSNR 均有不同程度的提升，表明该去噪网络对高斯噪声和"椒盐"噪声起到去噪的作用。但去噪后的 PSNR 值较低，仍需要通过调整网络结构、尝试增加层数、调整滤波器的大小或其他超参数、尝试使用其他适合图像去噪任务的损失函数等方式优化网络，更好地实现图像去噪的目的。

表 11.1　不同噪声下去噪前后的 PSNR

PSNR/dB	高斯噪声					"椒盐"噪声
	均值 $m=0$ 方差 $\sigma=0.01$	均值 $m=0$ 方差 $\sigma=0.04$	均值 $m=0.2$ 方差 $\sigma=0.01$	均值 $m=0.4$ 方差 $\sigma=0.01$	均值 $m=0.4$ 方差 $\sigma=0.04$	噪声密度 0.3
去噪前	20.1996	14.8918	13.9421	9.8110	9.6860	10.1804
去噪后	21.1253	16.4825	19.7127	18.7063	18.2147	15.6145

11.4.3 基于深度学习的图像压缩

1. 实验内容

对一组图像利用自编码器进行压缩，利用深度学习方法进行训练，从而实现端到端的压缩。

2. 实验原理

图像压缩任务常常被看作一个率失真优化问题，即离散表示的熵和量化产生的误差之间的联合优化。率失真优化函数是在假定信息源在给定的情况下，在允许的失真内，数据可以压缩的极限，在保证不超过这个极限的前提下，尽量将数据压缩得更小。率失真优化函数如下式所示，其中，D 表示量化误差，R 表示熵（码率），λ 则是用于平衡两者之间权重的拉格朗日乘子。

$$\text{Loss} = \lambda D + R$$

3. 实验方法及程序

实验采用 Kodak24 数据集通过 trainAutoencoder 函数实现压缩。

```
                                        %加载并重塑图像大小
image_files = dir(['train/*.png']);     %为适用不同的图像格式而更改扩展名
num_images = numel(image_files);
image_size = [64, 64];                   %压缩图像目标大小
X_train = zeros([image_size, num_images], 'single');
X_test = imread('Seq05VD_f02820.png')


for i = 1:num_images
img = imread(fullfile(image_files(i).folder, image_files(i). name));
   img = imresize(img, image_size);
   X_train(:, :, i) = im2single(rgb2gray(img));
                                        %转换为灰度并归一化为 [0,1]
end

X_train_flat = reshape(X_train, [], num_images);


                                        %创建自动编码器
encoding_dim = 64;                       %调整适应压缩级别
autoencoder = trainAutoencoder(X_train_flat, encoding_dim);

                                        %压缩图像
compressed_images = encode(autoencoder, X_train_flat);
```

%解压缩图像

```
reconstructed_images = decode(autoencoder, compressed_images);
reconstructed_images = reshape(reconstructed_images, [image_size, num_images]);
figure;
    subplot(1, 2, 1);
    imshow(X_train(:, :, 1));
    title('Original Image');

    subplot(1, 2, 2);
    imshow(reconstructed_images(:, :, 1));
    title('Reconstructed Image');
```

%计算图像 BPP 和 PSNR

```
doubleValue = double(X_train);
a = numel(compressed_images);
bpp = encoding_dim / (64 * 64 );
psnrValue = psnr(doubleValue( :, :, 1), reconstructed_images(:, :, 1));
fprintf('BPP: %.3f\n', bpp);
fprintf('PSNR: %.3f dB\n', psnrValue);

img1 = imresize(X_test, image_size);
X_testc = im2single(rgb2gray(img1));
X_testc = reshape(X_testc, [], 1);
reconstructed_images1 = predict(autoencoder, X_testc);
reconstructed_images2 = reshape(reconstructed_images1, [64, 64]);

doubleValue1 = double(X_testc);
a = numel(compressed_images);
bpp = encoding_dim / (64 * 64 );
psnrValue = psnr(doubleValue1, reconstructed_images1);
fprintf('BPP: %.3f\n', bpp);
fprintf('PSNR: %.3f dB\n', psnrValue);

figure;
subplot(1, 2, 1);
imshow(X_test);
title('Original Image ');

subplot(1, 2, 2);
imshow(reconstructed_images2);
title('reconstructed_images');
```

4. 实验结果与分析

实验结果如图 11.7～图 11.9 所示。通过改变迭代次数可以得到不同的实验效果。

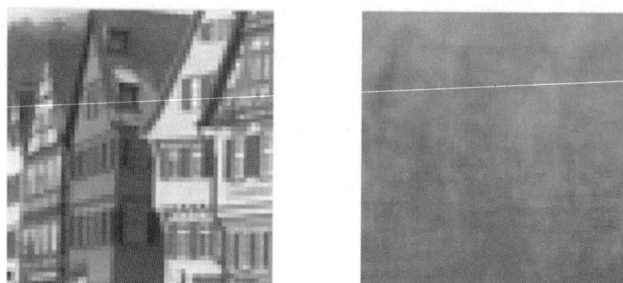

（a）原始图像　　　　　　（b）重建图像

图 11.7　迭代 100 轮效果

（a）原始图像　　　　　　（b）重建图像

图 11.8　迭代 500 轮效果

（a）原始图像　　　　　　（b）重建图像

图 11.9　迭代 1000 轮效果

由所得结果可知，迭代的次数越多，图像压缩重建的效果越好。

经过 1000 轮的训练后，选取一幅测试图像对模型进行测试，效果如图 11.10 所示。

图 11.10　测试图像压缩效果

11.4.4 基于深度学习的图像分割

1. 实验内容

简单搭建一个分割网络模型，进行模型训练并验证训练结果。

2. 实验原理

输入图像经过下采样提取图像特征，再通过上采样将特征图大小转化为与输入图像大小一致，最后在上采样的特征图上进行逐像素分类，最后逐像素计算分类的损失。

3. 实验方法及程序

（1）设置像素的分类结果。

```
function labelIDs = PixelLabelIDs()
labelIDs = { ...
    % "Sky"
    [
    128 128 128; ... % "Sky"
    ]
    % "Building"
    [
    000 128 064; ... % "Bridge"
    128 000 000; ... % "Building"
    064 192 000; ... % "Wall"
    064 000 064; ... % "Tunnel"
    192 000 128; ... % "Archway"
    ]
    % "Pole"
    [
    192 192 128; ... % "Column_Pole"
    000 000 064; ... % "TrafficCone"
    ]
    % Road
    [
    128 064 128; ... % "Road"
    128 000 192; ... % "LaneMkgsDriv"
    192 000 064; ... % "LaneMkgsNonDriv"
    ]
    % "Pavement"
    [
    000 000 192; ... % "Sidewalk"
    064 192 128; ... % "ParkingBlock"
    128 128 192; ... % "RoadShoulder"
```

```
    ]
    % "Tree"
    [
    128 128 000; ... % "Tree"
    192 192 000; ... % "VegetationMisc"
    ]
    % "SignSymbol"
    [
    192 128 128; ... % "SignSymbol"
    128 128 064; ... % "Misc_Text"
    000 064 064; ... % "TrafficLight"
    ]
    % "Fence"
    [
    064 064 128; ... % "Fence"
    ]
    % "Car"
    [
    064 000 128; ... % "Car"
    064 128 192; ... % "SUVPickupTruck"
    192 128 192; ... % "Truck_Bus"
    192 064 128; ... % "Train"
    128 064 064; ... % "OtherMoving"
    ]
    % "Pedestrian"
    [
    064 064 000; ... % "Pedestrian"
    192 128 064; ... % "Child"
    064 000 192; ... % "CartLuggagePram"
    064 128 064; ... % "Animal"
    ]
    % "Bicyclist"
    [
    000 128 192; ... % "Bicyclist"
    192 000 192; ... % "MotorcycleScooter"
    ]
    };
end
```

（2）搭建分割网络模型。

```
    classes = ["Sky","Building","Pole","Road","Pavement","Tree","SignSymbol",
"Fence","Car","Pedestrian","Bicyclist"];              %设置分类结果
    numClasses = numel(classes);
    imageSize = [720 960];                            %输入图像大小
```

```
layers=deeplabv3plusLayers(imageSize, numClasses,"resnet18");
                                            %通过 MATLAB 自动生成网络模型
labelIDs = camvidPixelLabelIDs();           %将数据集像素标签分类
trainimds=imageDatastore('训练集图像位置');   %加载训练集图像
trainpxds = pixelLabelDatastore('训练集标签位置',classes,labelIDs);
                                            %加载训练集标签
valimds=imageDatastore('验证集图像位置');     %加载验证集
valpxds = pixelLabelDatastore('验证集标签位置',classes,labelIDs);
                                            %加载验证集标签

dsTrain = combine(trainimds, trainpxds);
dsVal = combine(valimds, valpxds);
options = trainingOptions('sgdm', ...
    'LearnRateSchedule','piecewise',...
    'LearnRateDropPeriod',10,...
    'LearnRateDropFactor',0.3,...
    'Momentum',0.9, ...
    'InitialLearnRate',1e-4, ...
    'L2Regularization',0.005, ...
    'ValidationData',dsVal,...
    'MaxEpochs',30, ...
    'MiniBatchSize',2, ...
    'Shuffle','every-epoch', ...
    'CheckpointPath', tempdir, ...
    'VerboseFrequency',2,...
    'Plots','training-progress',...
    'ValidationPatience', 4);                %设置训练参数
net = trainNetwork(dsTrain, layers, options);  %训练网络
```

（3）验证网络分割结果。

```
I = imread('test.png');
C = semanticseg(I, net);
B = labeloverlay(I,C,'Colormap',cmap,'Transparency',0.4);
imshow(B)
pixelLabelColorbar(cmap, classes);
```

（4）cmap 函数，设置训练集的分类标签颜色。

```
function cmap = cmap()
cmap = [
    128 128 128      %Sky
    128 0 0          %Building
    192 192 192      %Pole
    128 64 128       %Road
    60 40 222        %Pavement
    128 128 0        %Tree
    192 128 128      %SignSymbol
```

```
64 64 128    %Fence
64 0 128     %Car
64 64 0      %Pedestrian
0 128 192    %Bicyclist
];
%在[0,1]之间归一化
cmap = cmap ./ 255;
end
```

4. 实验结果与分析

实验结果如图 11.11 所示。

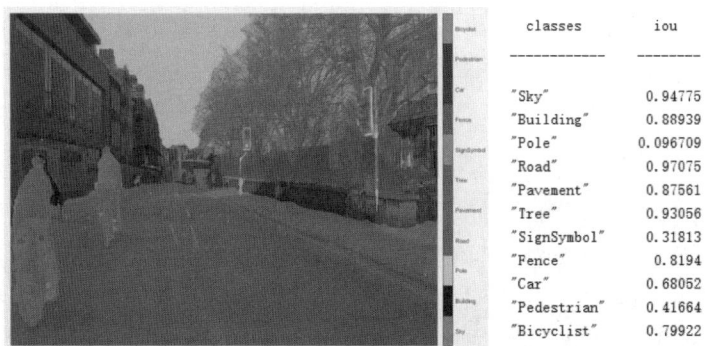

图 11.11　网络模型分割效果

从实验结果可知，该实验成功实现了基于深度学习的图像分割。